Der Reise- und Radwanderführer
zu Kultur und Natur am Niederrhein
mit Infos und Tipps zu:

- Empfehlenswerter Gastronomie
- Sehenswürdigkeiten wie Schlösser, Burgen und Museen
- Paddeln, Ballonfahren, Erlebnisbädern
- Radtouren-Service-Angebot
- aktuelle Tourenkarten im Maßstab 1:75.000 zu über
- 2.000 km gut markierten Radwanderwegen
- Übersichtskarte zur gesamten NiederRheinroute,
  auch zur Grobplanung geeignet.

# www.niederrheinroute.de

Wir bedanken uns bei allen Personen in den Städten und Gemeinden, die uns bei der Erstellung dieser Ausgabe wieder mit Bildern und Informationen tatkräftig unterstützt haben.

Helmut Bauhüs e.K.
Verlag & Vertrieb

ISBN 978-3-9811472-7-8

# Editorial

**Liebe Leserinnen und Leser,**

Die NiederRheinroute, Deutschlands längste und gut ausgeschilderte Radwanderroute, führt Sie über Hauptroute und Verbindungswege zu vielen sehenswerten Plätzen am Niederrhein. Nur wenige Steigungen ermöglichen ein unbeschwertes Radeln zu Ortskernen, in denen Sie die mittelalterliche Vergangenheit noch an vielen Bauwerken erkennen können. Hier sei beispielsweise Brüggen, Dormagen, Wachtendonk, Waldfeucht oder Wassenberg genannt.

Lohnenswert ist aber ebenso die Fahrt in Naturschutzgebiete wie z. B. der Naturpark Schwalm-Nette (www.npsn.de), der den Besuchern auch viele Angebote zur Freizeitgestaltung bietet. Hier ist Michael Puschmann
(T +49 (0)2162/81 709-404 /
F +49 (0)2162/81 709-424) für Sie ein kompetenter Ansprechpartner.

Besonders in der kalten Jahreszeit darf ein Besuch bei den Wildgänsen am Niederrhein nicht fehlen. Geführte Exkursionen bietet die NABU-Naturschutzstation e. V. in 47559 Kranenburg, Bahnhofstr. 15, Telefon 02826 -91876-0 an. Unter www.nabu-naturschutzstation.de können Sie sich vorab umfangreich informieren.

Wenn Sie das „Besondere" lieben, erkunden Sie den Niederrhein einmal vom Heißluftballon aus. Hier sind wir Ihnen gerne behilflich, mit einem erfahrenen Ballonpiloten von einem Platz in Ihrer Nähe eine solche Fahrt zu unternehmen.

In diesem Jahr führen wir erstmalig keinen Veranstaltungskalender mehr in unserem Buch.
Auf unseren Internetseiten haben wir aber unter „Veranstaltungen" wieder eine Auswahl für Sie zusammengestellt. Umfangreiche Informationen bekommen Sie aber auch auf den Internetseiten der Orte am Niederrhein, die Sie direkt von unserem Portal www.niederrheinroute.de erreichen können. Klicken Sie in unserem Portal auf „WER WO WAS Unternehmen am Niederrhein. In der sich dann öffnenden Übersichtskarte genügt ein Klick auf den Ortsnamen um alle hier verlinkten Adressen angezeigt zu bekommen.

Für Individualisten bieten wir als kostenpflichtigen Service die Ausarbeitung einer Radtour nach Ihren Wünschen an. Je nach Teilnehmeranzahl kann diese Tour auch aus einer Kombination Schiff / Fahrrad bestehen. Nehmen Sie einfach Kontakt mit uns auf. (Sh. Impressum)

Auch das Kartenmaterial haben wir wieder mit allen uns bekannten Änderungen überarbeitet. Trotz aller Sorgfalt kann auch uns ein Fehler unterlaufen. Wir sind Ihnen dankbar, wenn wir einen Hinweis bekommen, am einfachsten unter info@niederrheinroute.de.

Wir wünschen Ihnen schöne und erholsame Tage am Niederrhein.

Ihr Verlag Helmut Bauhüs e.K.

# Inhaltsverzeichnis

| | |
|---|---|
| Editorial | 2 |
| Impressum | 4 |
| Unser Dienstleistungsangebot | 5 |
| Radwanderregion Niederrhein | 6 |
| Kanutouren | 13 |
| Faszination Ballonfahren | 15 |
| Radtouren mal ganz anders | 63 |
| Mukoviszidoseforschung | 89 |
| Touren am Niederrhein | 103 |
| Fährverbindungen NiederRheinroute | 105 |
| Rad & Bahn am Niederrhein | 114 |
| Freizeit- & Erlebnisbäder | 133 |
| Empfehlenswerte Gastronomie | 139 |
| Museen am Niederrhein | 143 |
| Raum für Notizen | 161 |
| Legende | 168 |

Kartenübersicht - Routenkarte im Anschluß an Kartenblatt 38.

# Inhaltsverzeichnis Städtenamen

| | | | | |
|---|---|---|---|---|
| Alpen | 7 | | Moers | 73 |
| Bedburg-Hau | 8 | | Mönchengladbach | 75 |
| Brüggen | 11 | | Nettetal | 78 |
| Dinslaken | 14 | | Neukirchen-Vluyn | 79 |
| Dormagen | 16 | | Neuss | 80 |
| Duisburg | 18 | | Niederkrüchten | 81 |
| Emmerich am Rhein | 20 | | Rees | 82 |
| Erkelenz | 23 | | Rheinberg | 86 |
| Gangelt | 24 | | Rheurdt | 87 |
| Geilenkirchen | 27 | | Rommerskirchen | 88 |
| Geldern | 28 | | Schermbeck | 90 |
| Goch | 30 | | Schwalmtal | 92 |
| Grefrath | 32 | | Selfkant | 94 |
| Grevenbroich | 33 | | Sonsbeck | 96 |
| Hamminkeln | 34 | | Straelen | 97 |
| Hamminkeln - Dingden | 36 | | Tönisvorst | 100 |
| Hamminkeln - Marienthal | 37 | | Übach-Palenberg | 102 |
| Heinsberg | 38 | | Uedem | 104 |
| Hückelhoven | 39 | | Viersen | 106 |
| Hünxe | 40 | | Voerde | 108 |
| Isselburg | 42 | | Wachtendonk | 110 |
| Issum | 44 | | Waldfeucht | 112 |
| Jüchen | 45 | | Wassenberg | 116 |
| Kaarst | 46 | | Weeze | 118 |
| Kalkar | 48 | | Wegberg | 120 |
| Kamp - Lintfort | 50 | | Wesel | 122 |
| Kempen | 52 | | Willich | 128 |
| Kerken | 54 | | Xanten | 129 |
| Kevelaer | 56 | | | |
| Kleve | 60 | | Links und Rechts am Niederrhein | 163 |
| Korschenbroich | 68 | | Bocholt | |
| Kranenburg | 69 | | Oberhausen | |
| Krefeld | 70 | | | |
| Meerbusch | 72 | | | |

# Impressum

**Herausgeber, Redaktion,
Anzeigenredaktion und -Verwaltung**
Helmut Bauhüs e.K.
Verlag & Vertieb
Proppertweg 37, 46399 Bocholt

Tel.: 0 28 71 / 49 09 75
Fax: 0 28 71 / 49 09 76
E-mail: info@niederrheinroute.de
Web: www.niederrheinroute.de

**Routenservice:**
SCI Service Civil International
Moers e.V.
Kirschenallee 35, 47443 Moers
Tel.: 0 28 41 / 97 29 - 0

Fotos - Bildrechte:
Archivmaterial der Gemeinden & Städte
Verlag Helmut Bauhüs e.K.
Public Arts Network e.K.

Kartographie
Media-Idee
R. Bardenheuer
Franzstr. 26, 52249 Eschweiler
Tel.: 0 24 03 / 95 16 01
Fax: 0 24 03 / 95 16 02
E-mail: RBardenheuer@t-online.de

**Idee**
Werner Hick
Hirschweide 13, 46499 Hamminkeln

**Satz & Gestaltung**
Public Arts Network e.K.
Essener Str. 3, 46047 Oberhausen

Tel.: 0 2 08 / 82 90 61 00
Fax: 0 2 08 / 82 90 61 02
E-mail: orga@public-arts.com
Web: www.public-arts.com

**15. aktualisierte Auflage 2010**
**ISBN 978-3-9811472-7-8**

Nachdruck dieses Buches – ganz oder teilweise – nur mit vorheriger schriftlicher Erlaubnis des Herausgebers. Missbrauch wird strafrechtlich verfolgt. Das Kartenwerk ist urheberrechtlich geschützt und unterliegt der gleichen Bestimmung.

# Sie wünschen?

Unser Dienstleistungsangebot:

Kartographie:
Erstellung anspruchsvoller Stadtpläne, auch für die Internet-Präsentation.

Anfahrtspindeln, Routenkarten

Auftragsbezogene Ausarbeitung von Rad- und Wanderrouten.

Unser Kartenmaterial ist urheberrechtlich geschützt!

Internet:
Leistungsfähige und Benutzerfreundliche Internetpräsentationen, Shop- und Reservierungssysteme.

Druck:
Werbung und Drucksachen, Abwicklung von Druckaufträgen

Erstellung und Herausgabe von Reiseführern und anderen Büchern, auch als Auftragsarbeit.

Fotografie:
Professionelle Fotoaufnahmen, 360° Aufnahmen

Schilder:
Entwicklung von Informationstafeln, z.B. als Hinweisschild an der Autobahn.

Gerne erstellen wir Ihnen ein auf Ihre Wünsche zugeschnittenes Angebot.

Sie suchen eine individuelle Lösung?

Sprechen Sie mit uns.
Wir beraten Sie gerne.

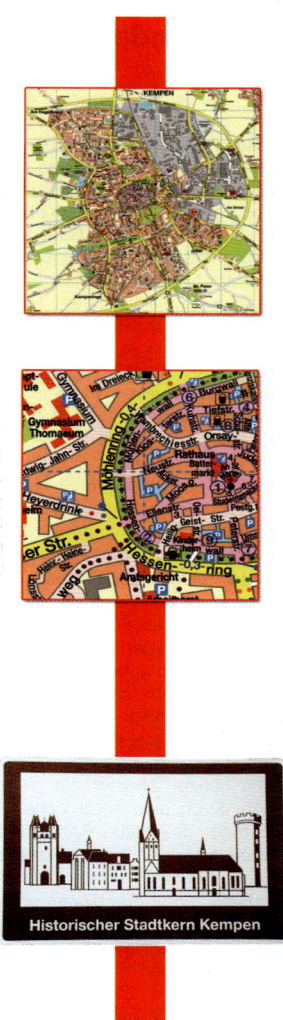

# Radwanderregion Niederrhein

Ein Radwandererlebnis entlang der großen Ströme Rhein und Maas, vorbei an idyllischen Orten, durch abwechslungsreiche Kulturlandschaften zwischen Emmerich und Selfkant. Müsste man die ideale Landschaft zum Radwandern neu erfinden, sie würde aussehen wie der Niederrhein. Ausgedehnte Wälder, idyllische Seen, reizvolle Flusslandschaften und liebevoll restaurierte Stadt- und Ortskerne laden zum aktiven Erfahren ein.

Die speziell ausgesuchten und markierten Radelstrecken führen meist über verkehrsarme Wege und durch landschaftlich besonders reizvolle Gebiete. Mehr als 2.000 Kilometer ausgeschilderte Nieder-Rheinroute stehen den Radwanderern seit der Erweiterung im Frühjahr 1999 zur Verfügung. 1.215 km Hauptroute leiten von Ortskern zu Ortskern durch den ganzen Niederrhein, verbunden durch eine vorbildliche Markierung, das blaue Band mit der roten Spitze. Die variantenreiche Tourenplanung ermöglichen die zahlreichen Verbindungswege, welche durch das blaue Band mit grüner Spitze markiert und zusätzlich nummeriert sind.

An den Kreuzungspunkten von Haupt- und Nebenrouten sind zusätzlich Hinweisschilder mit Richtungsangaben zu den nächsten Orten sowie Entfernungen angegeben. Auf Wirtschafts-, Wald- und Feldwegen sowie auf vielen Kilometern der Deiche entlang Rhein und Maas kann die Kulturlandschaft erkundet werden. Auch in den städtischen Bereichen führt die Nieder-Rheinroute über sichere Radwege oder durch verkehrsarme Bereiche.

Entlang der Strecke sorgt eine radlerfreundliche Gastronomie mit kulinarischen Spezialitäten aus Küche und Keller für das leibliche Wohl und die notwendige Stärkung.

Vom kurzen Radausflug bis zur ausgedehnten Radwanderung über mehrere Tage lassen sich Hauptroute und Nebenrouten kombinieren. Verschiedene thematische Radrouten schließen an die NiederRheinroute an, so dass auch verschiedene Routen kombiniert werden können. Die touristischen Informationsstellen bieten bei der Planung ihre Unterstützung an oder stellen Pauschalangebote zum Radwandern vor.

Natürlich stehen am Niederrhein genügend Möglichkeiten zur Verfügung, Fahrräder zu leihen, sei es im Hotel, im Fahrradgeschäft oder an manchen Bahnhöfen. Wer sein Rad mitbringt, kann durch so manches Hotel das Angebot annehmen, das Gepäck zur nächsten Unterkunft transportieren zu lassen.

# Alpen

Die Gemeinde Alpen mit den zugehörigen Ortsteilen Alpen, Bönninghardt, Veen und Menzelen liegt am Fuße des Höhenzuges Bönninghardt, der mit seinen Waldungen ausgezeichnete Wandermöglichkeiten bietet. Alpen, erstmalig 1074 urkundlich erwähnt, erhielt 1354 die Stadtrechte.

## Sehenswertes

Der Geschichtsbrunnen, im Ortskern Alpen, gibt Zeugnis von der Geschichte des Ortes und seinen dazugehörigen Ortsteilen.

Ev. Pfarrkirche, erbaut im Jahr 1604, die erste evangelische Kirche in Alpen. Die jetzige barocke Saalkirche wurde von Johann Pasqualini dem Jüngeren erbaut. Durch seine Architektur erhält der einfache Putzbau ein elegantes Aussehen. Im Chor befindet sich das Marmor - Grabmal der in Alpen verstorbenen Kurfürstin Amalie von der Pfalz.

Die Kath. Kirche Alpen, 1873 im neugotischen Stil erbaut. Der Turm ist von 1903.

Froschbrunnen im OT Menzelen Ost

Das Heimatmuseum (s. Museen) in der Kirchstr. 16.

### Freizeitangebote

Planwagenfahrten, Pferdeverleih, 76 km Reitwege, 114 km gut ausgebaute Wander- und Radwanderwege, Freizeitsee zum Surfen und Schwimmen, Heißluftballonfahrten, Grillplatz, Tennishalle, Abenteuer-Kinderspielplatz, Teichanlage Ohlmannshof.

### Veranstaltungen

Alpener Straßenfest, immer am letzten Wochenende der Sommerferien, Brunnenfest in Veen, Waldfest auf der Bönninghardt, Karnevalszüge, Schützenfeste, Martinszüge.

Evangelische Kirche · Amalia von der Pfalz

Weitere Sehenswürdigkeiten

Der Froschbrunnen im OT Menzelen-Ost. Die Frösche sind das Wappentier der Menzelener.

Die um 1865 erbaute Bönninghardter Mühle. (Turmwindmühle).

Kath. Pfarrkirche St. Nikolaus (Ortsteil Veen) und die kath. Pfarrkirche St. Walburgis im Ortszeil Menzelen.

**Gemeinde Alpen**

Rathausstr. 3-5
46519 Alpen
Tel.: 0 28 02 / 9 12-0
Fax: 0 28 02 / 9 12-9 12
www.alpen.de

# Bedburg-Hau

Die Gemeinde Bedburg-Hau ist aus den historisch gewachsenen Ortschaften Schneppenbaum, Hau, Louisendorf, Qualburg, Hasselt, Huisberden und Till-Moyland entstanden.

Museum Schloss Moyland

## Sehenswertes

Museum Schloss Moyland vereint in sich auf einzigartige Weise moderne Kunst mit historischer Architektur und Gartenkunst. Die umfangreiche, einstige Privatsammlung der Brüder van der Grinten – Skulpturen, Zeichnungen und Gemälde, Objektkunst und Kunsthandwerk aus den beiden letzten Jahrhunderten – hat hier ihre ständige Heimat gefunden.
Einen Schwerpunkt bilden die Arbeiten des Künstlers Joseph Beuys.

Das Wasserschloss zählt zu den bedeutendsten mittelalterlichen Kastellen des Rheinlandes. Es wurde 1307 als Lehen der Grafen von Kleve erstmals urkundlich erwähnt; ab 1662 wurde es zum barocken Wohnschloss umgebaut und diente dann den preußischen Kurfürsten und späteren Königen bei Besuch in den Klevischen Territorien als Wohnsitz. Im September 1740 trafen sich hier der junge König Friedrich III. von Preußen und Voltaire.
1766 erhielt die reiche niederländische Adelsfamilie van Steengracht das Schloss als Entschädigung für Kredite, die die Preußen vermutlich für die Finanzierung des Siebenjährigen Krieges aufgenommen hatten, und nutzte es ab dem 19. Jh. als Wohnschloss.
Kein geringerer als der Kölner Dombaumeister Ernst Friedrich Zwirner bekam 1854 den Auftrag zum Umbau des alten Wasserschlosses Moyland. Er gestaltete den alten Bau im damals modernen neugotischen Stilum, was dem Schloss sein bis heute unverkennbares romantisches Aussehen verleiht. Gleichzeitig ließ die Familie Steengracht einen prächtigen Garten rund um ihr Schloss anlegen und schuf so ein Gesamtkunstwerk von hohem kunst- und kulturgeschichtlichem Rang.
Ende des Zweiten Weltkrieges wurde das Schloss erheblich beschädigt. Jahrzehntelang verfiel die Ruine immer mehr. Erst Ende 1987 begann man mit den ersten Schritten zur Wiederherstellung der historischen Schloss- und Gartenanlagen für das Museum Schloss Moyland. Am 24. Mai 1997 war es dann so weit: Museum Schloss Moyland (s. Museen) wurde eröffnet.

**eine Augen weide**

Museum Schloss Moyland
Bedburg Hau
Telefon +49 (0) 2824/9510-60
www.moyland.de

**Kunst in Schloss und Park**

Im Schloss und in der Gartenanlage sind Kunstwerke des 19. und 20. Jh. aus der einstigen Privatsammlung der Brüder Hans und Franz Joseph van der Grinten zu sehen. Geprägt ist die Sammlung einerseits von dem Kunstgattungen übergreifenden Interesse und der Sammelleidenschaft der beiden Brüder und andererseits von ihren persönlichen Kontakten zu Künstlern wie z. B. Joseph Beuys, Erwin Heerich, Hermann Teuber, Rudolf Schoofs und vielen anderen, von denen geschlossene Werkkomplexe aufgebaut wurden. Zu Joseph Beuys hatten die beiden Brüder zeitlebens eine enge und intensive Freundschaft gepflegt. Mehr als 5.000 Arbeiten von Joseph Beuys befinden sich im Museum Schloss Moyland, das damit den weltweit größten Bestand an Werken des Künstlers besitzt, der der Kunst des 20. Jh. wegweisende Impulse verlieh.

**Weitere Sehenswürdigkeiten**
Das Grabmal des Prinzen Moritz von Nassau finden Sie im Ortsteil Hau an der Uedemer Straße gegenüber der Reitsportanlage des Reitervereins Lohengrin in einem kleinen Waldstück.

Moritzgrabmal in Bedburg-Hau

Als kurbrandenburgischer Statthalter residierte Moritz von Nassau 32 Jahre in Kleve und hat das Aussehen der Landschaft durch das Anlegen von Terrassengärten, Alleen, Kanälen u.v.m. wesentlich beeinflusst.

Das Grabmal wurde 1678 erbaut. In dem Halbrund um das Grab waren ursprünglich römische Altertümer eingemauert, die jedoch 1820 in das Museum rhein.-westf. Altertümer nach Bonn gebracht und durch Kopien ersetzt wurden.

Louisendorf (1820) trägt den Namen der preußischen Königin Luise, die sich der kurpfälzischen Emigranten annahm und ihnen beim König die Genehmigung erwirkte, sich in der Nähe des Kalkarer Waldes anzusiedeln.

Die kath. Pfarrkirche St. Markus in Schneppenbaum war Teil eines 1124 vom Hl. Norbert aus Xanten gegründeten Prämonstratenserklosters. Stifter war der Graf Arnold I. mit seiner Frau Berta aus Kleve. 1190 wurde das Männerkloster ein Doppelkloster, das 1517 in ein freiweltliches Damenstift umgewandelt wurde. 1744 wurden die drei Arme der Kirche abgerissen, 1902 aber in ihrem ursprünglichen Stil wiedererrichtet. Auf dem Gelände des heutigen Klosterplatzes fand man Gräber aus der Römerzeit, die auf einen römischen Friedhof (150-350 n. Chr.) hinweisen.

**Freizeitangebote**
Hallenbad Schneppenbaum, Freizeitbad Sternbusch der Stadt Kleve, direkt am Rande der Gemeinde, Golf, Planwagenfahrten, Tennis, Squash, Badminton, Ballonfahrten, Skaterbahnen in den OT Hau, Schneppenbaum und Huisberden.

**Info-Center Moyland**

Am Schloss 5
47551 Bedburg-Hau
Tel.: 0 28 21 / 99 99 70
Fax: 0 28 21 / 99 99 75
www.bedburg-hau.de

# Brüggen

• Kartenblatt 23

In unmittelbarer Nähe zur niederländischen Grenze liegt mitten im Naturpark Maas- Schwalm-Nette die Gemeinde Brüggen, in der die Erinnerung an das Mittelalter auch heute noch lebendig ist. Winklige Gassen, romantische Torbögen und traditionsreiche Gebäude geben Brüggen seinen besonderen Reiz. Gastlichkeit wird in Brüggen groß geschrieben. Brüggens Köche bieten für jeden Geschmack etwas. Den passenden Rahmen bilden dabei die alten, urigen Gemäuer, die die Restaurants beherbergen. Gut gestärkt wird es ein Vergnügen sein, die typisch niederrheinische Landschaft zu entdecken. Vorbei an Flusslandschaften und Pappelalleen geht es zum Borner See oder in den Brachter Wald, der mit seinen Vennebenen ganz sicher einen Besuch wert ist. Brüggen bildet den idealen Ausgangspunkt für eine Entdeckungsreise im Naturpark Maas-Schwalm-Nette.

### Sehenswürdigkeiten

Die Burg Brüggen, 1289 erstmalig erwähnt, liegt mitten im Ortskern und befand sich über 3 Jahrhunderte im Besitz des Herzogtums Jülich. Heute beherbergt sie ein Jagd und Naturkundemuseum (s. Museen), die Tourist- Information der Gemeinde Brüggen, eine Infostelle des Naturparks Schwalm-Nette sowie den Fahrradverleih des Verkehrsvereins Brüggen. Die Burg bildet auch den Rahmen für zahlreiche Veranstaltungen, vom Konzert bis hin zu Theateraufführungen und Ausstellungen.

Fußgängerzone (Foto: HBV)

Brüggener Mühle (Foto: HBV)

Ehemaliges Kreuzherrenkloster (heute Rathaus) mit Barockkirche (1479 erstmals erwähnt) und der sehenswerten Orgel. Die Katholische Pfarrkirche St. Peter Born (1136 erstmals erwähnt) mit einem Taufstein aus dem 13. Jahrhundert.

**Sehenswertes
am Verbindungsweg 98:**
Die ev. Kirche Bracht (1699) sowie die kath. Pfarrkirche St. Mariä-Himmelfahrt (1484).

Burgtor (Foto: HBV)

**Veranstaltungen**
In der Fußgängerzone, in den Gassen und auf den Plätzen finden in den Sommermonaten fast an jedem Wochenende Veranstaltungen verschiedenster Art statt. Besonders erwähnenswert dabei sind das Burgfest zu Pfingsten und das Altstadtfest (Anfang August) mit viel Musik und Feuerwerk.

**Freizeitangebote**
Planwagenfahrten, Tennis, Squash, Badminton, Bouleplatz, Skateplatz, Hallenbad Brüggen, Bowlingbahnen im „Kikyo" - Center Brüggen-Bracht, Natur- und Tierpark Brüggen.

 **Tourist-Information
Brüggen**
Burgwall 4
41379 Brüggen
Tel.: 0 21 63 / 52 70
Fax: 0 21 63 / 57 84 04
www.brueggen.de

# Kanutouren
## am NiederRhein

Kanuwandern bietet eine ideale Kombination aus Bewegung, Entspannung und vielfältigste Möglichkeiten, den Lebensraum von Tieren und Pflanzen zu erleben, die wir ansonsten kaum zu Gesicht bekommen. **Ob Jung oder Alt, Single oder Familie.** Paddeln ist ein Naturerlebnis, das auch für ungeübte völlig unproblematisch ist. Durch unsere Mitgliedschaft in der „Bundesvereinigung Kanutouristik" können Sie sicher sein, dass wir die von der Bundesvereinigung erstellten Sicherheitsstandards und Selbstverpflichtungen uneingeschränkt umsetzen.

Rufen Sie uns an oder schauen Sie in´s Internet. Wir informieren Sie gerne über unsere Pauschalangebote oder über die Möglichkeiten eines Arrangements nach Ihren Wünschen. Ihre Kanutour soll für Sie zu einem unvergesslichen, vergnüglichen und erholsamen Ausflug werden.

**Camping Hammans**
Outdoor · Trekking · Kanushop
Remigiusstr. 82 · 41747 Viersen
Tel. 02162/22901
www.campinghammans.de

# Dinslaken

`• Kartenblatt 16`

Dinslaken, am südwestlichen Rand des Naturparks Hohe Mark gelegen, verfügt über ausgedehnte Wald- und Grünflächen. 1163 wurde Dinslaken erstmalig erwähnt. Die Stadt kam später zu Kleve und danach in Besitz der Grafen von Mark. 1271 erhielt Dinslaken Stadtrechte. Das 725-jährige Stadtjubiläum wurde 1998 gefeiert.

Wassermühle Hiesfeld

Wassermühle in Hiesfeld (s. Museen) In der Mühle, einem eingeschossigen Fachwerkbau aus dem 17. Jh. mit funktionsfähigem Mahlwerk, werden über 50 Modelle von Wind- und Wassermühlen ausgestellt.

**Weitere Sehenswürdigkeiten**
Kath. Pfarrkirche St. Vincentius mit Kalvarienberg, Ev. Stadtkirche von 1721.

**Freizeitangebote**
Freilichtspiele im Burgtheater, Reiten, einzige Halbmeilen- Trabrennbahn in Deutschland, Planwagenfahrten, Badminton, Tennis, Squash, Eissporthalle, Wandern im Naturschutzgebiet „Rheinaue" und im Naturpark „Hohe Mark", Indoor-Kartbahn, 2 Freibäder, Hallenbad, Dinslakener Musiktage (Juni), „Din-Tage" (letztes Augustwochenende), Martini-Kirmes (Anf. Nov.).

## Sehenswertes
Burg Dinslaken: Die Burg entstand aus einer Motte inmitten einer Sumpfniederung. Die Burganlage war im 14. und 15. Jh. Ruhesitz der Witwen der Grafen von Kleve und später Drostensitz. Die Burg wurde durch die Niederländer zerstört und um 1770 als dreiflügelige Anlage wieder aufgebaut.
Die Burganlage ist von einem breiten Wassergraben umgeben. Nach ihrer Zerstörung im Zweiten Weltkrieg wurde die Burg 1952 unter Einbeziehung vorhandener Mauerreste des 12. Jh. neu errichtet.

 **Stadtinformation Dinslaken**

Friedrich Str. 82-84
46353 Dinslaken
Tel.: 0 20 64 / 6 62 22
Fax: 0 20 64 / 6 62 88
www.dinslaken.de

# Faszination Ballonfahren

Heidesee · Bottrop

Erfüllen Sie sich einen Traum. Gemeinsam mit dem Ballonteam bauen Sie den Ballon auf. Staunen Sie, wie sich aus einem unscheinbaren Stoffbündel ein majestätischer Ballon von über 30 Meter Höhe aufbläht. Den sanften Ruck beim Starten werden Sie kaum wahrnehmen. Nach dem Start nimmt der Ballon die Luftgeschwindigkeit an. Sie werden daher kaum Kälte spüren. Der Wind bestimmt die Richtung und somit den Ort der Landung. Sie fahren über den Niederrhein, dem Ruhrgebiet oder eine andere Region. Anschließend fährt Sie das Verfolgerfahrzeug wieder an den Ausgangspunkt.

Zu einer gelungenen Ballonfahrt gehört auch immer eine traditionelle Taufe mit Feuer und Sekt. Mit der Taufurkunde können Sie nachweisen, dass Sie in den Adelsstand der Ballöner aufgenommen sind. Die Fahrt wird ein unvergessliches Erlebnis sein. Gönnen Sie es sich selbst oder jedem, dem Sie ein ausgefallenes Geschenk machen möchten.

Der Ballonstartplatz kann in Absprache mit dem Piloten auch individuell nach Ihren Wünschen vereinbart werden.

**Startplätze:**
Oberhausen
Niederrhein
Münsterland

**Ihr Pilot:**
Ballonstart
Peter Herrmann

**Anschrift:**
Bedingrader Str. 198
45359 Essen
Tel.: 02 01 / 8 69 53 27

info@ballonstart.de
www.ballonstart.de

# Dormagen

> • Kartenblatt 30 | 35

Am Nordrand der niederrheinischen Bucht liegt die moderne Industriestadt Dormagen, die auf eine 2000-jährige Geschichte zurückblicken kann.
Im 1. Jahrhundert nach Chr. haben die Römer etwa auf halbem Weg zwischen Colonia Agrippina (Köln) und Novaesium (Neuss) das Kastell „Durnomagus", das heutige Dormagen, gegründet. Dormagen blieb zwei Jahrtausende lang eine vergleichsweise kleine Ansiedlung, die wegen ihrer günstigen Lage am Rhein jedoch stets wichtige Aufgaben zu erfüllen hatte, sei es als römisches Lager, Marsch- und Reisequartier, als Gerichtsort oder Kantonsstadt. Nach der Ansiedlung der Chemiefirma Bayer im ersten Weltkrieg wuchs die Einwohnerzahl stetig. Heute umfasst Dormagen ein Gebiet von ca. 85 qkm und besteht aus 12 Stadtteilen.

Juddeturm

Noch älter als die Zollfeste Zons ist das Kloster Knechtsteden in Dormagen.
Vor über 850 Jahren haben Mönche mit dem Bau der romanischen Doppelchor-Basilika begonnen. Die Basilika, von Wald und Obstgärten umgeben, liegt auf einer leichten Anhöhe und ist eines der eindrucksvollsten Sakralbauwerke der Region.

**Freizeitangebote**
1 beheiztes Freibad, 2 Hallenbäder und 1 Badesee, 2 Campingplätze, Museen (s. Museen).

**Sehenswertes**
Die im 14. Jahrhundert vom Erzbischof Friedrich von Saarwerden gegründete ehemalige Zollstadt Zons mit ihren gut erhaltenen mittelalterlichen Mauern und Türmen. Zons wir auch gerne das „Rheinische Rothenburg" genannt. Besonders sehenswert sind vor allem die Wehrmauer an der Rheinfront, die historische Windmühle, die Reste der Burg Friedestorm, südliches Burgtor mit Burgturm, Juddeturm und die Pfarrkirche.

Stadtmauer

**Tourist-Information**
**Dormagen / Zons**
Schloßstr. 2-4
41541 Dormagen
Tel.: 0 21 33 / 25 76 84
Fax: 0 21 33 / 25 76 85
www.dormagen.de

**Kloster Knechtsteden**

Die beiden Ordensgemeinschaften Prämonstratenser und die Missionsgesellschaft vom Hl. Geist – Spiritaner, waren und sind für Knechtsteden prägend. Das Kloster Knechtsteden, im Jahr 1130 gegründet, hat im Laufe der Jahrhunderte eine wechselvolle Geschichte erlebt. Durch ein barockes Torhaus aus dem 18. Jh. betreten Sie eine der ältesten Wallfahrtsstätten des Rheinlandes. Mit dem Bau der Klosterbasilika St. Maria und St. Andreas wurde 1138 begonnen. Besonders beeindruckend ist der monumental wirkende Innenraum. Sehenswert ist auch der abwechslungsreiche Schmuck der Kapitelle. Das Fresko in der Westapsis ist eine der bedeutendsten Monumentalmalereien des 12. Jh. am Niederrhein und wurde voraussichtlich um 1160 begonnen. Es zeigt in der Kuppel Christus in einer Mandorla, umgeben von den vier Evangelistensymbolen.
In der Fensterzone darunter stehen Petrus, Paulus und die Apostel.

Kloster Knechtsteden

Für alle, die sich umfassend informieren wollen, empfehlen wir im Internet die Adresse www.spiritaner.de/knechtsteden.

EGN  Empfehlenswerte Gastronomie am Niederrhein ab Seite 139

• Kartenblatt 35

# Duisburg

• Kartenblatt 19 I 22

Durch die verkehrsgünstige Lage an Rhein und Ruhr hat sich Duisburg schon im frühen Mittelalter zu einem bedeutenden Handelsplatz entwickelt. Heute ist Duisburg das Industrie-, Handels-, Kultur-, Bildungs- und Sportzentrum am Niederrhein. Die Entwicklung im Kohlebergbau führte zum Bau eines Hafens, der sich im Zuge der starken industriellen Expansion zum größten Binnenhafen der Welt entwickelte.

Im Zuge des Strukturwandels in der Wirtschaft werden in den letzten Jahren mit Unterstützung durch Universität und Forschungsinstitute verstärkt zukunftsorientierte Technologien gefördert.

Der Besucher ist in Duisburg immer wieder überrascht, dass die Flächen für Industrie und Gewerbe im Stadtgebiet kleiner sind als die Flächen für Wald, Parks, Gärten und Seen.

## Sehenswertes

Sechs-Seen-Platte: Mit einer Fläche von rd. 100 ha sind die Seen ein vielbesuchtes Naherholungsgebiet für Spaziergänger (14 km Wanderwege, 8 km entlang der Seen), Angler und Freizeitsportler.

Freibad, Bootsverleih, Trimm-dich-Pfade, Grill- und Kinderspielplätze und Ponyreitbahn runden das Freizeitangebot ab. Von einem Aussichtshügel haben sie einen herrlichen Panoramablick.

Zoo: Mit seiner Artenvielfalt von über 2000 Tieren ist der Zoo am Kaiserberg eine der Attraktionen Duisburgs. Ein besonderer Anziehungspunkt sind die Delphine, die mit ihren artistischen Kunststücken immer wieder das Publikum begeistern. Neu ist das RIO NEGRO, eine riesige, 900 qm große Tropenlandschaft für Süßwasser-Delphine (einzigartig in Europa) und viele andere Bewohner des Südamerikanischen Tropenwaldes.

ZOO DUISBURG — *direkt an der NiederRheinroute*

Duisburg

### Rhein-Ruhr Hafen:
Mit einem Güterumschlag von jährlich 40 bis 50 Mio. Tonnen, 21 Hafenbecken und über 180 ha Wasserfläche hat Duisburg den größten Binnenhafen der Welt. Sie verfügen über Kai- und Uferanlagen in einer Länge von 40 km. Der erste Freihafen im Binnenland wurde 1990 eingeweiht. Die Bezeichnung „Deutschlands westlichster Seehafen" erhielt der Duisburger Hafen, weil im direkten Seeverkehr jährlich über 2 Mio. Tonnen umgeschlagen werden. Museum der Deutschen Binnenschifffahrt (s. Museen) Das Museum zeigt die Geschichte der deutschen Binnenschifffahrt. Originalteile von Schiffen, originalgetreue Modelle, Grafiken, Gemälde, Fotos und Tonbildschauen geben Informationen über die Entwicklung des Schiffbaues, die Lebens- und Arbeitsverhältnisse der Binnenschiffer sowie dem Schiff- und Wasserstraßenbau. Zum Museum gehören auch die Museumsschiffe Minden, ein Dampf-Eimerkettenbagger Baujahr 1882 und der Radschleppdampfer Oscar Huber aus dem Jahre 1922.

### Sehenswürdigkeiten in der Innenstadt:
Marienkirche am Marientor, Salvatorkirche aus dem Jahr 1536 am Burgplatz, Archäologische Zone am Alten Markt, Hubbrücke und Steiger für Hafenrundfahrten am Schwanentor, Speicherzeile und Sammlung Grothe (s. Museen) in der Küppersmühle am Innenhafen, Brunnenmeile in der Königstraße, Wilhelm Lehmbruck Museum (s. Museen), Kultur- und Stadthistorisches Museum (s. Museen).

### Veranstaltungen
Theater (Deutsche Oper am Rhein), Internation. Musikfestivals. Duisburger Akzente – ein Theatertreffen nordrhein westfälischer Bühnen unter einem zentralen Thema. Duisburger Filmwoche – Festival des deutschsprachigen Dokumentarfilms. Internationale Sportveranstaltungen im Sportpark Wedau. Internationale Kinder und Jugendbuch-Ausstellung, Stadtfeste, Weihnachtsmarkt.

Duisburger Innenstadthafen • Schwanentor

**Duisburg Information**

Königstr. 86
47051 Duisburg
Tel.: 02 03 / 28 54 4-11
Fax: 02 03 / 28 54 4-44
www.duisburg-information.de

# Emmerich am Rhein

• Kartenblatt 2

Als Villa Embrici wurde Emmerich bereits 828 urkundlich erwähnt und erhielt 1233 Stadtrechte (ältestes Stadtwappen auf deutschem Boden). Vor Ende des 14. Jh. wurde Emmerich als Mitglied der Hanse aufgenommen. Im Zweiten Weltkrieg wurde die Handelsstadt, die in unmittelbarer Nachbarschaft zu den Niederlanden liegt, fast vollständig zerstört. An die baulichen Zeugnisse der Vergangenheit erinnern nur einige erhalten gebliebene Hausfassaden, das historische Rathaus sowie die wiederaufgebauten Kirchen.

Innenstadt

## Sehenswertes

Die Martinikirche wurde der Geschichte nach von dem angelsächsischen Missionar Willibrord um 700 gegründet. In der Kirche befindet sich die Willibrord-Arche, ein Reliquienschrein aus dem Jahre 1040. Sehenswert sind auch die Krypta aus dem gleichen Jahr, ein Chorgestühl von 1486 sowie die Schatzkammer.

Rheinbrücke: Die mit 1.228 m längste Hängebrücke Deutschlands wurde 1965 für den Verkehr freigegeben. Die Spannweite zwischen den 77 m hohen Pylonen beträgt 500 Meter.

Rheinpromenade: Die Emmericher Rheinpromenade ist eine der schönsten am Niederrhein. Sie lädt zu einem gemütlichen Spaziergang oder zum Verweilen in einem

Rheinpromenade in Emmerich am Rhein

Café oder Restaurant der „kulinarischen Meile" ein. Beobachten Sie die bis zu 500 Schiffe, die hier täglich die deutsch-niederländische Grenze passieren. Die Fahrgastschiffe starten von der Promenade aus zu Schiffstouren, die bis nach Rotterdam oder Köln führen.

Rheinmuseum (s. Museen):
An über 130 Schiffsmodellen sowie nautischem Gerät und Schiffszubehör wird dem interessierten Besucher die Entwicklung der Rheinschifffahrt anschaulich gezeigt. Interessant sind auch die angeschlossene stadtgeschichtliche Ausstellung sowie ein Besuch im Museumsgarten.

St.-Vitus-Kirche:
Die über 1000 Jahre alte Stiftskirche St. Vitus auf dem Eltenberg in Hoch-Elten ist ein weithin sichtbares Wahrzeichen der niederrheinischen Tiefebene. Die während des niederländisch-spanischen Krieges im Jahre 1585 zerstörte Kirche wurde im 17. Jh. in verkleinerter Form wieder aufgebaut.

Nach den schweren Zerstörungen im 2. Weltkrieg wurde die Kirche wieder hergestellt. Durch den Wiederaufbau des im 17. Jh. nicht mehr errichteten Seitenschiffes ist die Kirche heute größer. St.-Vitus ist die nördlichste romanische Kirche am Rhein.

Das STEIN TOR, eine Skulptur an der Südwestecke des Kirchturms von St. Vitus, wurde von dem Kalkarer Bildhauer Christoph Wilmsen-Wiegmann aus norwegischem blue-pearl-Granit geschaffen. Es ist inzwischen eine vielbesuchte Sehenswürdigkeit mit einem großen Hintergrund durch das damit verbundene Kunstprojekt.

Drususbrunnen: Der 57 m tiefe Brunnen soll ursprünglich von den Römern gegraben worden sein. Er versorgte das 967 n.Chr. vom

Grafen Wichmann gegründete Damenstift Elten mit Wasser und wurde noch bis 1936 zur Versorgung der Hocheltener Bewohner benutzt.

Schlösschen Borghees (s. Museen): Das um 1680 erbaute Schlösschen soll das Lustschlösschen des „schönen Käthchens von Emmerich", Mätresse des preußischen Königs Friedrich I.,

PAN in Emmerich am Rhein

gewesen sein. Heute dient es der Stadt Emmerich als Kulturzentrum für Ausstellungen und Konzerte junger Künstler und an Samstagen auch als Standesamt.

**Weitere Sehenswürdigkeiten**

PAN kunstforum niederrhein (s. Museen): Das im Juli 2003 neueröffnete internationale Kunstforum am Niederrhein beherbergt rund 95.000 Plakate aus der Sammlung Ernst Müller. Das Konzept des 3.800 qm großen Kunst- und Designmuseums ist interdisziplinär angelegt, wobei die Plakatkunst im Beuys'schen Sinne den „Fond" der Aktivitäten bildet.

Außerdem bietet das PAN einen attraktiven Gastronomiebereich, einen Museumsshop mit Schwerpunkt Design, einen Multifunktionsraum mit 250 Sitzplätzen, Seminarräume sowie Werkstätten und Ateliers.

Fotoapparatesammlung (s. Museen): Die Privatsammlung befindet sich im Stadttheater und dokumentiert die Entwicklung der Fotografie von ihren Anfängen bis heute.

Museum für Kaffeetechnik und Dampfmaschinen (s. Museen): Das Museum, das nur nach voheriger Absprache besucht werden kann, gibt einen Überblick über die Entwicklung der Gerätschaften seit 125 Jahren, vom Schnellröster von 1884 bis zur modernen Großrösttechnik.

Gerritzens Mühle (s. Museen): Nach aufwändigen Renovierungsarbeiten ist die aus dem Jahre 1846 stammende Holländerwindmühle auf dem Möllenbölt in Elten voll funktionsfähig. Sie kann samstags nachmittags oder nach Absprache besichtigt werden.

**Freizeitangebote**

Tagesprogramme für Gruppenausflüge, Kostüm- und Themenführungen wie z.B. Klompengang oder Kaffeeklatsch, Radwandern, Theater, Angeln, Golf, Spaß-Erlebnisbad Embricana, Schiffsrundfahrten.

**infoCenterEmmerich**

Rheinpromenade 27
46446 Emmerich am Rhein
Tel.: 0 28 22 / 9 41 40
Fax: 0 28 22 / 9 89 434
www.emmerich.de

# Erkelenz

• Kartenblatt 32 | 33

Urkundlich erstmals im Jahre 936 erwähnt, besitzt die ehemalige geldrische Festungs und Handelsstadt seit 1326 Stadtrechte.
Nach dem Ende der Herrschaft der Grafen von Geldern gehörte Erkelenz zu den spanischen Niederlanden, dem Herzogtum Jülich, zum napoleonischen Frankreich und später zu Preußen. Folgen Sie den Spuren der Vergangenheit.

Altes Rathaus in Erkelenz

### Sehenswertes

Altes Rathaus aus dem Jahr 1540, die „gute Stube" der Stadt, wird heute für Empfänge, Ausstellungen, Konzerte u.ä. genutzt. Weitere Anziehungspunkte sind das 1806 erbaute Haus Spiess, eine kleine, herrschaftliche Dreiflügelanlage im Couvenstil, die Burg aus dem 15. Jh. mit Resten der Stadtmauer und das ehem. Kreuzherrenkloster Haus Hohenbusch (11./16. Jh.). Markanter Wegweiser zur historischen Innenstadt mit ihren reizvollen Gassen ist der 83 m hohe Lambertiturm (1458). Ein Besuch der City mit Fußgängerzone und verkehrsberuhigten Straßen lohnt nicht nur wegen des modernen und differenzierten Einzelhandels. Insgesamt sieben Brunnen sowie weitere Kunstwerke zieren den Stadtkern (z.B. Tanzende Möhn, Appelsbell).

Lohnenswert nicht nur für die „Kleinen" ist auch ein Besuch des Feuerwehrmuseums in Erkelenz-Lövenich (s. Museen). Gezeigt werden neben Großgeräten wie Feuerwehroldtimern, Handdruckspritzen und Drehleitern auch Feuerwehrrequisiten wie Uniformen, Helme, Löscheimer usw. Die ältesten Ausstellungsstücke sind aus dem 15. bis 16. Jh. Bemerkenswert ist, dass sich alle Geräte in technisch einwandfreiem Zustand befinden.

Alte Senfmühle Terhorst von 1929. Interessierten werden das ganze Jahr hindurch Führungen angeboten. Telefon: 0 24 31 - 78 61 60

### Freizeit

Hallen- und Freibad, Reiten, Golf, Tennis, Squash.

 **Stadt Erkelenz**
Stadtmarketing
Johannismarkt 17
41812 Erkelenz
Tel.: 0 24 31 / 8 5100
Fax: 0 24 31 / 70558
www.erkelenz.de

# Gangelt

• Kartenblatt 36

Das mittelalterliche Städtchen Gangelt, im äußersten Westen Deutschlands zwischen Maas und Rhein, hat sein Äußeres im Laufe der Jahrhunderte nur wenig verändert. Als Königsgut Karls des Großen wird Gangelt erstmalig im Jahre 828 urkundlich erwähnt. Der Biograph Einhard berichtet, dass im Jahre 828 eine Frau mit ihrem achtjährigen Töchterchen zur Hauskapelle Karls des Großen gekommen sei und von dort aufbewahrten Reliquien der „heiligen Märtyrer Petri und Marcellini" gebetet habe. Das Mädchen sei danach von einer Lähmung geheilt worden. Diese Heilung ist in die Literatur als „das Wunder von Gangelt" eingegangen.

Stadttor

## Sehenswertes
Zwei Stadttore sowie der restaurierte Turm der früheren Burg und Reste der Stadtmauer gehören zu den Befestigungsanlagen des 15. Jh. und deuten auf eine bewegte Geschichte des Städtchens hin. Die auf einem Hügel liegende St. Nikolaus Kirche, erbaut aus Maastrichter Kalksandstein (12.-15. Jh.), eine gotische Basilika mit Taufstein (14. J.) und spätgotischer, maasländisch beeinflusster Kreuzigungsgruppe (um 1500). Die letzte schmalspurige Kleinbahn in NRW, die Selfkantbahn (s. Museen). Sie verkehrt an jedem Sonn- und Feiertag von Ostern bis Ende September zwischen Schierwaldenrath und Gillrath. Eine Weltkugel erinnert am Schnittpunkt des 51. Breiten- und 6. Längengrades an den berühmten Sohn Gangelts, den Kartographen Gerhard Mercator.

## Weitere Sehenswürdigkeiten
In Gangelt finden Sie in einem ca. 150 ha großen Waldgelände eines der größten und schönsten Hochwildfreigehege seiner Art in Deutschland. Es beherbergt über 100 verschiedene Tierarten, und bietet auch eine beeindruckende Greifvogelschau. Das Gehege ist ganzjährig geöffnet und zieht alljährlich über 100.000 Besucher an. Die Turmwindmühle in Breberen, die als Museumsmühle (Museum des Kreises Heinsberg, s. Museen) nach vorheriger Absprache besichtigt werden kann.

## Freizeitangebote
Beheiztes Freibad, Kahn- u. Angelweiher, Museumseisenbahn, Planwagenfahrten.

 Empfehlenswerte Gastronomie am Niederrhein ab Seite 139

 Zweckverband „Der Selfkant"
Freizeit & Tourismus
Am Rathaus 13
52538 Selfkant - Tüddern
Tel.: 0 24 56 / 49 91 72
Fax: 0 24 56 / 49 91 95
www.der-selfkant.de

**Café Restaurant Haus Hamacher**

Ihr Ausgangspunkt für Ihre Rad- und Wandertouren in Gangelt.
Am Freibad 10
52538 Gangelt
Telefon: 0 24 54 / 14 14
Telefax: 0 24 54 / 93 93 01

www.haus-hamacher.de

- direkt an der NiederRheinroute
- regionale und saisonale Küche
- durchg. warme Küche
- beheiz. Biergarten
- Gesellschaftsräume bis 300 Personen
- 2 vollautomatische Kegelbahnen
- Kuchen und Eisspezialitäten
- Parkmöglichkeiten direkt am Haus

364 Tage im Jahr durchgehend geöffnet!

Arrangements & Suiten & Zimmer

Seminar- / Tagungs & Banketträume

Restaurant & Bar Lounge / Wellness & Day Spa

Weinkeller & Weinproben / Catering

Aussenterasse & Kinderspielplatz

**Burgstrasse 6 – D-52538 Gangelt**
**Tel.: +49 (0)2454-93 55-0**
**Fax:+49 (0)2454 93 55-100**
**www.mercator-hotel.de**

## Freizeit- und Tourismusregio

*Der Selfkant*

Entdecken Sie Deutschlands
## Westzipfel...

...mit den idyllischen Bachtälern, Bruchwäldern und Heidelandschaften sowie dem Natur- un Landschftspark Rodebach-Roode Beek
...mit seinen unzähligen grenzüberschreitenden und Wanderwegen
...mit dem Wildpark, den Windmühlen, dem Bauernmuseum und der historischen Selfkant
...mit den mittelalterlichen Orten Gangelt, Mille Waldfeucht

**Informationen & Broschüre:**
Zweckverband „Der Selfkant"   Am Rathaus 13          Tel.: 02456/4
                              52538 Selfkant-Tüddern  Fax: 02456/4

www.der-selfkant.de

# Geilenkirchen

• Kartenblatt 37

Geilenkirchen, am Kreuzungspunkt der Bundesstraßen 221 (Aachen-Kleve) und 56 (Bonn-Sittard/NL) gelegen, ist urkundlich seit 1170 nachgewiesen. Funde steinzeitlicher Werkzeuge lassen darauf schließen, dass eine Besiedlung schon wesentlich früher erfolgte. Um die Wende vom 12. zum 13. Jh. finden erstmals die Herren von Geilenkirchen geschichtliche Erwähnung. Der älteste urkundliche Nachweis Geilenkirchens als Stadt stammt aus dem Jahre 1386.

Zahlreiche historische Bauwerke, darunter Burgen, Schlösser und Patrizierhäuser, geben heute noch Zeugnis von einer äußerst interessanten Stadtgeschichte. Geschichtliche Vergangenheit und moderne Gegenwart begegnen uns in Geilenkirchen auf Schritt und Tritt.

Wasserburg Trips • Stammschloss Berghe von Trips

### Sehenswertes
Die Kirche St. Marien, ein im klassizistischen Stil errichtetes Gotteshaus, sowie die Pfarrkirche Süggerath mit flandrischem Schnitzaltar aus dem Jahre 1530.

Burg Trips, eine der schönsten Wasserburgen (15.-17.Jh.), Schloss Breill, erstmals erwähnt 1140 unter J.J. Couvens Mitwirkung im 18. Jh. umgestaltet, Schlossruine Leerodt (17. Jh.) mit Resten eines bedeutenden Arkadenhofes, Rittergut Muthagen, erstmals erwähnt 1292, mit Reithalle etc., Patrizierhäuser aus dem 17. u. 18. Jh. im Couvenstil.

### Weitere Sehenswürdigkeiten
An Wochenenden und zur Adventszeit können Besucher mit einer dampfbetriebenen Schmalspureisenbahn auf der Strecke Gillrath – Schierwaldenrath mitfahren. Kreismuseum siehe Museen.

### Freizeitangebote
Hierzu laden insbesondere die Freizeitanlage Müllendorf mit Abenteuerspielplatz und Grillplatz, das Hallenspaßbad, der idyllisch gelegene Sportpark Loherhof, die Skateranlage und viele andere Freizeiteinrichtungen ein.

Rathaus
Geilenkirchen
Markt 9
52511 Geilenkirchen
Tel.: 0 24 51 / 62 90

www.geilenkirchen.de

# Geldern

• Kartenblatt 13 | 14 | 17

Geldern, erstmalig 812 urkundlich erwähnt, hat die wechselvollste Geschichte aller Orte am Niederrhein aufzuweisen. 1229 erhielt Geldern Stadtrechte. 1339 zum Herzogtum erhoben, gehörte auch die heutige niederländische Provinz Gelderland dazu. Geldern war abwechselnd im Besitz von Burgund, Österreich, den Niederlanden, Spanien, Frankreich und Preußen. Erst auf dem Wiener Kongress 1815 wurde die Grenze zu den Niederlanden geregelt.

Schloss Haag

## Sehenswertes

Schloss Haag: Das Wasserschloss wurde erstmals 1331 urkundlich erwähnt. Zu seinen Gästen zählten u.a. Friedrich der Große, Zar Nikolaus I. von Russland, Napoleon I. und Kaiser Wilhelm I.. Im Zweiten Weltkrieg wurde das Hauptgebäude zerstört, die historisch bedeutendere Vorburg jedoch blieb erhalten. Heute ist das Schloss Mittelpunkt eines Golfplatzes.

Heilig-Geist-Kirche: Die Kirche wurde in den Jahren 1736-1740 auf den Grundmauern einer Spitalskirche im „Preußischen Barock" erbaut und besitzt ein imposantes Glockenspiel.

Pfarrkirche Sankt-Maria-Magdalena: Erbaut in der ersten Hälfte des 14. Jh. wurde die Kirche mehrfach zerstört, umgebaut und erweitert. Ein Geschenk des Bischofs von Cambrai sind die Reliquien der Gelderner Stadtpatrone, der Heiligen Galenus und Valenus, die zwischen 400 und 500 n. Chr. in der Türkei hingerichtet wurden. Sankt-Nikolaus-Pfarrkirche in Geldern-Walbeck: Der Turm wurde laut Inschrift 1432 erbaut. Die Kirche besteht in Ihrer heutigen Größe seit 1329.

Die Lucia-Kapelle, ein Backsteinbau direkt neben der Kirche, ist aus dem Anfang des 16. Jh.. Das alte Pastorat wurde 1625 als Pilgerhaus errichtet.

Steprather Mühle: Auf dem höchsten Punkt Walbecks, genau 40 m ü.M., steht die um 1500 erbaute Windmühle, auch „Bärenmühle" genannt. Die Mühle ist die älteste voll funktionierende Windmühle Deutschlands und seit 1995 wieder in Betrieb und trägt die Aufschrift „In Wind und Wetter ist Gott Dein Retter".

In Walbeck steht eine von zwei Kokermühlen Deutschlands. Sie wurde 1823 aus den Niederlanden importiert, wo Sie als Sägemühle

diente. Sie steht ebenfalls auf dem Höhenrücken östlich vom Dorfkern. Sie ist seit 1929 das Wahrzeichen der einzigen Spargelbaugenossenschaft Deutschlands, wahrscheinlich Europas.

Schloss Walbeck: Das Hauptgebäude ist eine dreigeschossige, quadratische Anlage aus Backstein mit einem kleinen Innenhof. Das oberste Geschoss ist als

Wehrgang vorgekragt. An jeder Ecke des Hauptgebäudes befindet sich ein Rundtürmchen mit Kupferhaube. Die ältesten Teile des Hauses sind von der Denkmalpflege im Kern auf das 16. Jh. festgelegt. Schloss Walbeck wird heute als sozialpädagogisches Institut genutzt.

Haus Steprath, ein Herrenhaus aus mehreren einzelnen, zusammengebauten Trakten, die teils zwei-, teils dreigeschossig ausgeführt sind. Die ältesten Teile des Hauses stammen aus dem 15. Jh.. Der älteste Teil des Haupthauses ist der Westflügel. Der andere Flügel hat rückwärts einen Treppengiebel. Er wurde 1632 erbaut. Der andere Giebel stammt nach den Mauerankern aus dem Jahre 1712.

### Weitere Sehenswürdigkeiten

Mühlenturm: Ein erhalten gebliebener Befestigungsturm der ehemaligen Stadtbefestigung, der im 17. Jh. von den Spaniern als Mühle eingerichtet wurde und noch bis zur Mitte des 19. Jh. in Betrieb war.
Spargelparadies Walbeck: Als „Spargeldorf" ist Walbeck weit über die Grenzen des Niederrheins bekannt. In den Monaten Mai und Juni bietet die Gastronomie erntefrische Spargelgerichte. Vor über 60 Jahren wurde in Walbeck die Produktion der begehrten weißen Stangen aufgenommen. Die Erfahrung der Erzeuger und die hervorragend geeignete Bodenbeschaffenheit (lockerer, sandiger Heideboden) garantieren die Qualität des Walbecker Spargels.

### Veranstaltungen

Straßenmaler, Musikanten und Gaukler treffen sich immer am letzten Wochenende der Sommerferien in NRW zum internationalen Pflastermalerwettbewerb.

 **Städtische Dienste Geldern**
Wirtschaftsf. + Tourismus
Issumer Tor 36
47608 Geldern
Tel.: 0 28 31 / 39 87 15
Fax: 0 28 31 / 39 85 30
www.geldern.de

# Goch

`• Kartenblatt 8 | 9`

Im Jahre 1261 wird Goch als Stadt erstmals urkundlich erwähnt und war in seiner Vergangenheit abwechselnd durch französische, holländische und spanische Truppen besetzt. Im Zweiten Weltkrieg wurde Goch sehr stark zerstört, dennoch hat Goch seinen historischen Charakter bewahrt.

Sieben Stadtteile umgeben den historischen Stadtkern:

Asperden, Hassum,
Hülm, Hommersen, Kessel,
Nierswalde und Pfalzdorf.

Sehenswertes
Steintor: Von den vier Stadttoren der ehemaligen Stadtbefestigung aus dem 14./15. Jh. ist nur das Doppelturmtor erhalten geblieben.

Steintor in Goch • Doppelturmtor

Pfarrkirche St. Maria Magdalena:
In der Kirche aus der ersten Hälfte des 14. Jh. findet der Besucher einen prachtvollen neugotischen Altar und eine Mutter Gottes aus der Mitte des 14. Jh. Das nördliche Seitenschiff ist im 15 Jh. erneuert worden. Das größere südliche Seitenschiff wurde später angebaut.

Wassermühle: Die Mühle mit dem mächtigen Schaufelrad an der Susbrücke wurde im 18. Jh. erbaut.

Haus zu den fünf Ringen:
Das Patrizierhaus aus dem 16. Jh. ist mit seinem zinnenbesetzten Stufengiebel eines der schönsten Häuser seiner Art am Niederrhein.

Frauenhaus:
Das im Jahre 1504 durch reiche Stifter als Altenwohnsitz gegründete Frauenhaus wird auch heute noch entsprechend seiner damaligen Zweckbestimmung genutzt. Gleiches gilt für das 1455 errichtete Männerhaus.

Das Museum Goch (s. Museen) beherbergt eine bedeutende Sammlung spätgotischer Plastik, der die neugotische Kunst des aus Goch stammenden Ferdinand Langenberg mit seiner großen Bildhauerwerkstatt gegenüber gestellt wird.

Ergänzt wird die Sammlung durch ein großes Konvolut des Malers Eduard von Gebhardt (1838-1925). Eine wachsende Sammlung mit Werken des 20. und 21. Jahrhunderts dokumentiert den Schwerpunkt im Bereich der Wechselausstellungen, nämlich die Präsentation junger zeitgenössischer Kunst. Das kleine Café Edison ist in der „Grammophonsammlung Tomberg" untergebracht.

Abwechslungsreich ist auch die Fahrt über den Verbindungsweg 48, der durch den Reichswald, dem früheren Jagdrevier der deutschen Könige und Kaiser, führt. Mit einer Fläche von ca. 5.100 ha ist der Reichswald das größte zusammenhängende Waldgebiet Nordrhein-Westfalens.

Freizeitangebote
Der landschaftlich reizvolle Niers-Wanderweg führt in Goch über 14 km am Fluss entlang und reicht bis in die Nachbargemeinden Weeze und Kevelaer.

Paddeln auf der Niers, wegen der relativ geringen Fließgeschwindigkeit des Wassers auch für Anfänger problemlos möglich.

- Zimmerreservierungen über KulTOURbühne Goch kostenlos möglich.

- Rundflüge vom Flugplatz in Goch-Asperden aus.

- Freizeitbad „GochNess" in Goch-Kessel.

 Empfehlenswerte Gastronomie am Niederrhein ab Seite 139

**KulTOURbühne Goch**

Markt 15
47574 Goch
Tel.: 0 28 23 / 32 02 02
     0 28 23 / 32 02 52
     0 28 23 / 1 94 33
Fax: 0 28 23 / 32 02 51
www.goch.de

• Kartenblatt 8 I 9

# Grefrath

Kartenblatt 20

Der Name Grefrath leitet sich ab von Greverode = Rodung der Grafen. Urkundlich wird die Gemeinde erstmals 1177 erwähnt und gehörte früher zum Geldrischen Amt Krickenbeck; später kam es zu den Habsburgern und zu den spanischen Niederlanden und ab 1713 zu Preußen. Nach der Franzosenherrschaft wurde Grefrath im Jahre 1816 dem Kreis Kempen zugeschlagen. Viele steinerne Zeugen dieser wechselvollen Vergangenheit sind heute noch zu besichtigen.

Sehenswertes

Niederrheinisches Freilichtmuseum „Dorenburg" und Spielzeugmuseum (bäuerliche Architektur und Lebensweise, Spielzeugsammlung von europäischem Rang), wunderschön im Erholungs- und Sportpark „Schwingboden" gelegen (s. Museen).

Niederrheinisches Freilichtmuseum Dorenburg

Die kath. Pfarrkirche St. Laurentius aus dem 12. Jh.

Die Burgruine Uda im Ortsteil Oedt (um 1300), die eine besondere Bedeutung als Bollwerk gegen Geldern und Jülich hatte. Im Jahre 1757 wurde die Burg von französischen Truppen gesprengt.

Eislaufhalle: Das Eissportzentrum in Grefrath geht mit neuem Gesicht in das Jahr 2005. Einzigartig in Deutschland ist die Möglichkeit, von morgens früh bis abends spät ununterbrochen und wetterunabhängig Eis laufen zu können, denn auch das Außenfeld ist überdacht. Das ästhetisch anmutende Membrandach schützt vor Niederschlägen, ohne dabei den Charme des Laufens im Freien zu verlieren. Die neue Außengastronomie sorgt am Außenring dafür, dass sich die Besucher in Grefrath wohlfühlen.

Burgruine Uda im OT. Oedt

 Gemeindeverwaltung
Grefrath - Verkehrsamt
Rathausplatz 3
47929 Grefrath
Tel.: 0 21 58 / 91 81 23
Fax: 0 21 58 / 91 81 08
www.grefrath.de

# Grevenbroich

• Kartenblatt 34

Grevenbroich ist eine lebendige Stadt. Braunkohlenbergbau, großer Kraftwerkestandort und Aluminiumindustrie auf der einen Seite, regionaler Mittelpunkt kultureller Aktivitäten und großes Freizeitangebot auf der anderen Seite. Grevenbroich mit seinen Stadtteilen liegt ideal im Viereck der Großstädte Düsseldorf - Köln - Aachen - Mönchengladbach. Der Fluss Erft mit seiner typischen Niederrhein-Landschaft bildet die Klammer des Stadtgebietes. Landschaftlich reizvolle Spazier- und Radwege entlang der Erft, vorbei an Schloss Hülchrath, Kloster Langwaden und am Alten Schloss in Grevenbroich, laden die Besucher ein. Aufgestellte Skulpturen vermitteln einen Eindruck der historischen Entwicklung und Bedeutung der Region.

## Geschichtliches

Grevenbroich fand die erste geschichtliche Erwähung im 11. Jahrhundert als Dorf „Broich". Von der ehemaligen Festung, von den Grafen von Jülich im 15. Jahrhundert errichtet, ist der Palastbau nebst einem kleinen Torgebäude, das die Burg von der Stadt trennte, noch vorhanden. Sie bildet von jeher eines der Wahrzeichen der Stadt und findet sich noch heute im Stadtwappen wieder.

Schloss Hülchrath, erbaut um 1120

## Sehenswertes

Sehenswerte Kulturdenkmäler wie das erwähnte Alte Schloss mit Haus Hartmann, Villa Krüppel, das Kloster Langwaden, Schloss Hülchrath, Haus Horr und die Neubrücker Mühle bei Kapellen sowie zahlreiche andere Sehenswürdigkeiten.

## Museum im Stadtpark (s. Museen)

Ein besonderer Anziehungspunkt für die Besucher der Stadt Grevenbroich ist das „Museum im Stadtpark". Es befindet sich in der ehemaligen Villa Erckens, einem 1888 im neoklassizistischen Baustil errichteten Gebäude. Das Museum bietet ständige Wechselausstellungen zu regionalen und völkerkundlichen Themen. Ergänzt wird die interessante Sammlung durch häufige Führungen und Vorträge.

Lohnenswert ist auch ein Abstecher zum Zisterzienserkloster Langwaden. Die weitläufigen Parkanlagen laden zum Spazierengehen ein. Auch ein Klosterladen und ein Restaurant werden betrieben.

## Freizeitangebote

Minigolf, Hallenbäder, Freibad Stadtmitte mit 70 m Röhren- und Familien-Breitrutsche, Wellenfreibad (Neurath), Wildfreigehege mit Grillstelle, Montanushof – Sport und Freizeit unter einem Dach –, Fahrradverleih.

Stadt Grevenbroich
Fachbereich Presse und Öffentlichkeit
Am Markt 1, Altes Rathaus
41515 Grevenbroich
Tel.: 0 21 81 / 6 08-2 11
Fax: 0 21 81 / 6 08-2 12
www.grevenbroich.de

# Hamminkeln

• Kartenblatt 7

Die Stadtteile Brünen (einschl. Marienthal), Dingden, Hamminkeln, Loikum, Mehrhoog, Ringenberg und Wertherbruch bilden die Stadt Hamminkeln. 1154 wird das Dorf Hamminkeln, am westlichen Rand des Naturparks Hohe Mark gelegen, erstmals urkundlich erwähnt. Kloster Marienthal geht auf das Jahr 1256 zurück und die Burg Ringenberg auf das Jahr 1220. Die Herren von Dingden wurden urkundlich 1163 erwähnt, und Heinrich von Leck erhält 1296 ein Stück Sumpfland bei seiner Burg Werth als Lehen vom Erzbischof von Köln, das heutige Wertherbruch. In einer Urkunde aus dem Jahr 1271 wird Brünen erwähnt, aber der Inhalt lässt die Schlussfolgerung zu, dass Brünen bereits zum Beginn des 9. Jh. existierte.

Schloss Ringenberg

## Sehenswertes

Schloss Ringenberg: Das ehemals von Wassergräben umgebene Schloss wurde von den Herren von Dingden 1220 als Burg im Grenzgebiet zwischen dem Herzogtum Kleve, dem Bistum Münster und dem Erzbistum Köln erbaut und war eine strategisch wichtige Wehrburg. 1329 ließen die Burgherren durch holländische Siedler die Sumpfniederung trockenlegen und die Siedlung Ringenberg erbauen. Auf den Grundmauern der im Dreißigjährigen Krieg zerstörten Burg ließ Alexander Freiherr von Spaen 1650 ein Barockschloss errichten. Die zweigeschossige Dreiflügelanlage wurde im Zweiten Weltkrieg beschädigt, ist aber heute vollständig renoviert und beherbergt das Standesamt der Stadt Hamminkeln sowie ein Atelierzentrum der Derik-Baegert-Gesellschaft und Künstlerwohnungen.

Mühle Hamminkeln

Christopherus-Fresko in der evangelischen Kirche Hamminkeln, eines der größten Fresken am Niederrhein (4x6 m, um 1450).

Wandfresken in der evangelischen Kirche Wertherbruch, das älteste Fresko stammt aus spätromanischer Zeit (um 1220).

---

**Hotel • Gasthof • Restaurant**

# Gasthof Buschmann

- **15 Betten**
- **klimatisierter Saal für Ihre**
- **Feierlichkeiten und Veranstaltungen**
- **Internetanschluss**
- **Gasthof / Restaurant Mo. Ruhetag, Hotel geöffnet**

**unweit von Schloß Ringenberg**

Hauptstraße 52 • 46499 Hamminkeln - Ringenberg

**Tel.: 0 28 52 - 96 32 9 - 0 • www.gasthof-buschmann.de**

# Willkommen in Dingden

Was macht Dingden so besonders?

Ist es, dass hier Westfalen und das Rheinland aufeinandertreffen? Nein, Dingden hat seinen Besuchern mehr zu bieten!

Kulturhistorische Highlights wie das Kloster Marienvrede, von dem heute nur noch die Grundrisse als Erhöhung in einer Wiese erkennbar sind. Berühmt wurde das Kloster durch die Schreibkunst der Mönche und seiner umfangreichen Bibliothek. Einige Bücher befinden sich heute in dem Landesarchiv Düsseldorf. Oder die strategischen Wallanlagen, die rechts und links der Straße erkennbar sind und von den Franken oder Römern angelegt wurden.

Ein ganz besonderes Highlight ist aber die Dingdener Heide mit ihrer einzigartigen Flora und Fauna, die zu jeder Jahreszeit einen Besuch wert ist. Vergessen Sie nicht ein Fernglas mitzunehmen. Lauschen Sie dem Ruf des Brachvogels oder erfreuen Sie sich im Sommer am Konzert hunderter Laubfrösche. Laufen Sie hier mit einem Bein in Westfalen, mit dem anderen im Rheinland. Sie treffen auf einen (nachgebauten) Ziehbrunnen, mit dem die Bauern vor vielen Jahr-

zehnten das Wasser für ihr Vieh schöpften. Besuchen Sie die Küningsmühle, eine noch intakte Wassermühle. Der Mühlenteich war früher das Dingdener Freibad. Noch in den 70er Jahren wurde hier Korn gemahlen und wem ist schon bekannt, dass hier in einem Gewächshaus die weltbekannten Usambara-Veilchen entstanden? Bei Dingdener Geschäftsleuten können Sie eine Radkarte bekommen, die Sie zu den Highlights in und um Dingden führt.

Heimathaus Dingden (s. Museen) Das Heimathaus befindet sich in einem ca. 250 Jahre alten typisch nieder-rheinischen Bauernhaus, ein Wohn- Stallgebäude mit Gewölbekeller und Upkamer. Die eingerichteten Räume geben mit einer Vielzahl von Exponaten einen Einblick in die bäuerliche und bürgerliche Wohnkultur vergangener Zeiten. Gezeigt werden auch Beispiele örtlicher Handwerksgeschichte sowie volkskundliche Zeugnisse.

# Hamminkeln - Marienthal

Kartenblatt 12

**Klosterkirche Marienthal:** 1806 wurden die Klostergebäude des 1256 gegründeten ältesten Eremitenklosters der Augustiner auf deutschem Boden abgerissen. Erhalten blieb nur die 1345 erbaute Klosterkirche, das zum Pfarrhaus umgebaute Brauhaus und als Reste des ehemaligen Kreuzganges einige Mönchszellen.

**Weitere Sehenswürdigkeiten**
Gut Venninghausen (gotisches Hallenhaus aus dem 13. Jh.) und Gut Rodehorst aus dem 17. Jh., Küningsmühle und das Naturschutzgebiet „Dingdener Heide".

**Veranstaltungen**
„Marienthaler Abende", eine Kultur-Veranstaltungsreihe in den Sommermonaten. Vespermusik-Abende in der Klosterkirche Marienthal am ersten Sonntag im Monat.

Klosterkirche in Marienthal

EGN Empfehlenswerte Gastronomie am Niederrhein ab Seite 139

Klosterkirche in Marienthal

**Stadt Hamminkeln**

Brüner Str. 9
46499 Hamminkeln
Tel.: 0 28 52 / 88 - 0
Fax: 0 28 52 / 88 - 130
www.hamminkeln.de

## Stadt Hamminkeln
*Natur & Kultur pur*

Niederrhein Tourismus

Naturpark „Hohe Mark" · Naturschutzgebiet „Dingdener Heide"
230 km Rad- und 160 km Wanderwege · 100 km Nordic Walking Park
Tel +49(0)28 52.880 · Fax +49(0)28 52.88-130 · www.hamminkeln.de

# Heinsberg

• Kartenblatt 31

Heinsberg ist die westlichste Kreisstadt Deutschlands. Die geschichtsträchtige Stadt reicht in ihren Anfängen bis in das 9. Jh. zurück und hat seit dem Jahre 1255 Stadtrechte.

## Sehenswertes
Beeindruckend ist auch die Kirche St. Gangolf oder „Selfkantdom" aus dem 15. Jh. mit Krypta (13. Jh.). In der Kirche befindet sich auch das Hochgrab der Herren von Heinsberg. Die drei lebensgroßen Liegefiguren auf den Tumbendeckeln wurden vermutlich um 1450 von einem Brabanter Bildhauer geschaffen. Der schwarze Marmor der mit Wappenfriesen geschmückten Seitenwangen der Tumben steht in auffallendem Kontrast zum hellen Kalkstein der Skulpturen.

Sonstige Sehenswürdigkeiten
Das Museum im historischen Torbogenhaus, in unmittelbarer Nähe zum „Selfkantdom", mit wechselnden Ausstellungen (s. Museen).

## Freizeit
Freibäder und Hallenbad, Reiten, Angeln, Tennis, Squash, Konzerte, Theater, Stadtbücherei sind ein Teil des umfangreichen Freizeitangebotes.

**Rathaus**

Apfelstr. 60
52525 Heinsberg
Tel.: 0 24 52 / 1 41 32

www.heinsberg.de

# Hückelhoven

• Kartenblatt 32

Reinhard von Huckilhoven erbaute im 13. Jh. die ehemalige Wasserburg Hückelhoven. Nach dem Aussterben des Geschlechtes wechselten die Besitzer der Burg mehrfach, bis sie an die katholische Kirche verkauft wurde. Von 1784 bis 1814 stand Hückelhoven unter französischer Herrschaft, wurde 1798 selbständige Mairie, später mit Doveren zu einer Mairie Doveren zusammengelegt und bestand in dieser Form bis zum 1.10.1935. Von diesem Tag an bildeten die Gemeinden Hückelhoven, Ratheim, Hilfarth, Teile der Gemeinde Kleingladbach, Schaufenberg und Millich die neue Gemeinde Hückelhoven, amtlich ab 1951 Hückelhoven-Ratheim. Die Gemeinde bekam am 14.6.1996 Stadtrechte verliehen. Die kommunale Neugliederung führte am 1.1.1972 zur Bildung der heutigen Stadt Hückelhoven mit den zusätzlichen Ortsteilen Baal, Brachelen, Doveren, Rurich und Altmyhl.

Haus Hückelhoven

### Sehenswertes (s. Museen)

Haus Hückelhoven aus dem 16./17. Jh., in dem sich heute ein Altenheim und ein Kindergarten befinden.

Haus Hall in Ratheim, ein Herrensitz, der in seiner jetzigen Form aus dem 18. Jh. stammt, dessen Geschichte aber bis in das 14. Jh. zurückverfolgt werden kann.

Schloss Rurich aus dem 18. Jh.. Erst im 19. Jh. wurde ein Turm angebaut und das Herrenhaus um einen großen Saal und eine neugotische Kapelle erweitert. Im Krieg wurde u. a. auch das Schloss sehr stark beschädigt. Der Wiederaufbau begann 1960. Heute zeigt sich das Schloss wieder in seiner früheren Schönheit. In Doveren, einem der ältesten Orte im Stadtgebiet, steht die Pfarrkirche St. Dionysius, die urkundlich erstmals 1178 erwähnt wird. Auf Grund von Ausgrabungsergebnissen wird angenommen, dass die Kirche einige Jahrhunderte älter ist. Am Gründonnerstag 1998 wurde mit der Schließung der Zeche Sophia-Jacoba die letzte des ersten europäischen Steinkohlereviers Aachen geschlossen.

### Freizeit
Aula mit 674 Sitzplätzen, die auch als Konzerthalle genutzt wird, Hallenbad, Freizeitpark Kapbusch mit Freibad, Bootsgewässer und Angelsportmöglichkeiten.

**i** **Rathaus**

Parkhofstr. 76
41836 Hückelhoven
Tel.: 0 24 33 / 8 20
www.hueckelhoven.de

# Hünxe

Kartenblatt 12

Gelegen in einer von Feldern, Wiesen, Wald und Heide geprägten Landschaft liegen die Ortsteile Bruckhausen, Bucholtwelmen, Drevenack, Gartrop-Bühl, Hünxe und Krudenburg, die gemeinsam die Gemeinde Hünxe bilden. Sieben Naturschutzgebiete, der Bruchgraben am Testerberg, das Hünxer Bachtal, die Kaninchenberge, die Lippeaue, die Plankenbachheide, die Testerberge und das Torfvenn bieten Tieren und seltenen Pflanzen Lebensraum.

Schloss Gartrop in Hünxe

### Sehenswertes

Schloss Gartrop: Das elegante Schloss wurde 1675 nach holländischen Vorbildern erbaut. Der spätmittelalterliche Winkelbau wurde dabei zu einer zweigeschossigen Vierflügelanlage erweitert. Auf den Backsteinpfeilern am Eingangstor zum Schloss stehen Plastiken der Göttinnen Athene und Concordia, vermutlich von J. W. Gröninger.

Das Schloss befindet sich in Privatbesitz und kann nach vorheriger Vereinbarung besichtigt werde. Der Schlossgarten ist grundsätzlich geöffnet.

An der Schlosszufahrt befindet sich noch eine funktionsfähige Wassermühle, die als technisches Kulturdenkmal geschützt ist. Die mächtigen Sandsteinquader der Südwand stammen aus dem 15. Jh. und sind die ältesten Gebäudeteile. Zum Schloss gehören noch zwei Gartenhäuser und ein Mausoleum.

Ev. Kirche Hünxe: ursprünglich den hl. Suitbertus geweiht, wurde die Kirche im 14. Jh. als dreischiffige gotische Säulenbasilika mit sechs Jochen und fünfseitig schließendem Chor erbaut. Der Epitaph für den Freiherrn Albrecht Georg von Hüchtenbroeck (1635 -1716) wurde von Wilhelm Gröninger aus Baumberger Sandstein gefertigt und ist eines der seltenen barocken Steingräber am Niederrhein. Am Ende des 16. Jh. schloss sich die Kirchengemeinde der Reformation an.

Haus Esselt – Otto Pankok Museum (s. Museen):
Der zweigeschossige Ziegelbau aus dem 17. Jh. ist auf den Grundmauern einer früheren Anlage erbaut worden. 1959 wurde Haus Esselt von dem Maler, Grafiker und Bildhauer Otto Pankok erworben und nutzte die früheren Wirtschaftsgebäude als Atelier.
Mit Käthe Kollwitz und Ernst Barlach gehört Otto Pankok zu den drei großen Künstlern, die in der Schwarz-weiß-Palette ihr Ausdrucksmittel gefunden haben. Er setzte sich zeitlebens für Frieden und verfolgte Minderheiten ein, u.a. für Sinti und Roma.
Über 5000 großformatige Kohlegemälde, 500 Radierungen und die gleiche Anzahl an Arbeiten in anderen grafischen Techniken, mehr als 600 Holzschnitte und über 200 Plastiken sind von ihm erschaffen. In Wechselausstellungen vermittelt das Museum einen Überblick über die verschiedenen Schaffensperioden Otto Pankoks, der 1966 in Wesel verstarb.

Krudenburg: Der ehemalige Hafenort an der Lippe hat sich den Charakter eines alten Treidelschifferortes erhalten. Von der ehemaligen Burg ist nur noch ein kleiner Eckturm von 1664 erhalten.
In der Chorwand der ev. Kirche in Drevenack sind die Kopien zweier Memoriensteine aus dem 9./10. Jh. als steinerne Urkunden eingemauert.

**Weitere Sehenswürdigkeiten**
Haus Schwarzenstein: Der historische klevische Herrensitz westlich von Drevenack, nahe der Lippe, war im Mittelalter von einer Doppelgräfte umgeben. Von der Wasserburg sind nur noch ein schlanker hoher Turm mit Sandsteinfiguren aus dem Jahre 1517 und ein schlichter zweigeschossiger Hauptbau aus dem 14. Jh. noch erhalten.

Heimatmuseum Alte Bergschule Hünxe (s. Museen).

**Verkehrsamt Hünxe**

Dorstener Str. 24
46569 Hünxe
Tel.: 0 28 58 / 6 92 00
Fax: 0 28 58 / 6 92 22
www.huenxe.de

# Isselburg

• Kartenblatt 3

In einer reizvollen Landschaft im Grenzgebiet zwischen Niederrhein und Münsterland liegt die Stadt Isselburg.

Schloss Anholt

### Sehenswertes

Wasserburg Anholt: Als mittelalterliche Verteidigungsanlage bereits 1313 erwähnt, war das Schloss später Residenz der Herren von Anholt und damit Mittelpunkt einer reichsunmittelbaren Herrschaft. Die Haupt- und Vorburg liegen auf zwei großen Inseln, die wiederum von mehreren Garteninseln umgeben sind. Ältester Teil ist der runde Bergfried aus dem 13. Jh., an den zunächst der Westflügel angebaut wurde. Erst im späten Mittelalter entstand der vierflügelige Bau.

Seit 1647 ist die Burg im Besitz der Fürsten zu Salm-Salm. Sie bauten die Burg zum Schloss im niederländischen Barockstil mit weißen Zugbrücken aus. Die Hauptburg beherbergt ein Museum mit einer bedeutenden Kunstsammlung (s. Museen), überwiegend mit Werken niederländischer Meister des 16. u. 17. Jh., darunter ein Rembrandt-Original. Ergänzt wird die Sammlung durch eine bedeutende Bibliothek, eine umfangreiche Porzellansammlung sowie Zeugnisse herrschaftlicher Wohnkultur. Sehenswert sind auch die weitläufigen Parkanlagen. Biotopwildpark „Anholter Schweiz" eine Nachbildung des Vierwaldstätter Sees mit Schweizer Haus und Felsenlandschaft. Gut begehbare Sandwege führen Sie durch Biotope, Großvolieren und Tiergehege.

**EGN** Empfehlenswerte Gastronomie am Niederrhein ab Seite 139

**i** Tourist-Info Stadt Isselburg

Markt 9
46419 Isselburg
Tel.: 0 28 74 / 94 23 44
Fax: 0 28 74 / 94 23 46
www.isselburg.de

---

## Brüggenhütte
### Hotel-Restaurant

Fam. B. Kleinhesseling
Hahnenfeld 23
D-46419 Isselburg-Anholt

Tel.: (02874).9147-0
Fax: (02874).914747
www.brueggenhuette.de

Großer Biergarten · Gartenterrasse
Kaminzimmer · Hotelzimmer mit DU/WC/TV
Mo. und Di. Ruhetag, Hotel geöffnet

**Das Landhotel mit Familientradition direkt am Grenzübergang zu den NL**

**Helmut Bauhüs e. K.**
**Verlag & Vertrieb**

Proppertweg 37 • 46399 Bocholt
Tel.: +49 (0) 2871 – 49 09 75 • Fax: 49 09 76
E-mail: helmut-bauhues@t-online.de oder info@niederrheinroute.de

**unser Dienstleistungsangebot:**

**Druck:**
Bücher, Flyer, Geschäftspapiere aller Art, Kataloge, Reiseführer, Visitenkarten usw.
Druckformate: bis einschließlich Plakatdruck

**Fotografie:**
Professionelle Fotoaufnahmen jeglicher Art
360°-Aufnahmen

**Kartografie:**
Erstellung von Stadt- und Routenplänen als Auftragsarbeit.
Ausarbeitung individueller Rad- und Wanderrouten.

**Reiseführer:**
Erstellung von Rad- und Reiseführern, auch als Auftragsarbeit

**Schilder:**
Entwicklung von Schildern und Informationstafeln, beispielsweise als
Hinweisschild an der Autobahn o. ä.

**Werbung:**
Anzeigenentwürfe, Flyer, TV-Werbung (Regionalfernsehen)

**Werbemittel:**
Vertrieb von Werbemitteln aller Art, Individuallösungen,
Spezial-Leuchtfolien, bedruckbar oder als Backgroundlicht, für Leuchttafeln und
-schilder

# Issum

• Kartenblatt 14

1294 wurde Issum erstmalig in einem Abgabenregister für die Grafschaft Geldern erwähnt. Der damalige Graf und spätere Herzog von Geldern erwarb 1338 die „Herrlichkeit Issum". Die Ortsteile Issum und Sevelen bilden die Gemeinde Issum, die in einer von Wasser, Wald und Heide geprägten Landschaft liegt.

Haus Issum

### Sehenswertes
Haus Issum: Die wasserumgebene Backsteinanlage ist aus dem 16. Jh.. Über eine feste Brücke gelangt man durch einen zweigeschossigen Nebentrakt auf den ehemaligen Wirtschaftshof. Das Haus ist von einer Parkanlage umgeben, die ihren Ursprung vermutlich in einer spätbarocken Anlage hat. In dem Park befindet sich auch ein 80 Meter langer Laubengang aus Hainbuchen, der als Naturdenkmal zu den großen Seltenheiten am Niederrhein zählt.

Haus Steeg: Die ehemalige Wasserburg aus dem 17. Jh. besteht aus einem dreigeschossigen Herrenhaus mit Walmdach sowie der dreiflügeligen Vorburg mit einem südlichen Eckturm und großem viereckigem Torturm aus dem Jahre 1666. Zwei durchgehende Pilaster mit abschließendem einfachem Gesims zwischen den Kapitellen gliedern den Torturm. Über dem Portal halten zwei Löwen einen Schild mit dem Wappen der freiherrlichen Familie von Bocholtz. Das Haus kann nicht besichtigt werden (Privatbesitz).

His-Törchen (s. Museen): Die Kunst- und Heimatstube der Gemeinde Issum ist im Haus Issum untergebracht und zeigt vor allem lokalhistorische Handwerkskunst.

His-Törchen

**Tourist-Information**
Gemeinde Issum, Rathaus
Herrlichkeit 7-9
47661 Issum
Tel.: 0 28 35 / 10 24
Fax: 0 28 35 / 10 10
www.issum.de

# Jüchen

• Kartenblatt 29 | 34

Die Villa des Römers Jucundus, er könnte der Gemeinde seinen Namen gegeben haben, steht schon lange nicht mehr. Die Zeugnisse der Vergangenheit sind aber noch vielfältig anzutreffen. In der Geschichtsschreibung werden die Herren von Dyck, die auf dem gleichnamigen Schloss ihren Stammsitz hatten, erstmalig im 11. Jh. erwähnt. Später ging das Schloss in den Besitz der Herren von Reifferscheidt über, die zugleich Grafen von Salm sind. In der Geschichte ist Jüchen nie Mittelpunkt großer Auseinandersetzungen gewesen. Dennoch machten alle hier Station: Die Römer, die Herzöge von Jülich, die Grafen von Salm-Reifferscheidt und Sayn-Hülchrath, die Herren von Myllendonk. Burgen und Herrenhäuser aus reicher Vergangenheit prägen heute noch manches Dorf. An historischer Stätte tagt auch der Rat der Gemeinde Jüchen: im Haus des Paulus von Katz, in dem schon zu Beginn des 18. Jh. ein Amtssitz untergebracht war.

Schloss Dyck in Jüchen

## Sehenswertes
Schloss Dyck mit Parkanlage in Jüchen - Damm, das Kloster St. Nikolaus, das in seinen Mauern die Gruftkirche der Grafen von Salm-Reifferscheidt-Dyck beherbergt, das Haus Bontenbroich bei Kelzenberg sowie der Turm des Behrenhofes an der Weidenstraße in Hochneukirch.

## Freizeitangebote
Ausstellungen, Konzerte, Hallenbäder in Jüchen und Hochneukirch.

**i** Gemeinde Jüchen

Am Rathaus 5
41363 Jüchen
Tel.: 0 21 65 / 91 51 08
Fax: 0 21 65 / 91 51 07
www.juechen.de

# Kaarst

> • Kartenblatt 25 | 26 | 29

Ein erstes schriftliches Zeugnis über eine Besiedlung ist aus dem Jahr 793 n. Chr.. In der Vita Sankti Ludgeri, der Lebensbeschreibung des ersten Bischofs von Münster, wird geschildert, Ludger habe von Budica (ehemaliger Name für Büttgen) aus den Wald Hamarithi durchwandert. Kaarst wird als „Karlesforst" urkundlich erstmals im Jahr 1218 erwähnt. Während der Auseinandersetzungen der Territorialmächte im damaligen Römischen Reich deutscher Nation, in den Glaubenskriegen und den europäischen Kriegen wurden die Orte Kaarst und Büttgen mehrfach zerstört, geplündert und gebrandschatzt. Im Jahr 1591 wurde Jan von Werth, der später als Reitergeneral Berühmtheit erlangte, in Büttgen geboren. Im Laufe der Zeit gab es mehrere Gebiets- und Verwaltungsreformen. In den 70er Jahren wurden die Dörfer Kaarst und Büttgen zu einer Großgemeinde zusammengefügt, sie umfasst heute die Stadtteile Kaarst, Büttgen, Holzbüttgen, Vorst und Driesch.

St. Aldegundis in Büttgen

BraunsMühle

## Sehenswertes

Die Pfarrkirche St. Martinus, eine romanische dreischiffige Pfeilerbasilika im Alten Dorf Kaarst. Überlieferungen sagen, dass Bauinschriften von 1007 und 1146 in der Kirche gefunden wurden. Die Kirche ist in ihrem heutigen Zustand Anfang der 60er Jahre über die alten Fundamente rekonstruiert worden.

Pfarrkirche St. Aldegundis in Büttgen, deren älteste Bauteile aus dem 12. Jh. stammen. Bemerkenswert ist die nahezu 800 Jahre alte Michaelskapelle, deren Nischenoktogon noch heute erhalten ist.

Antoniuskapelle in Vorst mit den 14 Nothelfern, die 1994 an der Chorwand neu gruppiert und um die zentrale Figur der Madonna angeordnet wurden. In ihrem Ursprung geht die Kapelle auf eine Einsiedelei zurück, die sich seit dem 14. Jh. im Vorster Wald befand.

### Lauvenburg

Die ehemalige Ritterburg wird erstmalig im Jahre 1300 urkundlich erwähnt. In ihrer heutigen Form besteht die Anlage seit 1897. (Privatbesitz)

### Sonstige Sehenswürdigkeiten

Zum Teil uralte Münzen, Schmuckstücke, Scherben usw. können im Haus Historia (s. Museen), einem Privatmuseum an der Broicherdorfstraße 63 und in der musealen Begegnungsstätte Tuppenhof im Stadtteil Vorst, Rottes 27, besichtigt werden. Der Stadtpark mit Seeskulpturen in der neuen Stadtmitte.

### Freizeitangebote

Ausgedehnte Waldstreifen mit renaturierten Kiesgruben bieten vielfältige Freizeit- und Erholungsmöglichkeiten. Der Kaarster See ist konsequent zum Naherholungsgebiet ausgebaut worden und steht Badegästen, Seglern und Surfern zur Verfügung.

Reitergeneral Jan van Werth

EGN Empfehlenswerte Gastronomie am Niederrhein ab Seite 139

**Stadt Kaarst, Presseamt**

Am Neumarkt 2
41564 Kaarst
Tel.: 0 21 31 / 98 72 00
Fax: 0 21 31 / 98 75 00
www.kaarst.de

• Kartenblatt 29

# Brauhaus am Rathausplatz

*Ein gepflegtes, familiär geführtes kleines Hotel der Mittelklasse. In 28 Zimmern, ausgestattet mit Dusche oder Bad und Wc, Telefon und Kabel-TV, kann man sich als Gast auf Reisen wohlfühlen wie zuhause.*

*Dazu die urige und ungezwungene Gemütlichkeit eines Brauhauses mit typisch rheinischem Charme. In der Hauszeitung finden sich Speisen für den großen und kleinen Hunger. Aus der bodenständigen deutschen Küche kommen z.B. Bierhappen, Eintöpfe und Dicke Bohnen und auch die Schweinshaxe darf nicht fehlen.*

*Und im Sommer spielt sich das Leben im neu gestalteten Biergarten auf dem Marktplatz ab.*

**Mo. Ruhetag Hotel geöffnet!**

**Hotel Jan van Werth**
**Brauhaus am Rathausplatz**
*Holzbüttger Straße 2 · 41564 Kaarst-Büttgen*
*Tel. 0 21 31 - 75 88 -0 · Fax 511 433*

W-LAN im Haus

**www.hotel-kaarst.de • www.brauhaus-am-rathausplatz.de**

# Kalkar

• Kartenblatt 5 | 6

An der Kreuzung zweier wichtiger Straßen von Münster nach Kleve und von Straßburg nach Nijmegen gründeten 1230 die Grafen von Kleve die Stadt Kalkar, die 1242 Stadtrechte verliehen bekam und später auch Mitglied der Hanse wurde.

## Sehenswertes

St. Nicolai Kirche: Die St. Nicolai-Kirche – 1450 –, größte Hallenkirche des Rheinlandes. Zum großartigen Schatz der Kirche zählen u.a. acht Schnitzaltäre und zahlreiche Einzelfiguren aus der Zeit von 1450 bis 1550. Mit dem Rankenwerk am Altar der Sieben Schmerzen Marias (1519-1522) erreicht die Schnitzkunst Heinrich Douvermanns ihren Höhepunkt. Der filigrane Marienleuchter von Heinrich Bernts ist aus dem Anfang des 16. Jh., als auch die Skulptur des hl. Georgs entstand. Der Schrein des Hochaltars, u.a. von Arnt von Zwolle, veranschaulicht mit über 200 Figuren die Passion Christi; die ausdrucksvollen Flügelbilder malte Jan Joest 1506-1508.

Marktplatz

Rathaus: Der Backsteinbau mit Zinnen und dreigeschossigem Turm wurde zwischen 1436 und 1445 vom herzoglich-klevischen Baumeister Wy-renbergh entworfen und gebaut und diente als Lager-, Handels-, Gerichts-, Fest- und Verwaltungshaus. Das Rathaus ist das größte gotische Rathaus im Rheinland.

Rathaus Kalkar

Wisseler Dünen: Durch Winde wurden im Spätmittelalter die aus

Dünen bei Wissel

feinem Flugsand bestehenden bis zu acht Meter hohen Dünen aufgetürmt. Auf dem trockenen, nährstoffarmen Boden wachsen neben Silbergras auch Arten der Rheintalflora, die durch Hochwasser hierhin getragen wurden.

Marktplatz: Imposante Treppengiebelhäuser und ausgemalte Bürgerhäuser stehen am Marktplatz und in den Seitenstraßen.
Im Osten der Stadt steht die höchste Lohwindmühle (heute

Kornwindmühle) Deutschlands (1770). Zur Mühle gehören ein Backhaus, Brauhaus und eine Gaststätte. Im Ortsteil Hanselaer befindet sich eine kleine Dorfkirche mit drei Schnitzaltären.

**Weitere Sehenswürdigkeiten**

Städtisches Museum und Archiv Kalkar (s. Museen): Mit ca. 400.000 Blatt Pergament und Papier sowie 1.000 Urkunden aus der Zeit zwischen den Jahren 1300 und 1800 ist die Sammlung eines der bedeutendsten historischen Archive im Rheinland. Besondere Kostbarkeiten sind Stadtrechtsbestätigungen von Herzogen, Kurfürsten und Königen, eine Handschrift des Sachsenspiegels aus den Jahren 1390/1400, Originalstempel des großen Stadtsiegels von 1245, Landkarten, Bücher, Kopiare und Bürgerbücher mit den Eidesformeln.

Heimatmuseum in Kalkar-Grieth (s. Museen): Die Ausstellung gibt einen Einblick in das Leben der Schiffer und Fischer am Rhein.

**Freizeitangebote**

Stadt-, Kirchen- und Mühlenführungen werden angeboten, Erholungsstätte Wisseler See, Freier Golfplatz Niederrhein, Pauschalangebote...

St. Nicolai Kirche

Burg Boetzlaer

EGN Empfehlenswerte Gastronomie am Niederrhein ab Seite 139

**i** **Verkehrsamt Kalkar**
Rathaus
47546 Kalkar
Tel.: 0 28 24 / 1 31 20
　　　0 28 24 / 1 21 36
Fax: 0 28 24 / 1 32 34
www.kalkar.de

---

## Hotel-Restaurant
## *Siekmann*

✳ **Biergarten** ✳ **Rustikaler Festsaal** ✳ **Frühstückskegeln** ✳ **Gruppenarrangements**

In unserem traditionsverbundenen Haus werden die Gäste seit vielen Jahrzehnten in einer privaten Atmosphäre verwöhnt. Unser Restaurant und unsere Schänke bieten Ihnen ein gutes Angebot aus der kreativen Frischeküche und ein reichhaltiges Angebot an Getränken. In den warmen Sommermonaten ist der Biergarten beliebter Treffpunkt unserer Gäste.
Wir freuen uns auf Ihren Besuch

*Familie Theissen - Siekmann und Team*

Kesselerstraße 32 · 47546 Kalkar · Tel. 0 28 24/9 24 50 · Fax 31 05
**Mittwochs Ruhetag** · Täglich 12.00 - 14.00 + 18.00 - 23.00 Uhr
www.hotel-siekmann-kalkar.de

# Kamp - Lintfort

• Kartenblatt 18

Diese reizvolle Stadt ist einerseits geprägt durch das Klosterensemble Kamper Berg und andererseits durch den Bergbau sowie eine liebevoll restaurierte Bergmannssiedlung sowie herrliche Alleen.

Kloster Kamp

### Sehenswertes

Kloster Kamp: Die ehemalige Zisterzienserabtei mit dem barocken Terrassengarten wurde 1123 durch Mönche aus dem lothringischen Kloster Morimond gegründet. Sie lebten nach ihrem Leitspruch „ora et labora" (bete und arbeite). In der Landwirtschaft erfahren, vermittelten sie auch den umliegenden Bauern neue Arbeitsmethoden. Nahezu 100 Klostergründungen bis in den Ostseeraum haben ihren Ursprung in Kloster Kamp. Die Reste der Abtei werden heute von Karmelitern als Kloster weitergeführt. Der Chor der sehr schönen Klosterkirche ist aus dem Jahr 1410, das Schiff von 1683. Das Ordensmuseum (s. Museen) gibt einen interessanten Einblick in das Leben und Schaffen der Zisterziensermönche. 1740 wurde mit dem Bau der Gartenanlagen begonnen, die eine unübersehbare Ähnlichkeit mit den Anlagen von Schloss Sanssouci in Potsdam haben.

Sie haben von der „Spanischen Schanze" gehört? Es ist die Anlage Kloster Kamp.

Altsiedlung: 1912 entstand mit dem Bergwerk Friedrich-Heinrich diese in den letzten Jahren sehr liebevoll renovierte Bergarbeitersiedlung, die wegen ihrer einmaligen Schönheit auch „Gartenstadt" genannt wird und komplett unter Schutz gestellt ist.

Das Geologische Museum Kamp Lintfort (s. Museen). Die Schächte des Steinkohlebergwerkes führen bis in die Zeit vor etwa 300 Millionen Jahren. Das Museum gibt dem interessierten Besucher einen interessanten Einblick in die Erdgeschichte.

**Stadtinformation**

Am Rathaus
47475 Kamp-Lintfort
Tel.: 0 28 42 / 1 94 33
Fax: 0 28 42 / 91 24 33
www.kamp-lintfort.de

**Freizeitangebote**

Freizeitpark Pappelsee mit Spaßbad, ein Hallen- und Freibad mit vielen Attraktionen rund ums Badevergnügen. Das besitzt unter anderem die längste Hallenbadrutsche des Niederrheins (63 m) und im Freibad die längste Doppelrutsche des Kontinents (118/116 m).

# Kempen

• Kartenblatt 20 | 21

Auch bei Städten gibt es Sympathie auf den ersten Blick: Kempen hat viele Freunde. Es kommt eben gut an – und das kommt nicht von ungefähr. Denn: diese Stadt ist ein Erlebnis.

Wir laden Sie ein, Kempen näher kennenzulernen. Die schöne historische Altstadt, in der die Geschichte auf Schritt und Tritt präsent ist. Ein Einkaufserlebnis in modernen Geschäften. Das reiche Kulturleben, das über Kempen hinaus Akzente setzt. Den Spaß an Sport, Freizeit und zahlreiche Veranstaltungshighlights. In Kempen sagt man, dass selbst das Kfz-Kennzeichen „VIE" schon einiges aussagt. Setzt man hier „la" vor, ist es bezeichnend für Kempen „la VIE – das Leben" und das ist in Kempen besonders lebenswert. Jung und Alt fühlen sich in Kempen besonders wohl.

Alte Schulstraße

Erlebnisbad „aqua sol"

## Sehenswertes

Nach dem in Kempen geborenen Mystiker Thomas a Kempis (1380-1471), dem Autor der „Nachfolge Christi" heißt Kempen auch „Thomasstadt". Die mittelalterliche Rundling ist reich an kostbaren Bauwerken; dazu gehören u.a. die Propsteikirche, die kurkölnische Landesburg, das ehemalige Franziskanerkloster, das Kuhtor, der Peterturm und der Mühlenturm. Im Stadtteil St. Hubert ist sehenswert der Berfes (bäuerlicher Wehrturm) vom Raveshof, in Tönisberg die Kastenbockwindmühle. Im Kulturforum Franziskanerkloster befindet sich das städtische Kramer-Museum (niederrh. Wohnkultur des 16.-20. Jahrhunderts) und das Museum für Niederrheinische Sakralkunst. Im Kulturforum gibt es aber auch Kammer- und Klavierkonzerte, Ausstellungen und Literaturcafes(s. Museen).

Kempen ist aber nicht nur eine alte Stadt mit historischen Sehenswürdigkeiten. Großer Beliebtheit erfreut sich das Kempener Erlebnisbad „aqua sol", ein Hallen- und Freibad mit Solebecken, Rutschen, Wildwasserkanal und Springtürmen. Eine Besonderheit ist der alljährliche Lichterzug zu St. Martin, der mit der Ausgestaltung von Fackeln und großem Feuerwerk vor der Burg seinesgleichen am Niederrhein sucht.

## Freizeitangebote

Freibad, Hallenbad, Boulen, Stadtführungen, Museumsführungen, Tages- und Mehrtagesprogramme für Gruppen.

**Touristinformation Kempen**

Buttermarkt 1
47906 Kempen
Tel.: 0 21 52 / 9 17-2 37
Fax: 0 21 52 / 9 17-2 42
www.kempen.de

## Hotel Kolpinghaus
Hotel-Restaurant-Saal-Kegelbahn

- direkt in der historischen Altstadt
- komfortable Zimmer mit TV und Telefon
- wechselnde saisonale Spezialitäten
- idyllischer Biergarten
- Tagungsräume und -säle
- Pauschalangebote auf Anfrage
- Kegelbahn

**Peterstraße 23-24 · 47906 Kempen**
**Tel. 0 21 52 / 20 55 60 · Fax 0 21 52 / 2 05 56 11**
kolpinghaus1@aol.com
www.kolpinghaus-kempen.de

---

# Stadt **Kempen**

### „Freistrampeln"
Erleben Sie das weit ausgebaute Fahrradwegenetz rund um Kempen.

### „Bummeln"
Erkunden Sie die lebhafte Fußgängerzone unserer malerischen Altstadt.

Tourist-Info, Buttermarkt 1
47906 Kempen

Tel: 0 21 52 . 917-237
Fax: 0 21 52 . 917-242
surf to: www.kempen.de
mail to: rathaus@kempen.de

# Kerken

• Kartenblatt 17 | 18

„Kerken sollte man sich merken!" Mit diesem flotten Spruch macht die heute 12.800 Einwohner zählende hübsche Gemeinde zwischen Geldern und Kempen auf sich aufmerksam. Und Recht haben die Kerkener, wie Sie als Besucher schnell feststellen werden. Die Gemeinde Kerken entstand 1969 durch Zusammenfügung der vier selbständigen Ortschaften Aldekerk, Eyll, Nieukerk und Stenden. Trotz dieses noch jungen Datums ist die 1000-jährige Geschichte Kerkens fast überall zu spüren und zu sehen. Die Straßen führen zu den Marktplätzen – ein Zeichen für deren Bedeutung im Mittelalter – mit sehenswerter Neugestaltung. Die Landschaft rund um Kerken wirbt durch eine friedliche, nahezu unberührte Natur, die sich hervorragend zu Fuß oder mit dem Rad erkunden lässt.

Webermarkt

## Weitere Sehenswürdigkeiten und Veranstaltungen

Eine für den Niederrhein typische Bruchlandschaft, das Stendener, Aldekerker, Eyller und Nieukerker Bruch, ist durch gut ausgebaute Rad- und Wanderwege erschlossen. Das Waldfreibad Eyller See, mit 39.500 qm Wasserfläche, Tretbootfahren, Grillplatz, Spielbach, Volleyballfeld, Kahnbetrieb, 2.000 qm Liegewiese und einem beliebten Ausflugslokal, ist Anziehungspunkt für viele Badelustige. Campingplätze der Düsseldorfer und Duisburger Campingclubs bieten sich den Erholungssuchenden aus den Ballungszentren an, und nahe dem Eyller See liegt auch der 40.000 qm große Jugendzeltplatz des Kreises mit Gemeinschaftsräumen, Bolzplätzen und einer Robinson-Spielanlage. Er ist Schauplatz der alljährlichen Stadtrand- erholung für die Kinder des südlichen Teiles des Kreises Kleve. Rast machen sollte man unbedingt auch an den beiden Kirchen „St. Peter und Paul" in Aldekerk und „St. Dionysius" in Nieukerk, die beide eine Besichtigung lohnen.

Badespaß im Eyller See

St. Thomas Kerken - Stenden

**i**

**Gemeindeverwaltung Kerken**
Dionysiusplatz 4
47647 Kerken
Tel.: 0 28 33 / 9 22-1 74
 0 28 33 / 9 22-1 70
Fax: 0 28 33 / 9 22-1 23
www.kerken.de

• Kartenblatt 17

## LANDGASTHAUS WOLTERS
**HOTEL & RESTAURANT**

*Feine deutsche Küche*

Sevelener Straße 15 · 47647 Kerken
Telefon: 02833 - 2206
e-mail: info@landgasthaus-wolters.de
www.landgasthaus-wolters.de

- Hotel-Restaurant
- Bierstube
- Biergarten
- Behinderten gerecht
- Veranstaltungssaal (100 Personen)
- Wolters-Catering

Gerne organisieren wir Ihre individuelle Veranstaltung in unserem Haus!

---

## LANDGASTHAUS WOLTERS
**GÄSTEHAUS SCHWANENMARKT**

Schwanenmarkt 3 • 47647 Kerken
Telefon: 0 28 33 / 22 06

Öffungszeiten:
Freitags und Samstags ab 17 Uhr
Im Sommer auch Sonntags ab 11 Uhr
(Biergarten)

### In unserem Gästehaus bieten wir Ihnen:

- 11 moderne Gästezimmer alle mit Internet
- 1 Ferienwohnung bis zu 8 Personen
- 2 Bundeskegelbahnen
- Verstanltungsräume

### Unser Landgasthaus ist Ihr idealer Ausgangsort für Exkursionen:

- zu Europas größten Binnenhafen
- zum Wallfahrtsort Kevelaer
- zum Kurztrip in die Niederlande
- zum Kernwasser Wunderland
- zu Planwagenfahrten

### Sie mögen es sportlich?

- Hochseilgarten, Segelrundflug, Tennis und Golf, Radwandern (z.B. NiederRheinroute), paddeln auf der Niers oder Wassersport auf dem Eyller See

### Gerne unterstützen wir Sie bei der Planung Ihrer Freizeit!

# Kevelaer

• Kartenblatt 13

Seit mehr als 350 Jahren prägt die Wallfahrt den Ruf Kevelaers. Ihre Stadtväter gaben ihr das Attribut „Unverwechselbar", ihre Bürger identifizieren sich mit dem Slogan, die Gäste der Stadt erkennen darin einen Hinweis auf das Besondere ihres Reiseziels: Unverwechselbar Kevelaer. Bekannt ist Kevelaer vor allem als Marien-Wallfahrtsort. Fast 28.000 Einwohner leben ständig innerhalb der kleinen Kommune im Grenzgebiet zu den Niederlanden, über eine Million kommen jährlich als Wallfahrer für kurze Zeit hinzu. Laut Brockhaus darf Kevelaer sich dann auch „Größter Wallfahrtsort Nordwest-Europas" nennen. Im Mai 2000 wurde Kevelaer zum staatlich anerkannten Erholungsort ausgezeichnet – ein Prädikat, das keine weitere Wallfahrtsstadt landauf landab vorweisen kann. Die über eine Million Besucher, die jährlich die Marienstadt besuchen, können hier ein facettenreiches Kunsthandwerk erleben. Zahlreiche Werkstätten in vielen

■ Jedes Jahr im Juli
= Das dritte Wochenende im Juli ist stets reserviert für die große Motorradfahrer-Wallfahrt, bei der sich alljährlich Tausende von motorisierten Besuchern auf dem Kapellenplatz treffen.

Bereichen des Kunsthandwerks haben sich im Laufe der Zeit in Kevelaer niedergelassen und sind seit der Entstehung der Wallfahrt untrennbar mit Kevelaer und dem Wallfahrtsbereich verbunden. Bedingt durch die Wallfahrt wurde in Kevelaer stets sakrale Kunst gefertigt und ein reger Devotionalienhandel getrieben. Mittlerweile hat das profane Kunsthandwerk neben sakraler Kunst hier seinen festen Platz gefunden und prägt den Ausdruck „Kevelaer – Stadt des Kunsthandwerks". Ob Bronzegießer oder Fahnensticker, Gold oder Silberschmiede, Seiden- und Glasmaler, Galeristen, Orgel- und Krippenbauer, sie alle prägen die Eindrücke der Besucher dieser Stadt und machen sie „unverwechselbar". Aushängeschild der Marienstadt sind heutzutage die Glasmalerwerkstätten. Mehr als 40 Familien leben von der Arbeit mit dem mundgeblasenen Antikglas, dem Bleinetz und der Farbe. Ihre Glaswerke und -Fenster werden weltweit exportiert. Ob im Kölner Dom, in der Bonner Münsterkirche oder der Weltfriedenskirche in Hiroshima – überall auf der Welt erstrahlen Bleiverglasungen im Sonnenlicht, die aus Kevelaerer Kunstwerkstätten stammen.

**Hotel Goldener Löwe**

- das charmante Hotel im Herzen von Kevelaer
- 1908 im Jugendstil erbautes Haus
- Zimmer mit z.T. original französischem Jugendstil-Mobiliar
- TV
- ruhig und zentral gelegen
- eigener Parkplatz
- gesicherte Fahrradunterstellung
- Fahrradvermietung für Hausgäste
- Jazz-Veranstaltungen im Winter-Halbjahr

Amsterdamer Straße 13
47623 Kevelaer
Telefon (0 28 32) 57 55
Fax (0 28 32) 97 38 00
email: hotel-goldener-loewe@t-online.de
**www.hotel-goldener-loewe.net**

Inhaberin
Irmgard Baers

---

Restaurant · Pension
**Goldener Schwan**

Inh. S. Dicks

In zentraler und ruhiger Lage, nahe der Gnadenkapelle und Basilika.

Abwechslungsreiche Speisekarte und wechselnde Spezialitäten, 8 Gästezimmer, gesicherte Fahrradunterstellung, Biergarten, Kegelbahn.

**Hauptstraße 13 · 47623 Kevelaer
Tel. 0 28 32/7 81 19 · Fax 40 46 17
www.goldener-schwan-kevelaer.de**

## Sehenswertes

Kapellenplatz: Der Kapellenplatz mit Gnadenkapelle und Marienbasilika ist das ganze Jahr hindurch Mittelpunkt der Pilger, die aus ganz Europa kommen. 1654 wurde die Gnadenkapelle als Kuppelbau mit einem Schmuckgitter errichtet. Das Gnadenbild wird in einer silbernen Lectica aufbewahrt und ist auch von der Außenseite der Kapelle sichtbar. Zwischen 1643 und 1645 wurde gegenüber der Gnadenkapelle die im gotisierenden Stil errichtete erste Wallfahrtskirche, die Kerzenkapelle, gebaut. Die seit dem 17. Jh. und auch heute noch gebräuchlichen Wallfahrtskerzen haben dieser Kirche ihren Namen gegeben. Über dem Eingang befindet sich eine vergoldete Barockstatue des Hl. Michael.

Der Tabernakel des Hochaltars, eine Antwerpener Arbeit, ist aus dem Jahr 1682, sowie auch die anderen Altäre aus dem 17. Jh. stammen. Der starke Pilgerandrang führte in der zweiten Hälfte des vergangenen Jahrhunderts zum Bau einer neuen Wallfahrtskirche, der Marienbasilika. Die Kirche birgt eine der größten Kirchenorgeln Deutschlands.

## Weitere Sehenswürdigkeiten

Die orthodoxe Kirche in unmittelbarer Nähe des Kapellenplatzes. Über 200 denkmalgeschützte Häuser, die das Stadtbild wesentlich mitprägen. Niederrheinisches Museum für Volkskunde und Kulturgeschichte (s. Museen) Ausstellungsschwerpunkte sind Volkskundethemen sowie die Wallfahrtsgeschichte Kevelaers. Sonderausstellungen und die Spielzeugsammlung „Juliane Metzger" ergänzen das Angebot.

**Erholung und Freizeit**
Auch für den Erholungs- und Freizeitbedarf kennt Kevelaer eine Vielzahl an Möglichkeiten. Radwanderwege, Hotelbetriebe, Golfplatzanlage, Stadionanlage, Schwimmbad, Sporthalle, Veranstaltungen im Konzert- und Bühnenhaus der Stadt Kevelaer oder eine Ballonfahrt mit dem Kevelaerer Heißluftballon „Aufsteiger" gehören zu den Freizeiterlebnissen dieser niederrheinischen Stadt. Im Kevelaerer Ortsteil Twisteden liegt der Traberpark Den Heyberg. Dieses aus einem ehemaligen Munitionsdepot entstandene Trainingszentrum mit Trabrennbahn bietet bis zu 1.000 Pferden Platz.

**Verkehrsbüro Kevelaer**

Peter-Plümpe-Platz 12
47623 Kevelaer
Tel.: 0 28 32 / 122 151-152
Fax: 0 28 32 / 43 87
www.kevelaer.de

EGN Empfehlenswerte Gastronomie am Niederrhein ab Seite 139

Kerzenkapelle

# Kleve

• Kartenblatt 1 | 4 | 5

Das steile Kliff, Teil des linksrheinischen Höhenzuges, der sich von Xanten nach Nijmegen erstreckt, hatte Einfluss auf die Namensgebung. Auf diesem Kliff wurde auch die Schwanenburg, das Wahrzeichen der Stadt Kleve, erbaut. Kleve hat seit 1242 Stadtrechte und die Grafen und späteren Herzöge waren im 16. Jh. so mächtig, dass Englands König Heinrich VIII. durch Eheschließung mit der klevischen Prinzessin Anna eine politische Allianz mit Kleve aufzubauen suchte. 1609 starb die klevische Dynastie aus. Die Stadt kam in den Besitz des Kurfürsten von Brandenburg, der seinerseits Fürst Johann Moritz von Nassau zum Statthalter ernannte. Während dieser Zeit wurden Tiergärten, Aussichtspunkte, Wasserspiele, Teiche und Alleen angelegt, die das Stadtbild auch heute noch beeinflussen.

Schwanenburg (innen)

### Sehenswertes

**Schwanenburg**: Mit ihrem beeindruckenden Bergfried ist die Burg weit über die Stadt hinaus sichtbar. Die Anfänge der Burg reichen in die Zeit zwischen 900 und 1000. Sie wurde im Laufe der folgenden Jahrhunderte ausgebaut. Der Bergfried wurde im Jahr 1453 durch den Baumeister Johann Wirenberg fertiggestellt. 1750 begann der Verfall der Burg und zwischen 1771 und 1785 wurden große Teile der Anlage abgerissen. Im Zweiten Weltkrieg wurden Stadt und Burg zerstört. Bereits 1950 begann man unter Beibehaltung staufischer Bauteile mit der Rekonstruktion der Schwanenburg. Heute zeigt sich die vom mächtigen 54 m hohen Schwanenturm (1453) beherrschte Burg weitgehend in der barocken Gestalt des 17. Jh. Im Schwanenturm befindet sich heute ein geologisches Museum (s. Museen). Vom Turm aus hat man einen herrlichen Ausblick über das Klever Land. Außer dem Schwanenturm können auch der Spiegelturm mit Gewölbekeller sowie der Rittersaal nach Vereinbarung besichtigt werden.
(Tel. 0 28 21 - 87-0)

Pfarrkirche Mariä Himmelfahrt

**Kath. Pfarrkirche Mariä Himmelfahrt**: Über einen romanischen Vorgängerbau des 12. Jh. entstand im 14./15. Jh. als gotische Pseudobasilika mit fensterlos erhöhtem Mittelschiff die Kirche Mariä Himmelfahrt. Heute beeindruckt die Propsteikirche vor allem mit ihren mächtigen Trachytpfeilern, dem Kreuzaltar (16. Jh.) im rechten Seitenschiff, dem restaurierten Marienaltar im Hochchor von H. Douveman, dem Epitaph im Chor des rechten Seitenschiffes, der Herzogsgruft und dem Zelebrationsaltar sowie der nördlichen Vorhalle.

# GOLDEN TULIP
## CLEVE

Kleve ist der ideale Ausgangspunkt für ausgedehnte Radtouren, egal ob am Niederrhein oder direkt zu unseren Nachbarn nach Holland.
Unsere Fahrradverleihstation befindet sich direkt am Hotel und bietet nur neuste Modelle von Gazelle mit 7-Gangschaltung.

Genießen Sie vor Ihrer Tour ein umfangreiches Frühstück in unserem Restaurant oder danach Kaffee & Kuchen auf unserer Sommerterrasse.

Tichelstrasse 11, 47533 Kleve
Tel + 49 2821 717 0
Fax + 49 2821 717 100
info@goldentulipcleve.com
www.goldentulipcleve.com

*International standards, local flavours*

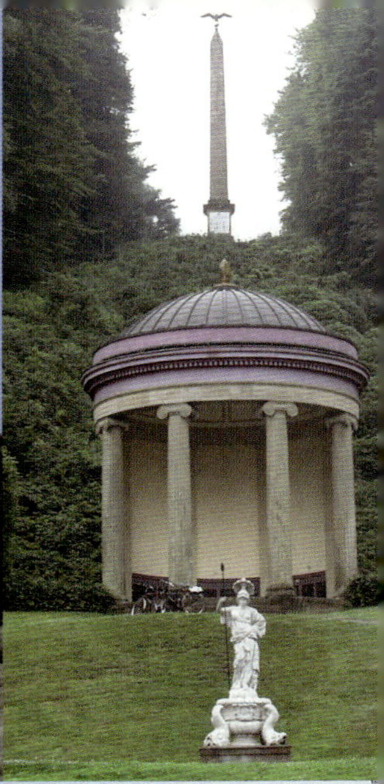
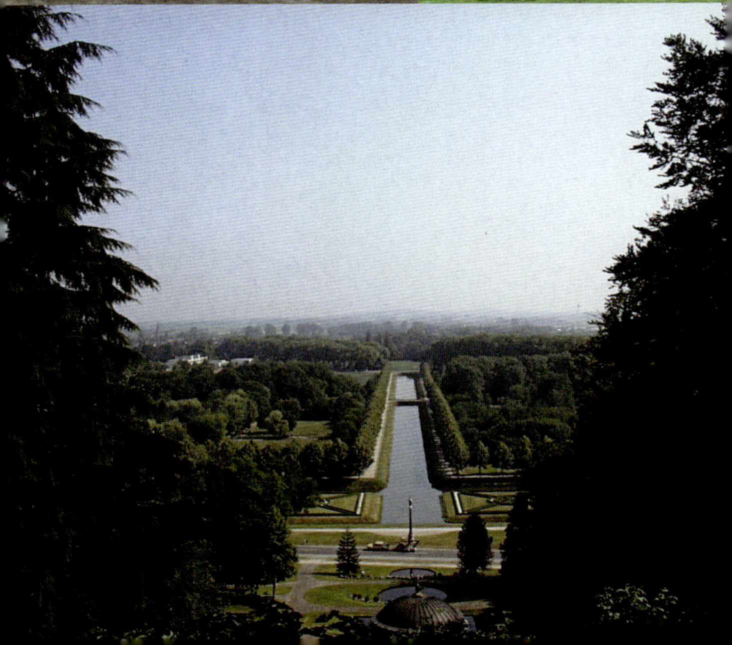

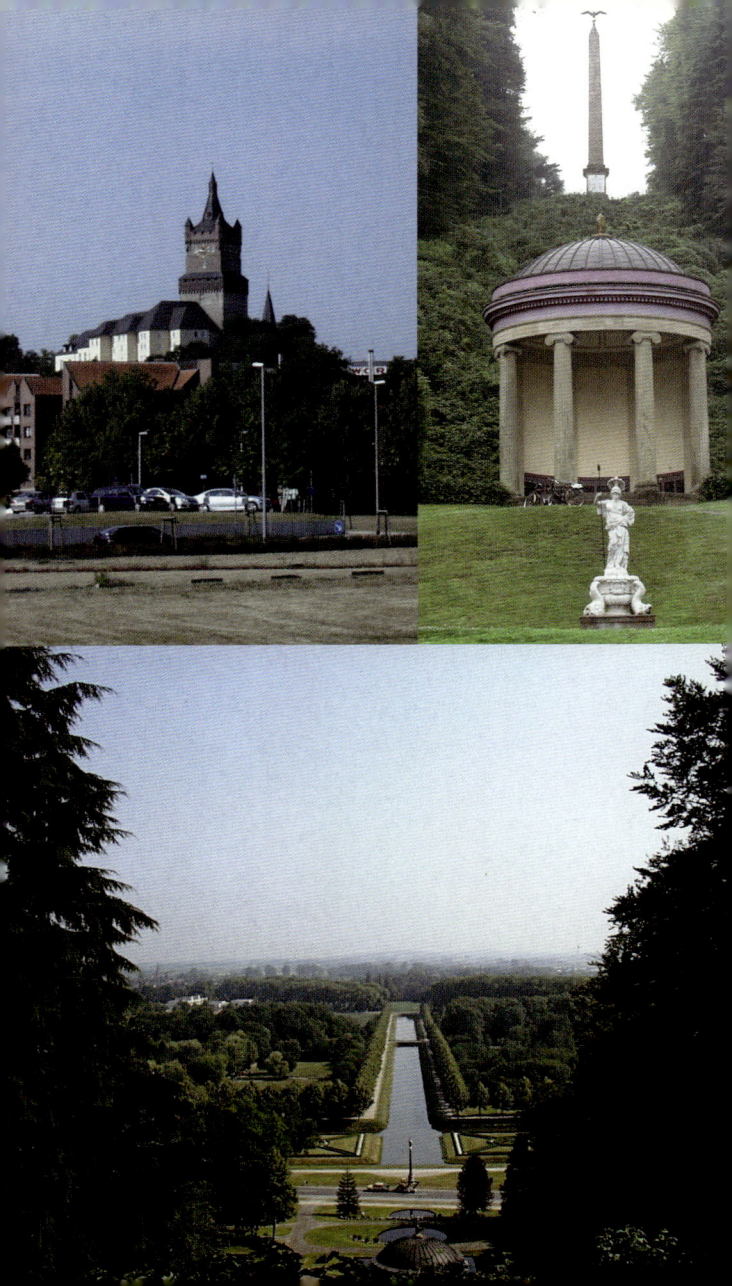

# Radtouren - mal ganz anders!
## Erleben Sie die Grenzland-Draisine

Das etwas andere Radfahrerlebnis bietet die Grenzland-Draisine, die auf der stillgelegten Bahnlinie zwischen Kleve, Kranenburg und dem niederländischen Groesbeek verkehrt. Wie auf einem Fahrrad tritt man in die Pedale und da Lenken nicht nötig ist, kann man ungehindert die attraktive niederrheinische Landschaft genießen.

Den „Spaß auf der Schiene" kann man mit Fahrrad-Draisinen für 2 bis 4 Personen oder mit Club-Draisinen für 9 bis 14 Personen erradeln.

Das ideale Erlebnis also für Familienausflüge, Geburtstagsfeiern oder Vereinsfeste.

Das Erlebnis Draisine wird durch interessante Freizeitaktivitäten entlang der Strecke ergänzt: die barocken Gärten in Kleve, der Tierpark, das Naturschutzgebiet Kranenburger Bruch, der historische Ortskern Kranenburg, das niederländische Weinanbaugebiet De Colonjes oder das romantische Städtchen Groesbeek machen die Grenzland-Draisine zu einem unvergleichlichen Vergnügen!

**grenzland-draisine.eu**
Kleve – Kranenburg – Groesbeek

Grenzland-Draisine GmbH
Bahnhofstraße 15, 47559 Kranenburg
Telefon +49(0)2826 / 917 99 00
Telefax +49(0)2826 / 917 99 57
www.grenzland-draisine.eu
info@grenzland-draisine.eu

**Minoritenkirche:** In der ehemaligen Kirche in der Kaverinerstraße, einer zweischiffigen Halle aus der 1. Hälfte des 15. Jh., beeindrucken das mit Heiligenreliefs und Fabelwesen verzierte Chorgestühl des Meisters Arnt von Kalkar (1474) sowie die Barockkanzel von Nikolaus Albers aus dem Jahre 1698.

**Historische Parkanlagen mit Amphitheater:** Mit den barocken Gartenanlagen setzte sich der klevische Statthalter Johann Moritz von Nassau-Siegen ein Denkmal, das von Berlin bis Versailles vielfach als Anregung diente. Ein Blickfang ist das Amphitheater. Sein ansteigendes Halbrund mit aufsteigenden Terrassen, Teichen und Springbrunnen erinnern an die Form eines griechischen Theaters.

**Museum Kurhaus Kleve** (s. Museen): In den ehemaligen Badebauten Kleves nahe den Gartenanlagen des Johann Moritz von Nassau-Siegen aus dem 17. Jh. ist ein Museum modernen Zuschnitts entstanden. Seine Bestände sind breit gefächert und schlagen einen Bogen von Mittelalter und früher Neuzeit. Auch die Geschichte von „Bad Cleve", eines beliebten Kurortes zwischen 1742 bis 1914, ist im Museum Kurhaus Kleve dokumentiert. „Qua patet orbis – Soweit der Erdkreis reicht" lautet denn auch in Anlehnung an den Wahlspruch von Kleves kunstliebendem Statthalter Johann Moritz von Nassau-Siegen das Motto des Hauses.

Das Museum Kurhaus Kleve 2004 ausgezeichnet als „Museum des Jahres" in Deutschland, ist untergebracht im ehemaligen Kurhaus von „Bad Cleve" und liegt idyllisch inmitten der Klever Gärten. Es beherbergt eine umfangreiche Sammlung moderner und zeitgenössischer Kunst sowie den Nachlass von Ewald Mataré, einem der bedeutendsten Künstler der Klassischen Moderne in Deutschland. Das Museum zeigt drei bis vier große Wechselausstellungen im Jahr, die immer wieder international einflussreiche Künstler der Gegenwart an den Niederrhein führen und weithin Beachtung finden.

Die Basis der Sammlung moderner Kunst ist der reiche Bestand an Arbeiten des Bildhauers, Malers und Graphikers Ewald Mataré (1887-1965). Mataré hat nach dem Zweiten Weltkrieg durch zahlreiche öffentliche Aufträge und durch seine Lehrtätigkeit an der Düsseldorfer Kunstakademie entscheidenden Einfluss auf das Kunstgeschehen im Rheinland genommen. Sein wichtigster Schüler war Joseph Beuys, der in Kleve aufwuchs und 1957-64 sein Atelier im alten Klever Kurhaus hatte. Folgerichtig setzt die in wechselnden Abschnitten gezeigte Kollektion zeitgenössischer Kunst in den 1950er Jahren mit Werken von Beuys und anderen Mataré-Schülern ein. Über Christo, Yves Klein, Gerhard Richter und viele andere führt sie bis in die Gegenwart, für

Museum Kurhaus Kleve (Foto: A.Gossens)

**Museum Kurhaus Kleve – Ewald Mataré-Sammlung**
**www.museumkurhaus.de**

**MKK**
Tiergartenstr. 41
47533 Kleve

Tel.: 02821 / 7501 - 0 • Fax: 75 01 11
E-Mail: info@museumkurhaus.de

Öffnungszeiten:
Di. - So. / Feiertage 11 - 17 Uhr, 24., 25., 31.12. u. 1.1. geschlossen.

*Klever Schüsterken*

die Namen wie Stephan Balkenhol, Lothar Baumgarten, Franz Gertsch, Andreas Gursky, Richard Long, Mario Merz, Giuseppe Penone, Thomas Schütte, Richard Serra, Thomas Struth, Mark Tansey oder Jeff Wall stehen.

Zur Sammlung des Museums gehören auch mehr als 4.000 Druckgraphiken und Handzeichnungen aus der Sammlung des Rheinberger Notars Robert Angerhausen, vor allem Ansichten des Niederrheins. Besonders hervorzuheben ist außerdem die in ihrer Dichte und Qualität einzigartige Kollektion mittelalterlicher Holzskulpturen vom Niederrhein, die Meisterwerke u. a. von Henrik Douverman und Arnt van Tricht sowie des Meisters Arnt von Kalkar und Zwolle umfasst.

B.C. Koekkoek-Haus: 1847/48 ließ der niederländische romantische

*B.C. Koekkoek - Haus*

Landschaftsmaler Barend Cornelis Koekkoek (1803-1862) dieses Palais als Wohn- und Atelierhaus errichten. Das klassizistische Haus ist heute mit seinen Gemälden, den Bildern von Familienmitgliedern und Schülern und mit Möbeln des 19. Jh. eingerichtet. Im Garten des Hauses ragt an der höchsten Stelle der Atelierturm „Belvedere" empor, in dem Koekkoek arbeitete.

Windmühle in Donsbrüggen: Die in den Jahren 1824-1828 erbaute hölzerne Holländerwindmühle wurde vollständig renoviert und ist heute wieder voll funktionstüchtig. In ihr befindet sich ein privates Mühlenmuseum (s. Museen).

Johanna-Sebus-Denkmal: Ein schlichtes Denkmal erinnert in der Nähe der Schleuse von Wardhausen an die 17-jährige Johanna Sebus, die während der Hochwasserkatastrophe im Jahr 1809 bei dem Versuch eine Familie zu retten, ertrank.

Pfarrkirche St. Willibrord in Rindern: Der Altar in der neugotischen Kirche ist ein ehemaliger römischer Weihestein für Mars Camulus.

Tiergarten: Viele Arten europäischer Tiere, wie Dam-, Muffel-, Schwarz- und Rotwild, Wölfe, Panda- und Nasenbären sind in dem Tiergarten, der in der Tradition des alten von Johann Moritz von Nassau angelegten Tiergartens fortgeführt wird, zu sehen.

**Weitere Sehenswürdigkeiten**
Denkmal des Großen Kurfürsten, Schwanenbrunnen, Janusbrunnen, Lohengrinbrunnen, Denkmal für die gefallenen Soldaten von Ewald Mataré, Forstgarten, Moritzpark, Schüsterken, u.v.m.

**Freizeitangebote**
Radwandern, Schiffstouren, Bootssport, Angeln, Badminton, Tennis, Squash, Minigolf, Bowling und Reiten.

**Neu:**
Fahrten mit der Draisine, buchbar über Kleve Marketing

EGN — Empfehlenswerte Gastronomie am Niederrhein ab Seite 139

**Kleve Marketing GmbH & Co.KG**
Werftstr. 1
47533 Kleve
Tel.: 0 28 21 / 8 95 09-0
Fax: 0 28 21 / 8 95 09-19
www.kleve.de

• Kartenblatt 1

## Lindenhof
Gästehaus und Hofcafe
Landstrasse 6
47559 Kranenburg-Mehr
Tel. 02826-918553

- Frühstückspension mit Erholungsanspruch für Gestresste
- Gartencafe in der halboffenen Remise mit Kaffee-Spezialitäten einer Privatrösterei
- und hausgemachtem Kuchen
- Vielfältiges Frühstücksangebot auch für Spätstarter

**www.lindenhof-niederrhein.de**

# Korschenbroich

• Kartenblatt 29

Die Großgemeinde und heutige Stadt Korschenbroich wurde erst 1975 mit der kommunalen Neugliederung aus den bis dahin selbständigen Gemeinden Korschenbroich, Pesch, Kleinenbroich, Glehn und Liedberg gebildet. Im Jahr 1127 wird Korschenbroich erstmals urkundlich als „Crismeke" erwähnt. Zu diesem Zeitpunkt hatten bereits die Römer und Franken erste Besiedlungsspuren hinterlassen. Bis 1794 gehört das Gebiet Korschenbroichs zur Grundherrschaft und späteren reichsunmittelbaren Herrschaft Millendonk.

Im Jahr 1263 wird die Grundherrschaft Pesch Millendonker Lehen. Erst im Jahr 1707 wird die Grundherrschaft an Millendonk verkauft. Um 1100 ist eine erste Erwähnung einer Glehner Ortschaft „Luzzelenglene" nachweisbar. Aus der gleichen Zeit stammt eine Urkunde über einen Bertolf von Bruke (Kleinenbroich) als Besitzer eines Salhofes, später Haus Randerath. Um 1100-1110 erscheint als Zeuge in einer Urkunde ein Herimannus de Litheberche, der als erster Besitzer Liedbergs genannt wird.

Schloss Liedberg in Korschenbroich

falls eine kleine Wasseranlage, mit einem runden Eckturm, der von einer Zwiebelhaube gekrönt wird. Eine malerisch reizvolle Wasserburg ist das Schloss Myllendonk, erstellt aus gotischen und barocken Bauteilen. Eine jahrhundertealte Tradition haben auch die Kirchen Korschenbroichs, wobei der Turm von St. Andreas aus dem Jahre 1504 wohl das älteste Bauwerk Korschenbroichs ist.

### Sehenswertes
Schloss Liedberg, auf einem 700 m langen und ca. 400 m breiten Bergrücken gelegen, der Bergfried und spätere Mühlenturm, die hübsche Schlosskapelle sowie der schöne Marktplatz mit den Fachwerkhäusern sind Sehenswürdigkeiten, an denen sich alljährlich viele Besucher erfreuen.

Haus Fürth, eine wasserumwehrte Backsteinanlage aus dem 16./17. Jh., unweit östlich von Liedberg gelegen, ist wahrscheinlich das letzte erhaltene Beispiel einer in Fachwerk ausgeführten Wasserburg. Fleckenhaus Glehn, eben-

### Freizeitangebote
Hallenbad mit Außenanlage, Reiten,
8 Saunen, Tennisplätze, 2 18-Loch-Golfplätze, Kegeln, Schießsport, Forstlehrpfad.

---

**i** **Stadt Korschenbroich**
Büro für Presse- und Öffentlichkeitsarbeit
Sebastianusstr. 1
41352 Korschenbroich
Tel.: 0 21 61 / 61 3-0
Fax: 0 21 61 / 61 31 08
www.korschenbroich.de

# Kranenburg

• Kartenblatt 1 I 4

Als einer der ältesten Kreuzwallfahrtsorte Europas bekannt, blickt die Grenzgemeinde am Rande des Reichswaldes auf eine 750-jährige Geschichte zurück. Kranenburg, mit historischem Ortskern und Teilen der mittelalterlichen Stadtbefestigung, wird umgeben von den Ortschaften Frasselt, Grafwegen, Mehr, Niel, Nütterden, Schottheide, Wyler und Zyfflich.

## Sehenswertes

Stifts- und Wallfahrtskirche St. Peter und Paul: Die dreischiffige spätgotische Stufenhallenkirche (1406-1440) birgt ein Kreuz aus dem Jahre 1308, das als wundertätiges Kranenburger Kreuz verehrt wird, sowie zahlreiche Kunstwerke aus sechs Jahrhunderten.

Museum Katharinenhof (s. Museen): Das ehemalige Beginenkloster aus dem Jahr 1436 besitzt eine wertvolle Kunstsammlung vom Mittelalter bis zur Gegenwart. Jährlich werden auch mehrere Wechselausstellungen moderner Kunst durchgeführt.

Heimatmuseum Mühlenturm (s. Museen): Der Torturm, Teil der mittelalterlichen Befestigungsanlage, wird heute als Volks- und Heimatmuseum genutzt.

Sankt Martinskirche in Zyfflich: Von dem Grafen Balderich und seiner Ehefrau Adela zwischen 1002 und 1021 errichtete Kirche mit Kloster. Die Kirche wurde im 13. Jh. gotisiert, das Kloster später in ein Chorherrenstift umgewandelt und 1436 nach Kranenburg verlegt. Die früheren Klostergebäude sind nicht mehr vorhanden. Die Kirche wurde im Zweiten Weltkrieg zerstört und später wieder aufgebaut.

## Freizeitangebote

Unter Führung der NABU-Naturschutzorganisation Kranenburg sind Ausflüge in das Naturschutzgebiet Düffelt möglich. In den Wintermonaten ist das Gebiet Rast- und Äsungsplatz für große Scharen überwinternder Bless- und Saatgänse.
Fahrten mit der Draisine

EGN Empfehlenswerte Gastronomie am Niederrhein ab Seite 139

**Fremdenverkehrsamt der**
Gemeinde Kranenburg
Klever Str. 4-6
47559 Kranenburg
Tel.: 0 28 26 / 79 14
Fax: 0 28 26 / 79 77
www.kranenburg.de

# Krefeld

• Kartenblatt 21 | 22 | 25

Die über 600 Jahre alte Samt- und Seidenstadt Krefeld gehört zu den fahrradfreundlichsten Städten im Lande Nordrhein-Westfalen und hat für die Radfahrer den „roten Teppich" ausgerollt.

Die ebene Topographie der Stadt, das umfangreiche und gut markierte Radwegenetz sowie die reizvolle Landschaft laden zum Radeln ein. Neben der Nieder-Rheinroute gibt es zahlreiche markierte Radwanderwege, die den Radler sicher und ohne Umwege in die Krefelder City und zu den vielfältigen Sehenswürdigkeiten im gesamten Stadtgebiet bringen.

Die lebendige Krefelder Innenstadt mit einem gut ausgebauten Radwegenetz bietet mehr als nur einkaufen. Sie ist Treffpunkt für Bürger und Gäste sowie Schauplatz für Kultur und Feste. Überall in Krefeld erwartet Sie in Restaurants, Biergärten und Cafés eine radfahrerfreundliche Gastronomie, um Sie mit niederrheinischen und internationalen Spezialitäten zu verwöhnen.

▌Burg Linn

tilien aus aller Welt und aus über 2.000 Jahren.

Stadtteil Uerdingen: Der historische Ortskern vermittelt Eindrücke einer alten rheinischen Hafen- und Handelsstadt.

### Sehenswertes

Stadtteil Hüls: Besuchen Sie hier die 1468 erbaute Konventskirche mit „Alter Klausur" sowie den historischen Marktplatz.

Stadtteil Linn: Der gut erhaltene historische Ortskern mit dem Museumszentrum Burg Linn (s. Museen), einer Wasserburg aus dem 12. Jh.; Jagdschloss mit einer Sammlung historischer mechanischer Musikinstrumente; das Niederrheinmuseum mit Grabungsfunden aus dem römisch-fränkischen Gräberfeld in KR-Gellep, dem größten antiken Gräberfeld nördlich der Alpen.

Deutsches Textilmuseum (s. Museen) mit einer einzigartigen Sammlung von über 20.000 Tex-

**Weitere Sehenswürdigkeiten**
St. Matthias-Kirche, die älteste Krefelder Kirche mit romanischem Turm (erbaut ca. 1200) in KR-Hohenbudberg; die Dionysiuskirche, kath. Hauptpfarrkirche (erbaut 1754), ist dem städt. Schutzpatron St. Dionysius geweiht.; das Rathaus, einst ein von 1791 – 1794 erbautes Stadtschloss für den Seidenbaron Conrad von der Leyen; das Haus befindet sich seit 1860 im Besitz der Stadt Krefeld; im Kaiser-Wilhelm-Museum findet der interessierte Besucher eine bedeutende Sammlung mit überwiegend zeitgenössischer Kunst der letzten 3 Jahrzehnte; Haus Lange und Haus Esters, einst von Mies van der Rohe als Wohnhäuser gebaut, heute Museen für moderne Kunst mit Wechselausstellungen (s. Museen).

**Freizeitangebote**
Krefelder Zoo mit über 1.000 Tieren in ca. 300 Arten sowie einem Affentropen-, Großtier- und Regenwaldhaus. Hülser Berg, ein Naherholungsgebiet mit Aussichtsturm, Wildgehege und der Endstation der historischen Eisenbahn „Krefelder Schluff", die von Mai bis Oktober zwischen KR-Nordbahnhof und dem Hülser Berg fährt. Stadtwald, Krefelds große Parkanlage mit Kahnverleih und Pferderennbahn, eine der schönstgelegenen Galopprennbahnen Deutschlands mit restaurierten Tribünen.
Freizeitzentrum „Elfrather See" mit Surf- Segel- und Bademöglichkeit, Rudern, Minigolf, Abenteuer-Spielplatz u.a..

| i | **Stadtmarketing Krefeld** Rathaus 47792 Krefeld Tel.: 0 21 51 / 86 15 01 Fax: 0 21 51 / 86 15 10 www.krefeld.de |

---

**Zentral-Hotel**          **Restaurant**

# „Poststuben"
Inhaber: Ursel Albers

**Dampfmühlenweg 56-58 · 47799 Krefeld**
**Telefon:** (0 21 51) 85 87 - 0
**Telefax:** (0 21 51) 80 28 88
**e-Mail:** info@zentral-hotel-poststuben.de
www.zentral-hotel-poststuben.de

Zimmer mit Dusche, WC
Telefon, TV, Internetanschluss
Fahrradfreundliches Familienhotel
im Zentrum von Krefeld

# Meerbusch

• Kartenblatt 26

„Meerbusch hat was!" Ist es die bevorzugte Lage, die Landschaft, sind es die Menschen und die rheinische Lebensart? Die gelungene Mischung spricht für die junge Stadt am linken Niederrhein. Die Landeshauptstadt liegt vor der Haustür, der Rhein „im Vorgarten". Meerbusch ist städtisch und dörflich, modern und traditionell gewachsen zugleich.

Der Name knüpft an das ehemalige Prämonstratenserinnenkloster Meer und seinen großen Waldbesitz an, den Meerer Busch. 1970 wurde Meerbusch durch den Zusammenschluss der Gemeinden Büderich, Ilverich, Langst-Kierst, Lank-Latum, Nierst, Strümp, Ossum-Bösinghoven und Osterath gegründet.

Jede einzelne trägt mit einem Stück persönlichen Flair zum Gesicht der Stadt bei. Die Siedlungsgeschichte des heutigen Meerbusch ist freilich viel älter, die ältesten archäologischen Funde stammen aus der Zeit um etwa 2000 vor Christus.

Dyckhof in Büderich

## Sehenswertes

Die Wasserburg „Dyckhof" in Büderich, inzwischen mit Restaurant und Hotel, stammt aus dem ausgehenden 14. Jh. In der gleich nebenan liegenden Wallfahrtskapelle „Maria in der Not" in Niederdonk ist im südlichen Seitenschiff ein Klappaltar von 1538 besonders sehenswert. Im von Sonja Mataré geschaffenen Altarschrein der Pfarrkirche St. Mauritius in Büderich sind die Reliquien der sel. Hildegundis von Meer und eine Sammelreliquie zu sehen, die vermutlich Gebeine der Apostel Petrus und Paulus enthält. Im Alten Kirchturm an der Dorfstraße hängt das „Auferstehungssymbol", eines der wenigen im öffentlichen Raum zu findenden Werke des Düsseldorfer Künstlers Joseph Beuys. Auch der historische Marktplatz in Lank-Latum mit der Pfarrkirche St. Stephanus und ihrem Tuffsteinturm aus dem 12. Jh. ist ein lohnendes Ziel. Empfehlenswert ist zudem ein Besuch im Herrenbusch bei Ossum-Bösinghoven mit Haus Gribswald und Schloss Pesch. Die Rheinfähre in Langst-Kierst lädt ein zum Übersetzen nach Düsseldorf-Kaiserswerth mit Altstadt, Basilika und Kaiserpfalz.

## Freizeitangebote

Kulturforum Wasserturm **in Lank-Latum, Streichelzoo „Arche Noah" in Büderich, Ponyhof Langst-Kierst, Golfplatz Gut Röttgen, Hallenbad Büderich, Tennis, Badminton, Squash, Reiten, Schießanlage Hülsenbusch uvm..**

## Hinweis für Radfahrer

Fahrradverleih Radsport Grube,
Moerser Str. 34,
Tel. 0 21 32 / 72 45 2

---

**i** **Stadtverwaltung Meerbusch**

Postfach 1664
40641 Meerbusch
Tel.: 0 21 32 / 91 64 82
Fax: 0 21 32 / 91 63 21
www.meerbusch.de

# Moers

• Kartenblatt 18 | 19

Moers, eine alte Grafen- und Festungsstadt, bereits Ende des 9. Jh. erstmals urkundlich erwähnt, besitzt seit dem Jahre 1300 Stadtrechte. Der hohe Erholungs- und Freizeitwert, ein hervorragendes Kulturprogramm und attraktive Einkaufsmöglichkeiten machen heute den besonderen Reiz dieser Stadt aus.

## Sehenswertes

Schloss Moers, dessen ältestes Gebäude ein Tuffsteinturm aus dem 12. Jh. ist, wurde als ringförmige Burganlage im 13.-15. Jh. errichtet und von den Grafen von Moers bis 1600 bewohnt. Heute befinden sich das Grafschafter Museum und das Schlosstheater in dem Gebäude. Der sehenswerte Schlosspark mit teilweise exotischem Baumbestand wurde um 1836 von Maximilian Weyhe nach englischem Vorbild angelegt.

Das Grafschafter Museum (s. Museen) zeigt vorgeschichtliche Exponate von der Jungsteinzeit bis zur frühen Eisenzeit sowie umfangreiche Funde aus dem um 11/12 v.Chr. angelegten Römerkastell Asciburgium im Ortsteil Asberg. Die vergangene bäuerliche Alltagskultur wird durch Trachten, Haushaltsgeräte und geschnitzte Truhen wieder lebendig. Möbel vom Barock bis zum Jugendstil geben einen Einblick in die regionale Wohnkultur. Besonders erwähnt werden muss die Sammlung historischer Puppenstuben und alten Spielzeugs.

Schloss Moers

Historische Altstadt von Moers

Schloss Lauersfort, aus dem 18. Jh. hat seinen Ursprung in einem mittelalterlichen Rittergut. Das Herrenhaus wurde 1716 im Stil der Spätrenaissance umgebaut. 1742 wurde die Vorburg, eine Dreiflügelanlage mit Torbau, errichtet und 1770 die Wirtschaftsgebäude.

Schloss lauersfort

Zechen- und Arbeitersiedlung Meerbeck/Hochstraß: Mit dem 1904 abgeteuften Schacht IV der Zeche Rheinpreussen entstand auch die Zechen- und Arbeitersiedlung Meerbeck/Hochstraß. Das Gebiet diente im Mittelalter den Grafen von Moers als Richtstätte. Die schnurgeraden Straßen und die vielen Grünflächen geben der Siedlung fast einen dörflichen Charakter.

### Weitere Sehenswürdigkeiten

Niederrheinisches Motorradmuseum (s.Museen): Mehr als 260 größtenteils fahrtüchtige Motorräder sowie 280 Motoren und Getriebe vermitteln anschaulich die Entwicklung des Motorrads und machen die Sammlung von Anton Schuth zu einer der größten dieser Art in Deutschland.

### Freizeitangebote

Der Freizeitpark in unmittelbarer Nähe zum Schlosspark bietet Spiel-, Bolz-, Tennis- und Grillplätze, Rodelberg, Minigolf und einen Teich für Modellwassersport, Städtische Galerie Peschkenhaus (s. Museen).

Ballonglühen

### Veranstaltungen

Internationales Jazz Festival zu Pfingsten, Internationales Comedy Arts Festival, Parkfest, Niederrheinschau.

Parkfest

**Bürgerservice**
Innenstadt mit Stadtinfo
Neuer Wall 10
47441 Moers
Tel.: 0 28 41 / 20 17 77
Fax: 0 28 41 / 20 11 99
www.moers.de

# Mönchengladbach

> • Kartenblatt 24 | 28

Kurze Wege, ein attraktives Kultur- und Freizeitangebot, gute Voraussetzungen zum Shopping und Sightseeing, hervorragende Tagungsmöglichkeiten, aber auch Raum für einen gemütlichen Aufenthalt im Biergarten, eine ausgedehnte Radtour, oder um einfach mal im Grünen auszuspannen: Mönchengladbach hat seinen Gästen eine Menge zu bieten.

Mit 270 000 Einwohnern ist Mönchengladbach eine der bedeutendsten Städte am Mittleren Niederrhein. Die Verbindung zwischen großstädtischem Leben und ländlichem Flair ist einer der reizvollsten Züge Mönchengladbachs. Durchs ganze Stadtgebiet zieht sich ein grünes Band - vorbei an Schlössern und alten Mühlen, das sich problemlos mit dem Rad „erfahren" lässt. Und auch der von hier bis in die Niederlande reichende Naturschutzpark Maas-Schwalm-Nette lädt zu Wanderungen und Radtouren ein.

Mönchengladbach versteht sich zu Recht als grünste Stadt im Rheinland. Über 60 Prozent des Stadtgebietes ist Grünfläche. Unter 2,5 Millionen Bäumen lässt es sich leben. Was im Zentrum mit seinen historischen Grünanlagen beginnt, setzt sich fort in Parks, Wäldern und Grünzügen. Ob Geropark, Brandts-Park, Kaiserpark, Hardter Wald oder Volksgarten, Zoppenbroicher Park, Schmölderpark oder Stadtwald, ob Hoppbruch oder Rheindahlener Wald, Buchholz oder Donk: Erholungsgebiete mit vielseitiger Vegetation liegen vor der Haustür. Für Abwechslung sorgen auch etliche Minigolf-Anlagen im Grünen. Und immer wieder Wasser: Stadtwaldweiher, Geroweiher, Weiher im Zoppenbroicher Park sowie die Gewässer um Schloss Rheydt und Schloss Wickrath. Der Volksgartenweiher lädt zum Tretbootfahren ein.

## Sehenswertes

Städtisches Museum Abteiberg (s. Museen): Weltweiten Ruf genießt das Museum Abteiberg, das zu den wegweisenden Museen für zeitgenössische Kunst zählt. Das architektonische „Gesamtkunstwerk", 1982 von Hans Hollein erbaut, wurde 1985 mit dem „Pritzker Award" ausgezeichnet, dem weltweit bedeutendsten Architekturpreis. Es fügt sich kühn in den Abteiberg mit seinem terrassenförmig angelegten Barockgarten.

Münster: Die Basilika Minor aus dem 11. Jahrhundert beherrscht in ihrer prachtvollen Lage das Bild des Abteiberges. Das Münster ist Wahrzeichen der Stadt und beherbergt in seiner Schatzkammer Kostbarkeiten wie einen roma-

Münster auf dem Abteiberg

Schloss Wickrath

nischen Tragaltar aus dem 12. Jahrhundert oder die Büstenreliquiare des Heiligen Vitus und des Heiligen Laurentius (s. Museen).

Alter Markt/Altstadt: Als „italienischster Platz nördlich der Alpen" wird augenzwinkernd der Alte Markt auf dem Abteiberg bezeichnet. Der historisch gewachsene Kern der Altstadt mit St. Vith, dem ehemaligen Gästehaus der Abtei aus dem 16. Jahrhundert, ist beliebter Treff für Junge und Junggebliebene, Gäste und Einheimische. Hier schließt sich auf der einen Seite die „längste Theke Mönchengladbachs", die Waldhausener Straße, an, während auf der anderen Seite die Fußgängerzone mit zahlreichen Geschäften und Passagen liegt und hinunterführt zum Hauptbahnhof.

Wasserturm: Der 1908 errichtete Wasserturm an der Viersener Straße wartet mit 50 Metern Höhe, Wasserdruck für 50 000 Bürger und 16 Aussichtskanzeln sowie einer bedeutenden Kanzel in der Spitze auf. Wer den Aufstieg über 234 Stufen in die Kuppel dieses zweiten Mönchengladbacher Wahrzeichens wagt, wird mit einem herrlichen Panoramablick belohnt. Jeden ersten Samstag im Monat werden um 10, 11 und 12 Uhr Führungen durch „Deutschlands schönsten Jugendstil-Wasserturm" angeboten. In der ehemaligen Pumpenwärter-Wohnung wird jungen Kunsttalenten jeweils für zwei Jahre ein Domizil eingerichtet.

Städtisches Museum Schloss Rheydt (s. Museen): Mitten im Landschaftsschutzgebiet liegt die besterhaltene Renaissanceanlage am Niederrhein, bestehend aus Torburg, Vorburg, Herrenhaus, umgeben von einer sternförmig angelegten Wallanlage mit Bastionen. Das Schloss beherbergt heute das städtische Museum für Kunst- und Kulturgeschichte der Renaissance und des Barock sowie die stadtgeschichtliche Abteilung. Zum Verweilen laden die Schlossstuben ein.

Theater Mönchengladbach: Das Drei-Sparten-Theater bietet Musik- und Ballettfreunden, Musical- und Schauspielfans eine Palette unterschiedlicher Aufführungen, die vom großen Opernabend bis zur intimen Studioproduktion reicht.

Schloss Wickrath: Von dem 1746 erbauten Barockschloss ist das Hauptgebäude 1859 abgerissen worden. Die Vorburg, die mehr als 100 Jahre als preußisches Landesgestüt diente, ist noch vorhanden. In einem Nebengebäude befindet sich das Vogelkundliche Museum (s. Museen). Der restaurierte Nassauer Stall erfreut sich als Tagungs-, Ausstellungs- und Festtagsstätte großer Beliebtheit. Idyllisch angelegt ist die Parkanlage mit Wassergräben, See, Teich und Alleen.

Tiergarten: Im Mönchengladbacher Stadtteil Odenkirchen liegt der 4,3 Hektar große Tiergarten. Er beherbergt rund 450 Tiere in 100 verschiedenen Arten, u. a. Tiger, Bären, Seehunde, Schwarz-, Rot- und Damwild, Wisente und exotische Vögel. Die gepflegten Parkanlagen mit zahlreichen Spielmöglichkeiten machen den Tiergarten zu einem beliebten Ausflugsziel für die ganze Familie.

**Weitere Sehenswürdigkeiten entlang der NiederRheinroute:**
Trabrennbahn, Regional-Flughafen, Klosterkirche Neuwerk, Schloss Myllendonk, Hauptpfarrkirche, Karnevalsmuseum (s. Museen), Rathaus Abtei, Ev. Hauptkirche, Rathaus Rheydt, Zoppenbroicher Park, Haus Horst, Schmölderpark, Ev. Kirche Wickrathberg, Golfanlage, Streichelzoo.

**i**    **Marketing Gesellschaft**
Mönchengladbach mbH
Voltastr. 2
41061 Mönchengladbach
Tel.: 0 21 61 / 25 24 01
Fax: 0 21 61 / 25 24 39
www.moenchengladbach.de

# Nettetal

`• Kartenblatt 20 | 23 | 24`

Das Tal des Flüschens Nette gab der Stadt ihren Namen. Ein traditionsreiches Städtchen, durch das sich in der Geschichte die Grenze zwischen den Herzogtümern Geldern und Jülich zog. Später gehörten die heutigen Stadtteile im Staatsverband Frankreich zu den Kantonen Bracht und Wankum. Nach der Besitzergreifung durch die Preußen wurden im Jahre 1816 die Kreise Kempen und Geldern gebildet. Nach mehreren kommunalen Neuordnungen entstand im Jahre 1970 aus den einst selbständigen Städten Kaldenkirchen und Lobberich sowie den Gemeinden Breyell, Hinsbeck und Leuth die heutige Stadt Nettetal.

## Sehenswertes

Von der Bedeutung in alter Zeit zeugt das Wasserschloss Krickenbeck der Grafen von Schaesberg, heute ein modernes Ausbildungszentrum der Westdeutschen Landesbank.

Aber auch Haus Baerlo und das Weyer-Kastell in Breyell, Haus Bey in Hinsbeck, Rittergut Altenhof und der Rokokopavillon in Kaldenkirchen sowie die Burg Ingenhoven und die Burgruine Bocholtz in Lobberich legen Zeugnis ab von der reichen Vergangenheit der Stadt.

Rokokopavillon (Foto: WilmaClemens)

Weitere markante Gebäude sind: die Schaager Windmühle, die Stammenmühle in Hinsbeck, die Pestkapelle des heiligen Rochus zwischen den Krickenbecker Seen, die Leuther Wassermühle sowie alte Kirchen und das Textilmuseum (s. Museen).

Textilmuseum

## Freizeitangebote

Neben 12 Seen, die Sie einladen zum Angeln, Bootfahren, Schwimmen, Segeln und Surfen bietet Nettetal noch viele andere Erholungs- und Freizeitmöglichkeiten wie Golfen, Tennis, Planwagenfahrten, Reiten und noch mehr.

**i** **NetteAgentur**

Doerkesplatz 3
41334 Nettetal
Tel.: 0 21 53 / 95 88 - 0
Fax: 0 21 53 / 95 88 - 22
www.nettetal.de

# Neukirchen-Vluyn

• Kartenblatt 18

Neukirchen-Vluyn ist auf Grund der guten Verkehrsanbindung (2 Autobahnanschlüsse – A40 u. A57) ein beliebter Wohnstandort und eine attraktive Stadt. Mit ihrer guten Infrastruktur, einer Vielzahl an Freizeiteinrichtungen sowie der reizvollen Umgebung bietet sie eine hohe Lebensqualität.

### Sehenswertes

Schloss Bloemersheim: 1406 als „Blomerts Hof" erstmals urkundlich erwähnt. Die ältesten Teile des Wohnhauses, eine Dreiflügelanlage aus Backstein, stammen aus dem 15. Jh.. Im 17. und 18. Jh. umgebaut, kam das Wasserschloss Bloemersheim 1802 in den Besitz der Familie von der Leyen. 1850 wurde das Schloss mit neugotischen Stilelementen versehen. Die aus Backstein bestehenden Wirtschaftsgebäude der Vorburg wurden im 18. Jh. errichtet. Von den ursprünglich zwei Zugbrücken ist nur eine erhalten geblieben. Das Schloss, an einem Park mit altem Baumbestand gelegen, ist in Privatbesitz und nicht zu besichtigen.

Ev. Dorfkirche Neukirchen: Die dreischiffige gotische Hallenkirche wurde 1848 auf dem Platz einer Kirche aus dem 14. Jh. errichtet. Die sechsseitige Kanzel ist noch aus der Barockzeit.

Ortsgeschichtliches Museum in der Kulturhalle (s. Museen): Die Ausstellung gibt einen Überblick über die geschichtliche Entwicklung der Region seit dem Mittelalter. Besonders berücksichtigt werden dabei die Veränderungen in der Lebens und Arbeitswelt der Menschen im 19. und 20. Jh. Uhrenmuseum (s. Museen)

### Freizeitangebote

Freizeitbad (Hallenbad) mit Außenanlage, Sauna, Cafeteria, Whirpool usw., 18-Loch Golfplatz, Sport- und Freizeitpark Klingerhuf mit Grillplätzen, Tennis, Badminton, Ruderbootverleih u.v.a. mehr; ausgedehnte Rad- und Wanderwege.

---

**i** Stadt Neukirchen-Vluyn

Hans-Böckler-Str. 26
47506 Neukirchen-Vluyn
Tel.: 0 28 45 / 39 1 - 229
Fax: 0 28 45 / 39 12 62
www.neukirchen-vluyn.de

# Neuss

• Kartenblatt 29 | 30

Mit ihrer über 2000-jährigen Geschichte, die weit in die Römerzeit zurückreicht, ist Neuss eine der ältesten Städte Deutschlands. Bereits zur Zeit Kaiser Augustus, um 16 vor Christi, errichteten die Römer hier ein Militärlager. Der Quirinus-Stadt wurden im Mittelalter die Stadtrechte verliehen. Im Laufe der Jahrhunderte entwickelte sich der ehemalige Handelsplatz zu einer Stadt mit florierendem Wirtschaftsleben. Viele historische Funde und Bauwerke geben noch heute einen Einblick in die abwechslungsreiche Vergangenheit der Stadt.

Das Quirinus-Münster - Wahrzeichen der Stadt

## Sehenswertes

### Quirinus-Münster
Die Emporenbasilika wurde in den Jahren 1209–1230 erbaut und ist eine der bedeutendsten spätromanischen Kirchen am Niederrhein.

Das Obertor, der imposanteste Teil der ehemaligen Stadtbefestigung, wurde um 1200 errichtet.

## Weitere Sehenswürdigkeiten
Das historische Rathaus sowie der Neusser Hafen, gegründet 1875, einer der größten deutschen Binnenhäfen.

Museum Insel Hombroich (s. Museen) ist ein Museumserlebnis ganz besonderer Art. Das private Museum liegt in einer ca. 20 ha großen Auenlandschaft an der Erft. Der Düsseldorfer Künstler Erwin Heerich schuf zehn Pavillons, die die Kunstsammlung des Besitzers aufnehmen.

Clemens-Sels-Museum (s. Museen) Museum für Kunst- und Kulturgeschichte. Haus Rottels (s. Museen) Neusser Schützenwesen, Wechselausstellungen.

### Besonderheiten
Kappessonntagszug am Karnevalssonntag, großes Bürger-Schützenfest an jedem letzten Wochenende im August (größtes Schützenfest am Niederrhein), Hansefest am letzten Wochenende im September (Festival der Gastronomie).

### Hinweise für Radfahrer
Abstellmöglichkeiten für Fahrräder im Innenhof des Rathauses.

Historisches Rathaus

**Tourist-Information**

Büchel 6
41460 Neuss
Tel.: 0 21 31 / 403 77 95
Fax: 0 21 31 / 403 77 97
www.neuss.de

# Niederkrüchten

• Kartenblatt 27

Niederkrüchten, bestehend aus den „Altgemeinden" Niederkrüchten und Elmpt, war bereits in vorgeschichtlicher Zeit Siedlungsplatz. Zeugen dieser Vergangenheit sind Funde von Steinwerkzeugen, Grabhügelstellen und Tonscherben. Rund 500 Jahre war das Gebiet durch die Römer besetzt, deren Kultur auch deutliche Spuren hinterlassen hat. Unter Karl dem Großen (768-814) gehörte das Niederkrüchtener Gebiet zum Mühlgau, der erstmalig 837 urkundlich erwähnt wird. Lange Zeit gehörte Elmpt zur Grafschaft Geldern und bis 1543 zum gleichnamigen Herzogtum, wurde aber 1543 Teil der spanischen Niederlande. Im Frieden von Utrecht (1713) kam Elmpt zu den österreichischen Niederlanden. Durch den Sieg der Franzosen über die Österreicher im „Koalitionskrieg" (1792-1797) kam das gesamt Gebiet der heutigen Gemeinde Niederkrüchten unter französische Herrschaft. Nach der Niederlage Napoleons wurde das niederrheinische Gebiet am 15. Mai 1815 durch König Friedrich Wilhelm III. von Preussen in Besitz genommen. Im Zuge kommunaler Neuordnungen wurden Elmpt und Niederkrüchten zusammengeschlossen und gehörten dem neu gebildeten Kreis Heinsberg an. Nach einer weiteren Neugliederung im Jahr 1975 gehört die Gemeinde Niederkrüchten zum Kreis Viersen.

St. Bartholomäus in Niederkrüchten

### Sehenswertes
Bedeutend ist die spätgotische Hallenkirche St. Bartholomäus in Niederkrüchten aus dem 15. Jh. mit einer flämischen Barockausstattung von 1693, die Kapelle St. Georg (15. Jh.) in Brempt sowie Haus Elmpt aus dem 15. Jh., dem ein barocker Torturm von 1750 einen besonderen Akzent verleiht. Die Elmpter Kapelle in Overhetfeld (1734) mit flandrischem Schnitzaltar aus dem 16. Jh.

### Freizeit
Hallenbad in Elmpt, beheiztes Freibad in Niederkrüchten, Reiten, Tennis und Angelsport am Venekotensee.

### Sonstige Sehenswürdigkeiten
Das Elmpter Schwalmbruch ist ein unbedingtes „Muss" für Naturfreunde. Markierte Wanderwege führen Sie ohne Beeinträchtigung der Tier- und Pflanzenwelt zu den schönsten Stellen des Bruchs.

**Gemeinde Niederkrüchten**

Laurentiusstr. 19
41372 Niederkrüchten
Tel.: 0 21 63 / 98 00
Fax: 0 21 63 / 98 01 11
www.niederkruechten.de

# Rees

Kartenblatt 6

Rees, älteste Stadt am unteren Niederrhein, bekam 1228 vom Kölner Erzbischof die Stadtrechte verliehen. Rees sowie das Herzogtum Kleve fielen 1609 an Brandenburg. Die Niederländer bauten Rees während des Spanisch-Niederländischen Krieges zu einer starken Festung aus.

Blick auf Rees

## Sehenswertes

Kath. Pfarrkirche Maria Himmelfahrt: Die Kirche wurde 1820-1828 im klassizistischen Stil erbaut. In der Kirche sind u.a. eine thronende Madonna aus der Zeit um 1320 sowie eine Holzgruppe des hl. Georg aus der Mitte des 16. Jh. zu sehen. Eine der schönsten Rheinpromenaden Deutschlands lädt Sie zum r(h)einen Vergnügen ein.

Stadtbefestigung:
Teile der mächtigen Stadtbefestigung wie der Zollturm von 1290, das Rondell aus dem 14. Jh., der Mühlenturm von 1470 und das Wächtertürmchen am Bär von 1480 sind heute noch erhalten. Die Reeser Kasematten (feuerfeste Geschützkammern) unter dem Städtischen Koenrad Bosmann Museum sowie am Westring gehören zu den am besten erhaltenen Festungsanlagen im Rheinland.

Schloss Hueth: Die Vorburg stammt aus dem 15. Jh., die Ruine des Schlosses aus dem 18. Jh..
Kath. Pfarrkirche St. Quirinus in Millingen: Um 1500 gotisch umgebaut, ist die ehemals romanische Basilika eine der ältesten und schönsten Dorfkirchen am Niederrhein.

Haus Aspel: Die einstige Burg wurde um das Jahr 1000 gegründet. Lange Zeit befand sich in den erhalten gebliebenen Gebäuden das Gymnasium „Haus Aspel".

Der Altrhein bei Bienen ist seit dem Mittelalter vom Rheinstrom abgetrennt und verlandete allmählich. Das etwa zwei Kilometer lange Gewässer, an vielen Stellen von Seerosen und Röhricht bewachsen und bietet auch seltener Flora und Fauna Lebensraum.
Museen (s. Museen).

# Hotel RHEINPARK
## Rees/Niederrhein

Das Hotel RHEINPARK verfügt über 60 großzügige Zimmer und Appartements mit Rheinblick, alle mit:

- Bad oder Dusche/WC Komplettausstattung mit Fön
- ISDN Telefone inkl. Voice- und Mailbox
- Fax- und Modemanschluß
- WLAN im ganzen Haus
- Radio, Kabel-TV, Inhouse-Video
- Minibar
- Zimmersafe

Selbstverständlich haben wir auch Nichtraucherzimmer.

Neben den Gästezimmern stehen Ihnen das Restaurant und die Außenterrasse mit dem unverwechselbaren Rheinblick die Hotelbar eine Sauna und der Wolkenlos - Wellnessbereich zur Verfügung.

**schöner wohnen**
**besser tagen**
**entspannter genießen**

Hotel RHEINPARK
Vor dem Rheintor 15
D-46459 Rees/Niederrhein

Telefon +49 (0)2851-588-0
Telefax +49 (0)2851-588-1588
info@rheinparkrees.de

www.rheinparkrees.de

## Willkommen in Rees am Rhein

**rees am niederrhein** — R(h)eines Vergnügen

Rees, älteste Stadt am Unteren Niederrhein, lädt zum „R(h)einen Vergnügen" ein. Hauptanziehungspunkt für die Besucher ist eine der schönsten Rheinpromenaden Deutschlands. Hier kann man nach einem gemütlichen Spaziergang die vorzügliche Reeser Gastronomie mit herrlichem Blick auf den Rhein genießen. Von der geschichtlichen Bedeutung ist im historischen Stadtkern noch einiges zu erkennen. Das sind das mehrere Jahrhunderte alte, im Skulpturenpark eingebundene Bodendenkmal, unterirdische Festungsanlagen und die über 700 Jahre alte Stadtmauer mit diversen Türmen. Der erste Planetenweg am Niederrhein macht die unvorstellbaren Dimensionen unseres Sonnensystems erfahr- und erwanderbar.
Im Jahr 2008 wurde Rees das Prädikat „Fahrradfreundliche Stadt" verliehen.

**Weitere Infos:** BürgerService der Stadt Rees, Markt 1, 46459 Rees
Tel: 0 28 51/5 11 15, Fax: 0 28 51/5 19 05
e-mail: ReesInfo@stadt-rees.de; www.stadt-rees.de

**EGN** Empfehlenswerte Gastronomie am Niederrhein ab Seite 139

**i**

**Kulturamt Rees**

Markt 1
46459 Rees
Tel.: 0 28 51 / 5 11 74
Fax: 0 28 51 / 5 11 96
www.stadt-rees.de

# Reeser Personenschiffahrt

## "STADT REES"

*Ihr Fahrgastschiff*

Sie Können die "Stadt Rees" und Ihre Crew individuell ganzjährig chartern.

- Privat für Ihre Feiern (Verlobungen, Hochzeiten, Geburtstage, Partys, Klassentreffen, Familienfeiern, Clubausflüge, Vereinsfeste etc.)
- Geschäftlich für Firmenveranstaltungen (Tagungen, Konferenzen, Präsentationen, Schulungen, Betriebsausflüge, Jubiläen, Weihnachtsfeiern...)
- Gruppenfahrten nach Absprache jederzeit möglich.

Das untere Deck ist für 110 Personen individuell bestuhlbar. Platz für eine Band und die entsprechende Tanzfläche sind vorhanden.
Das Freideck verfügt über insgesamt 160 Plätze.
Machen Sie Ihren Tag zu einem individuellen Erlebnis. Sie bringen guten Appetit und gute Laune mit.
Für die dazugehörige Gemütlichkeit, die individuelle Fahrtroute und die Versorgung mit Essen und Trinken sorgen wir.

Haben wir Ihr Interesse geweckt?
Rufen Sie uns an, so können wir gerne gemeinsam in Ruhe Ihre Fahrt planen.

Reeser Personenschiffahrt
Dellstraße 16 • 46459 Rees
Tel.: 0 28 51 - 70 04 • Fax: 58 74 17
www.reeser-personenschiffahrt.de

# Rheinberg

> • Kartenblatt 15

Die Ursprünge der Stadt Rheinberg lassen sich bis ins vorchristliche Jahrhundert zurückverfolgen. In Budberg und am Vittenberg geben Urnengräber aus der Bronze- und Hallstattzeit (900-400 v. Chr.) Zeugnis von den keltischen und germanischen Ureinwohnern. Im Jahr 1003 wird Rheinberg erstmals urkundlich erwähnt. Aus dem keltischen „Berke" oder „Berca" hat sich diese „Niederlassung am Wasser" in fast 3000-jähriger Geschichte entwickelt. 1233 bekam Rheinberg von Erzbischof Heinrich von Molenark die Stadtrechte verliehen.

Seit 1975 gehören auch die Ortsteile Borth, Budberg und Orsoy zum Stadtgebiet. In Rheinberg befindet sich das größte Steinsalzbergwerk Europas.

Rheinberg Innenstadt

## Sehenswertes

**Rheinberg**: Zahlreiche historische Sehenswürdigkeiten sind heute noch in Rheinberg erhalten. Zu den bedeutendsten zählen das 1449 als dreigeschossiger Backsteinbau erbaute Rathaus und die um 1200 errichtete kath. Pfarrkirche St. Peter mit ihrem geschnitzten Hochaltar. Die gut erhaltenen Bürgerhäuser des 16. u. 17.Jh. tragen wesentlich zu dem idyllischen Stadtbild bei. Auch der Kamper Hof (um 1235), der Zoll- bzw. Pulverturm (um 1300) sowie die Kellnerei (1573) sind einen Abstecher wert.

**Orsoy**, eine ehemalige mittelalterliche Festungsstadt. Reste der ehemaligen Stadtmauer sowie alte Wallanlagen sind heute noch erhalten. Besonders sehenswert ist die St. Nikolauskirche mit ihrem Tafelaltar (um 1495). Die nahe gelegene Rheinpromenade mit Schiffsanlegestelle vermittelt das ganze Jahr Niederrhein-Romantik.

**Borth**: Den historischen Kern des heute bevorzugten Wohngebietes bildet die spätgotische Pfarrkirche von 1452 mit ihrem Barockaltar (1728).

### Sonstige Sehenswürdigkeiten

Die Kanalschleuse des 1626/27 erbauten Kanals Fossa Eugeniana. Im Ortsteil Winterswick: Der TerraZoo.

Pfarrkirche St. Peter

### Freizeitangebote

Freibad, Hallenbad, Sauna, Radwandern Stadt-Land-Fluss live, Wandern über gut angelegte Rundwanderstrecken. Museen (s. Museen)

---

**Stadt Rheinberg - Tourismus**

Kirchplatz 10
47495 Rheinberg
Tel.: 0 28 43 / 1 71-1 14
Fax: 0 28 43 / 1 71-4 80
www.rheinberg.de

# Rheurdt

• Kartenblatt 18

Rheurdt, das Ökodorf am NiederRhein mit seinen Ortschaften Rheurdt und Schaep-huysen liegt in reizvoller Landschaft zwischen Höhenzügen und Kuhlenlandschaften und lädt besonders alle diejenigen ein, die Spaß an sportlicher Betätigung haben. Rheurdt bietet ein gut ausgebautes Rad- und Wanderwegenetz. Neue Radwander- und Skater- Routen in ansprechender Umgebung sind ausgeschildert. Auch Reitbegeisterte kommen auf ihre Kosten. Eine Reitwegekarte und eine Spezialbroschüre nennen Ansprechpartner und Unterstellmöglichkeiten. Ein Freizeithallenbad, Angelteiche, Grillplätze und Minigolf runden das Freizeitangebot ab. Ein Heimatstube und weitere Sehenswürdigkeiten sind ebenfalls vorhanden.

Radwandern in Rheurdt

Ständebrunnen Schaephuysen

Das Bild der kleinen Landgemeinde wird bestimmt von grünen Wiesen, Wäldern und Gewässern. Besuchen Sie die Dauerausstellung „Naturkundliche Sammlung NiederRhein" am Erholungspark Oermterberg.

Dieser bietet mit seinen Spielplätzen und Wildgehegen vor allem Familien mit Kindern gute Möglichkeiten für Kurzausflüge.

**Gemeinde Rheurdt**

Rathausstr. 35
47509 Rheurdt
Tel.: 0 28 45 / 96 33 12
Fax: 0 28 45 / 96 33 13
www.rheurdt.de

87

# Rommerskirchen

> • Kartenblatt 34 | 35

Der Name Rommerskichen soll von einem wohlhabenden Gutsherrn Romarus stammen, der auf seinem Grund und Boden eine Eigenkirche (9. Jh.) errichtete, deren Reste bei Grabungen an der heutigen Kirche entdeckt wurden. Bis etwa 3.000 v. Chr. lässt sich eine kontinuierliche Besiedlung des Rommerskirchener Raums nachweisen. Begünstigt wurden die Ansiedlungen durch die fruchtbaren Böden der Rommerskirchener Lößplatte. Das Ortsbild wurde über Jahrhunderte durch die Landwirtschaft geprägt.

### Sehenswertes

Das Feld- und Werkbahnmuseum (s. Museen) im ehemaligen Bahnhof Oekoven, das sich aus bescheidenen Anfängen zu einem respektablen Museumsbetrieb entwickelt hat. Auf einer eigens angelegten Schmalspurgleisanlage wird für die Besucher regelmäßig ein Fahrbetrieb angeboten. Seit 1995 ist als besondere Attraktion eine restaurierte Dampflok in Betrieb. Im Kulturzentrum Sinsteden erwarten den Besucher zwei völlig gegensätzliche Museen, die in unmittelbarer Nachbarschaft stehen – das Kreislandwirtschaftsmuseum und die Skulpturen-Hallen Ulrich Rückriem (s. Museen). Die St. Lambertus Kapelle in Ramrath aus dem 9./10. Jh., die älteste Kirche im Kreis Neuss.

### Freizeitangebote

Hallenbad, Feld- u. Werksbahnmuseum in Rommerskirchen-Oekoven, Kreislandwirtschaftsmuseum (s. Museen) sowie die Skulpturen-Hallen Ulrich Rückriem in Rommerskirchen-Sinsteden, Kutschenverleih und Planwagenfahrten.

---

**Gemeinde Rommerskirchen**
Presseamt
Bahnstr. 51
41569 Rommerskirchen
Tel.: 0 21 83 / 8 00 56
Fax: 0 21 83 / 8 00 27
www.rommerskirchen.de

**cystische fibrose**

# ... manche Dinge fallen aus dem Rahmen.

**Ihre Hilfe - meine Zukunft.**

Ich leide an der heimtückischen Krankheit Mukoviszidose.

Meine Lebenserwartung ist stark eingeschränkt.

Mukoviszidose ist vererbbar und bis heute unheilbar.

Nur intensive Forschung kann mein Leben retten.

Helfen Sie mir, damit ich eine Zukunft habe.

Volksbank Rhede
BLZ 428 618 14
Kto.-Nr. 13 000 800

www.cftr-gen.de

**cystische fibrose**

Deutsche Förderungsgesellschaft zur Mukoviszidoseforschung e.V.
In der Grafschaft 1 • 46414 Rhede • Tel.: 0 28 72 / 56 96

# Schermbeck

• Kartenblatt 12

Unmittelbar vor den Toren des Ruhrgebietes, im Grenzgebiet zwischen Münsterland und Niederrhein im Naturpark „Hohe Mark" liegt die urkundlich erstmals 799 erwähnte Gemeinde Schermbeck.

Burg Schermbeck

Burg Schermbeck 1319 als klevische Landesburg errichtet durch die Grafen von Kleve zum Schutz ihrer Grenze zum westlichen Münsterland. Ende des 18. Jh. wurde die Burg königliches Amtshaus und Sitz des Richters. Seit 1662 ist das gesamte Anwesen in Privatbesitz.

Von der Anlage sind heute noch die innere Burg und der Burghof erkennbar. Die Vorburg ist nicht mehr vorhanden. Nur das Torgebäude mit Zugbrücke und der Turmstumpf (auch Diebesturm genannt, weil er als Gefängnis diente) an der Südwestecke der Burg stammen vermutlich noch aus der Frühzeit der Anlage. Umgeben von einem Wassergraben war die Burg Bestandteil der Stadtbefestigung.

Heimatmuseum (s. Museen): Das Museum, ein 1566/69 erbautes niederrheinisches Hallenhaus, zeigt Funde aus vorgeschichtlicher, germanischer und provinzialrömischer Zeit. Werkzeuge aus Handwerk, Haushalt und Landwirtschaft ergänzen die Sammlung. Außerdem wird eine Sammlung alter Dachziegeln gezeigt, die von Schermbecker Unternehmen gebrannt wurden.

EGN  Empfehlenswerte Gastronomie am Niederrhein ab Seite 139

**Gemeinde Schermbeck**

Weseler Str. 2
46514 Schermbeck
Tel.: 0 28 53 / 91 0-0
Fax: 0 28 53 / 91 01 19
www.schermbeck.de

Schleuse Gahlen

## Landgasthof Triptrap
### zwischen Dämmerwald und Erler Heide

Montags Ruhetag

www.restaurant-triptrap.de

- Mittag- und Abendtisch
- Küche mit Produkten aus unserer Heimat und Spezialitäten aus aller Welt.
- In der Saison: Wildgerichte (Wild stammt ausschl. aus unserer Nachbarschaft)
- Neu gestalteter Biergarten
- Klimatisierter Festsaal bis 120 Personen
- Verschiedene Restauranträume
- Bierstube
- Partyservice

**Wir freuen uns auf Ihr Kommen.**

ERLER STRASSE 292 · 46514 SCHERMBECK · TEL. 0 28 53 / 22 13 · FAX 3 96 62

---

## Änneken's Tenne
### Kaffee & Bistro

Wir sind für Sie da, wenn es darum geht eine genussvolle Zeit zu verbringen. Sei es zum Frühstück oder zum Mittagstisch, zum Kaffe mit selbstgebackenem Kuchen, oder zur Erfrischung mit einem herrlichen Eisbecher.

Mittelstrasse 1 - 46514 Schermbeck - Telefon: 0 28 53 / 60 44 300 - E-Mail: info@aennekens-tenne.de
http://www.aennekens-tenne.de

Öffnungszeiten:
Dienstag bis Sonntag 9.00 Uhr - 20.00 Uhr (täglich Frühstück)
Montag Ruhetag

# Schwalmtal

• Kartenblatt 23 | 24 | 28

Schwalmtal ist aus den traditionsreichen früheren Gemeinden Waldniel und Amern gewachsen und liegt im östlichen Teil des Naturparks Schwalm-Nette. Funde aus der jüngeren Steinzeit sowie Bronze- und Eisenzeit lassen auf entsprechende Ansiedlungen schließen. Urkundlich wird Waldniel (Urname Nyle, Niele oder Neil auch Neel) erstmalig im Jahre 1020 erwähnt. Von 1305 bis 1794 gehört Waldniel und Amern zum Herzogtum Jülich. Amern ist im 12. Jh. durch Urkunde des Xantener Stiftes als Gemeinde belegt, die erste Kirche ist aber bereits 904 gebaut worden.

### Freizeitangebote
Angeln, Segeln, Surfen, Bootfahren am Hariksee und Heidweiher, Tennisplätze, Reiten, Planwagenfahrten, Tiergehege, Hallenbad mit Sauna und Solarium.
Eine Besonderheit sind die Musical-Konzerte, die normalerweise mit 1-2 Aufführungen im Okt./Nov. mit Erstbesetzungen deutscher Musical-Bühnen stattfinden.

Schwalmtal-Waldniel · Lange Straße

Hariksee

Hariksee

### Sehenswertes
Die kath. Pfarrkirche St. Michael (Schwalmtaldom), erbaut im neugotischen Stil 1879-1883, das älteste Haus Waldniel, Markt 36, Baujahr 1627, Haus Clee, Ungerather Straße, urkundlich erstmals Mitte des 14. Jh. erwähnt als Rittersitz, Wassermühlen entlang der Schwalm und am Hariksee. Naturdenkmal Kastanienallee in Waldniel.

EGN  Empfehlenswerte Gastronomie am Niederrhein ab Seite 139

**Gemeinde Schwalmtal**

Markt 20
41366 Schwalmtal
Tel.: 0 21 63 / 94 60
Fax: 0 21 63 / 94 61 54
www.schwalmtal.de

## Schwalmtal-Hariksee

• Kartenblatt 23

**Der Mühlrather Hof.....**ist ein ehemaliger Gutshof aus dem 18.Jh. und befindet sich seit Generationen im Familienbesitz. Bis 1964 bewirtschafteten die heutigen Besitzer, Marianne und Alfons Langer, diesen Bauernhof, ehe Sie den Betrieb in eine Gaststätte umbauten. Diese ist dann schnell zu einer Stätte der Behaglichkeit geworden. Besonders erwähnenswert ist, dass man auch immer ein offenes Ohr für Sonderwünsche hat, die nicht auf der Speisekarte stehen. Das Haus ist stehts bemüht, solche Wünsche nach Möglichkeit gerne zu erfüllen.

Eine angenehme rustikale Atmosphäre empfängt Sie heute in den Gasträumen, welche auch für Familienfeiern, Tagungen, Betriebsausflüge etc. bestens geeignet sind (Gesellschaftsräume für 10-220 Personen).

Außenterraßen laden bei gutem Wetter zum Verweilen ein und bieten Platz für 120 Personen.

### Mühlrather Hof

Herzlich Willkommen.
Eine angenehme rustikal Atmosphäre empfängt Sie in unseren Gasträumen.
Früstück von 9.00 - 11.00 Uhr
Warme Küche ab 11.30 Uhr
Entspannen Sie am Nachmittag bei Kaffee und Kuchen oder geniessen Sie unsere Küche am Abend bis 22.00 Uhr.

Wohnmobil-Stellplätze, Campingplatz gestalten Sie Ihre Freizeit am Hariksee durch Wandern, Angeln, Minigolf direkt am Haus, Rudern, Planwagen fahrten, Einkauf von Fischspezilitäten an der Fischzucht Hariksee, Tretboot oder Rundfahrten mit dem Kutter „Patschel" in unserem Haus bieten wir Ihnen Bundeskegelbahnen oder auch Tanz, natürlich bei Live-Musik!

Haben Sie schon Ihre Weihnachtsfeier geplant? Wir bieten Ihnen die passenden Räumlichkeiten für Ihre private oder geschäftliche Feier.

- Café-Restaurant & Biergarten
- Bundeskegelbahnen
- rustikale Gesellschaftsräume bis zu 200 Personen

Am Hariksee · 41366 Schwalmtal · Tel. 0 21 63 / 28 01 · Fax: 2 00 11
www.muehlrather-hof.de · info@muehlrather-hof.de

---

• Kartenblatt 23

### Waldhaus am Hariksee

**unweit der NiederRheinroute**

Der Windbeutelspezialist vom Niederrhein

- Durchgehend warme Küche saisonal und regional
- Hausgemachter Kuchen und Riesenwindbeutel
- Räumlichkeiten bis 70 Personen

Restaurant
Café
Biergarten

Harikseeweg 15
41366 Schwalmtal
Tel.: 02163/1703
www.hariksee.de

# Selfkant

> • Kartenblatt 36

Die heutige Gemeinde Selfkant, die westlichste in der Bundesrepublik, besteht erst seit dem 1. Juli 1969. Sie entstand aus dem Zusammenschluss der bis dahin selbständigen Gemeinden Havert, Hillensberg, Höngen, Millen, Saeffelen, Süsterseel, Tüddern und Wehr. Die gleichnamige Landschaft gab dieser jungen Gemeinde ihren Namen.

Ca. 100 v. Chr. wurden die damaligen Ureinwohner von den Kelten verdrängt. Danach geriet das Gebiet unter germanische und anschließend unter römische Herrschaft. Nach Ende der römischen Herrschaft ergriffen die Franken Besitz von dieser Gegend. Im Laufe der wechselvollen Geschichte ergriffen später auch die Franzosen Besitz von diesem Landstrich. Bei der Neuordnung des europäischen Staatensystems auf dem Wiener Kongress (1814-1815) wurde der größte Teil des niederrheinischen Gebietes Preußen zugeschlagen. Der 1. Weltkrieg hat dann auch in dieser Region seine Spuren hinterlassen, wobei der 2. Weltkrieg besonders viel Leid und Zerstörung anrichtete. Nach dem Krieg stand der Selfkant bis zum 31. Juli 1963 unter holländischer Verwaltung.

## Sehenswertes

In Tüddern finden Sie eine der wertvollsten Kostbarkeiten in der St. Gertrudis Kirche: eine Holzskulptur der Anna Selbdritt aus dem Jahr 1513 von dem Künstler Jan van Stevenswert. Auch einen Besuch des Bauernmuseums sollte man bei einem Aufenthalt einplanen. Bei einem Besuch in Isenbruch, dem absolut westlichsten Ort Deutschlands, sollte ein Besuch der Kapelle Isenbruch (gotischer Bau aus Mergelstein) aus dem 15. bis 16. Jh. mit eingeplant werden.

In Hillensberg, dem Bergdorf des Selfkants, finden Sie mit der Michael-Kirche einen der ältesten Sakralbauten der Region. Lohnenswert ist auch der "Aufstieg" auf den Schlouner Berg, der zwar mit einer Höhe von 100,4 Metern recht niedrig ist, aber dafür eine gute Aussicht in das Maastal (Niederlande) bietet. Die St. Nikolaus Kirche aus dem 10. Jh. feierte in Millen 1000-jähriges Bestehen. Sie bildet gemeinsam mit der Probstei und der Zehntscheune den historischen Kern Millens.

Der Selfkant, eingebettet in abwechslungsreiche Naturlandschaften, bietet gute Radwandermöglichkeiten und ist noch weitgehendst touristisch unberührt. Kleinode laden zum Verweilen ein und zeigen den historischen Wert dieser geschichtsträchtigen Region. Gastronomisch gelungen ist im „Land der Kartoffel" die Verbindung zwischen regionalen Spezialitäten und der Nouvelle Cuisine.

### Weitere Sehenswürdigkeiten
Das Bauernmuseum in Tüddern (s. Museen).

EGN — Empfehlenswerte Gastronomie am Niederrhein ab Seite 139

### Freizeit
Jugendzeltplatz, Minigolf, grenzüberschreitendes Erholungsgebiet mit vielfältigen Wanderwegen.

**i** Zweckverband „Der Selfkant"
Freizeit & Tourismus
Am Rathaus 13
52538 Selftkant
Tel.: 0 24 56 / 49 91 72
Fax: 0 24 56 / 49 91 95
www.der-selfkant.de

# Freizeit- und Tourismusregion

*Der Selfkant*

ntdecken Sie Deutschlands **Westzipfel...**

...mit den idyllischen Bachtälern, Bruchwäldern und Heidelandschaften sowie dem Natur- und Landschftspark Rodebach-Roode Beek
...mit seinen unzähligen grenzüberschreitenden Rad- und Wanderwegen
...mit dem Wildpark, den Windmühlen, dem Bauernmuseum und der historischen Selfkantbahn
...mit den mittelalterlichen Orten Gangelt, Millen und Waldfeucht

ormationen & Broschüre:
eckverband „Der Selfkant"  Am Rathaus 13  Tel.: 02456/499-172
52538 Selfkant-Tüddern  Fax: 02456/499-195
www.der-selfkant.de

# Sonsbeck

• Kartenblatt 14

Landschaftlich reizvoll am niederrheinischen Höhenzug „Sonsbecker Schweiz", Ausläufern der Bönninghardt und der Niersniederung liegt die Gemeinde Sonsbeck mit den Ortsteilen Sonsbeck, Hamb und Labbeck.

Gommansche Mühle

### Sehenswertes

Gerebernus Kapelle: Die Kirche auf dem Hof der Klever Grafen wurde nach Verleihung der Stadtrechte als Pfarrkirche genutzt. Von der Kirche blieb der romanische Kirchturm aus dem 12. Jh. erhalten. Beim Bau der dreischiffigen Stufenhalle mit Netzgewölben und Chor aus dem späten 15. Jh. wurde der Turm mit einbezogen. In dem sehr seltenen „Kriechaltar" befindet sich im Sockel ein Durchlass, durch den die Wallfahrer in der Hoffnung auf Linderung von Gicht und Rheuma hindurchkrochen.

Römerturm: Rest einer Burg der Klevischen Herzöge, aus dem 15. Jh. stammend. Der Turm gehört zu den ältesten erhaltenen Mühlentürmen im Rheinland und steht an der römischen Heerstraße von Xanten nach Venlo.

Gommansche Mühle (s. Museen): Die Windmühle, 1870 erbaut, wird nach ihrer vollständigen Renovierung im Jahr 1984 heute als kulturelle Begegnungsstätte genutzt. Wechselausstellungen informieren vor allem über die Heimatgeschichte.

Kath. Pfarrkirche St. Maria Magdalena: Die spätgotische Basilika aus Backstein wurde als neue Pfarrkirche im 15. Jh. erbaut. Die Kirche birgt eines der bedeutendsten Kunstdenkmäler des Niederrheins, den um 1483 erschaffenen spätgotischen Sonsbecker Kalvarienberg (Kreuzesgruppe).

Kath. Pfarrkirche St. Antonius im Ortsteil Hamb: Die Kirche aus dem 17. Jh. birgt einen Hochaltar von 1610, in dem die Anbetung der Hirten mit nieder-rheinischem Lokalkolorit dargestellt ist. Vom Aussichtsturm auf dem Dürsberg, dem höchsten Punkt der „Sonsbecker Schweiz", hat man einen wundervollen Fernblick in die niederrheinische Tief-ebene. Am geologischen Wanderweg (s. Museen) werden Informationen über die Entstehung dieser Hügellandschaft vermittelt.

### Weitere Sehenswürdigkeiten

Traktorenmuseum (s. Museen) der Freizeitanlage „Pauenhof", größtes Traktorenmuseum Deutschlands.

### Freizeitangebote

50 km gut gekennzeichnete Wanderwege, davon ein auch für Rollstuhlfahrer geeigneter Weg, Waldsportpfad, Angeln, Tennis, Reiten.

**Verkehrsamt**
Sonsbeck Rathaus

47665 Sonsbeck
Tel.: 0 28 38 / 36 25
Fax: 0 28 38 / 36 58
www.sonsbeck.de

# Straelen

• Kartenblatt 17

Das Bild dieser Gemeinde wird deutlich geprägt durch Blumen- und Gemüsezucht auf Feldern und in riesigen Gewächshäusern. Es ist daher nicht verwunderlich, dass sich in Straelen die größten Versteigerungsanlagen für Blumen und Gemüse befinden.

## Sehenswertes

Kath. Pfarrkirche St. Peter und Paul: Besondere Kostbarkeiten der Kirche, die im 14. bis 16. Jh. erbaut wurde, sind die Antwerpener Schnitzaltäre, der Marienaltar (um 1530) und der Passionsaltar aus der Zeit um 1520 sowie ein Taufbecken aus Namurer Blaustein (Anfang 13. Jh.) mit Reliefs der Evangelisten. Brunnen auf dem historischen restaurierten Marktplatz.

Haus Coull: Die Wasserburg, deren älteste urkundliche Erwähnung auf das Jahr 1406 zurückgeht, liegt etwas versteckt an der Straße von Straelen nach Wachtendonk. Ältester Teil der heutigen Anlage ist der Südflügel aus dem 17. Jh.. Um 1860 erfolgte die Umgestaltung des Herrenhauses im englischen Tudorstil. Im dazugehörigen englischen Landschaftspark befinden sich viele exotische Bäume wie Atlaszeder, Lebensbaum, Douglasie, Mammutbaum, Scheinzypresse und Tulpenbaum. Das Haus befindet sich in Privatbesitz.

Mühle am Gieselberg: Die 1851 errichtete Achtkant-Windmühle ist am Niederrhein eine Seltenheit. 1970 stürzte die Mühle ein, wurde jedoch wieder aufgebaut und ist heute Privatbesitz.

**Weitere Sehenswürdigkeiten**

Haus Caen, erstmals 1451 erwähnt, liegt unmittelbar an der Niers. Das Herrenhaus wurde auf Pfähle erbaut und stammt aus dem 17. Jh. 1820 wurde um das Haus Caen ein Landschaftspark angelegt. In dem Park befindet sich ein Barockgarten und eine Baumschule. Das Haus befindet sich in Privatbesitz.

Haus Eyll, kleinster Straelener Rittersitz. 1432 erwarb Gerhard van Eyll das Anwesen von dem in spanischen Diensten stehenden Gouverneur von Straelen, Arnold Krümmel. 1681 wurde das Haus umgebaut. Über eine 400 Meter lange Stieleichenallee und eine Backsteinbrücke, auf deren Geländer zwei steinerne Löwen wachen, gelangt man zu dem Anwesen. Alle Herrensitze befinden sich in Privatbesitz und können daher nicht von innen besichtigt werden.

EGN Empfehlenswerte Gastronomie am Niederrhein ab Seite 139

Haus Vlaßrath: Die zwei Meter dicke Ringmauer ist wahrscheinlich aus dem 14, Jh. und damit der älteste Teil dieser Burg. Nach einem Brand im Jahre 1607 wurde das Obergeschoss umgebaut. Im Rittersaal befindet sich ein beachtlicher Kamin mit 16 farbigen Wappenreliefs sowie Szenen aus dem spanisch-niederländischen Krieg. Das Haus befindet sich in Familienbesitz.

**Verkehrsverein Straelen e.V.**

Rathausstr. 1
47638 Straelen
Tel.: 0 28 34 / 70 2 - 2 22
Fax: 0 28 34 / 70 2 - 5 52 22
www.straelen.de

## GASTHOF
### Zum Siegburger
Das Heim mit der persönlichen Atmosphäre

Unser Gasthof, am Rande des historischen Stadtkerns der Blumenstadt Straelen, ist idealer Ausgangspunkt für Ihre Freizeitgestaltung. Straelen bietet Ihnen eine Vielzahl an Gestaltungsmöglichkeiten.

Das Haus mit der persönlichen Atmosphäre. 20 Gästezimmer alle mit Dusche, WC, TV, Telefon.

Unsere ausgezeichnete Küche verwöhnt Sie mit regionalen und internationalen Köstlichkeiten. In unseren Spezialitätenwochen servieren wir Ihnen auch saisonale Delikatessen.

Gerne erfüllen wir Ihnen Ihre besonderen Wünsche bei privaten Feiern, Tagungen und ähnlichen Anlässen bis zu 80 Personen. Geniessen Sie an unserer Theke ein frisch gezapftes Bier oder einen von unseren vielen leckeren Cocktails.

Zum Siegburger   Annastraße 13      Tel. +49 28 34 / 15 81    info@siegburger.de
Familie Scholten  D-47638 Straelen   Fax +49 28 34 / 27 48    www.siegburger.de

---

## ALLES IM GRÜNEN BEREICH.
# STRAELEN
### AM NIEDERRHEIN

Dieses Motto ist gut sichtbar durch eine überdimensionale grasbewachsene Coach unmittelbar vor dem Rathaus, einem Publikumsmagnet für Touristen und Einwohner.

Viele Cafés, Restaurants und Bars laden in dem liebevoll restaurierten historischen Stadtkern zum Verweilen ein.

Ein mordernes Hallenbad mit Finnenbahn, Rad-, Wander- und Inlinerrouten, Tennis, Reiten sowie attraktive Sport- und Spielplätze uvm. bieten Möglichkeiten zu einer aktiven Freizeitgestaltung.

**Besondere Veranstaltungen:**

Frühlingsblumenmarkt (08.05.2010)
Stadtfest (02.-04.07.2010)
„Straelen Live" Musik-Event (04.09.2010)
Herbstblumenmarkt (16.10.2010)
Weihnachtsmarkt (26. - 28.11.2010)

**Stadt Straelen**
**Rathausstraße 1**
**47638 Straelen**

Tel.: 0 28 34 / 70 2 - 212
Fax. 0 28 34 / 70 2 - 55 - 212
www.straelen.de

# Tönisvorst

Kartenblatt 21 | 25

St. Tönis wird geschichtlich erstmals um 1188 unter dem Namen „Osterhaide" erwähnt. Auf einem Platz, auf dem man ein Bild des hl. Antonius gefunden hatte, wurde um 1380 eine Kapelle zu Ehren des Heiligen gebaut. Damit beginnt zugleich die Geschichte der Pfarrkirche St. Cornelius. St. Tönis kann auf eine wechselvolle Vergangenheit zurückblicken und entwickelte sich erst so recht im 20. Jh..

Der Ursprung der früheren Gemeinde Vorst ist bis heute noch weitgehend unklar. Gelenius berichtet zwar, dass die Pfarrkirche von Erzbischof Friedrich I., der 1131 verstarb, gestiftet wurde. Aber erst 1559 erhielt Vorst einen Taufstein und alle Rechte einer Pfarrkirche. Die heutige Pfarrkirche, eine dreischiffige neugotische Hallenkirche, stammt aus den Jahren 1895/96. Der Name „Vorst" stammt von den großen Wäldern um Haus Brempt, die sehr gepflegt waren und noch bis zum 16. Jh. diese Bezeichnung führten (im Unterschied zum ungepflegten natürlichen Wald, der als „Boosch" bezeichnet wurde). Tönisvorst ist eine junge Stadt am Niederrhein, die in ihrer heutigen Gestalt nicht historisch gewachsen, sondern eine Schöpfung der jüngsten Zeit ist. Der eine Ortsteil ist städtisch (St. Tönis), der andere noch eher ländlich geprägt (Vorst). Die typisch niederrheinische Landschaft, schöne Höfe, altes Brauchtum und ein ausgedehntes Radwegenetz laden dazu ein, den Niederrhein per Fahrrad zu erkunden.

**Sehenswertes**

Die Streuff-Mühle (St. Tönis), eine Turmwindmühle an der Gelderner Straße, 1769 erbaut, war über 100 Jahre im Besitz der Familie Streuff und bis 1945 noch in Betrieb.

Das alte Rathaus (St. Tönis), um das Jahr 1800 ursprünglich als Bauernhof von einem Bauern namens van Achten errichtet. Im Jahre 1876 erwarb die Gemeinde das Bauwerk, die es nach Umbauten bis 1964 als Rathaus nutzte.

Das Patrizierhaus Mertens am Kirchplatz aus dem Jahre 1745 dürfte das älteste Haus im Ortskern St. Tönis sein. Heute beherbergen die Gebäude einen Hotel- und Gastronomiebetrieb, eine Altentagesstätte und einen Veranstaltungssaal.

Der „Schluff" –
Die historische Eisenbahn
(St. Tönis)

Die Krefelder Eisenbahn, im Volksmund unter dem Namen Schluff bekannt, fuhr auf der 1869/70 gebauten und am 1.11.1870 in Betrieb genommenen Eisenbahnstrecke Krefeld – St. Tönis – Vorst – Süchteln. Im Laufe der Zeit wurde das Streckennetz bis Viersen und sogar bis Moers ausgebaut. Der Personenverkehr wurde offiziell 1935 eingestellt, aber bei Ausbruch des II. Weltkrieges wieder aufgenommen. Die letzte Einstellung des regelmäßigen Personenverkehrs erfolgte 1951. Inzwischen wurde der Schienenstrang vom Gewerbegebiet Tempelshof bis Süchteln abgebaut und zu einem idealen Rad- und Wanderweg ausgebaut.

Der „Schluff" fährt heute wieder in den Monaten Mai bis Oktober (an Sonn u. Feiertagen) auf der Strecke St. Tönis – Hülser Berg und ist eine Attraktion für Groß und Klein. In weitem Umkreis gibt es kaum eine Gemeinde, die eine so hohe Zahl von Adelssitzen aufzuweisen hat wie Vorst. Es sind nicht weniger als fünf: Haus Brempt liegt etwas versteckt im Ortskern, Haus Donk verbirgt sich am Rande des bebauten Ortes von Vorst, Haus Neersdonk „unter der Hecke", was man – vom Landschaftsbild her gesehen – wörtlich nehmen könnte, Haus Raedt in einem dichten Park an der Kempener Landstraße gelegen und der altehrwürdige Gelleshof weitab im Kehn. Für diejenigen, die sich mehr für die Geschichte dieser Adelshäuser interessieren, verweisen wir auf Franz Dohr „Vorst – Aus der Geschichte einer Gemeinde" 1979.

**Freizeitangebote**
Minigolf, Planwagenfahrten, Reiten, Tennis

i

Stadtverwaltung,
Pressestelle
Bahnstr. 15
47918 Tönisvorst
Tel.: 0 21 51 / 99 91 71
Fax: 0 21 51 / 99 93 51
www.toenisvorst.de

# Übach-Palenberg

• Kartenblatt 37

Mit der Urkunde vom 13. Juni 1967 bekam Übach-Palenberg die Bezeichnung „Stadt" verliehen, blickt aber auf eine 1100-jährige Geschichte zurück. Die erste urkundliche Erwähnung Palenbergs ist aus dem Jahre 867. Übach wird 1172 erstmals urkundlich erwähnt. Erst im Jahr 1935 kam es zum Zusammenschluss der bis dahin selbständigen Bürgermeistereien Übach, Scherpenseel und Frelenberg zur Großgemeinde Übach-Palenberg.

Schloss Zweibrüggen Foto: NRV

## Sehenswertes

Schloss Rimburg (12. Jh.) und Schloss Zweibrüggen (18. Jh.) sind eindrucksvolle Zeugen der geschichtlichen Vergangenheit.

Das bekannteste Bauwerk aus der über 1100-jährigen Geschichte ist jedoch die Petruskapelle, im Volksmund auch „Karlskapelle" genannt. Ausgrabungen haben gezeigt, dass dem jetzigen Steinbau bereits eine Holzkirche aus fränkischkarolingischer Zeit vorangegangen ist.

Wohl einmalig in Deutschland ist die bei Ausgrabungen in der Kirche entdeckte Taufanlage „Baptisterium". Es wird vermutet, dass die Petruskapelle bereits im 8. Jh. Tauf- und Pfarrkirche für die umliegenden Gemeinden war. Ein Wahrzeichen der Stadt ist der unter Denkmalschutz stehende Wasserturm mit Zwiebelkuppe. Die größte mittelsteinzeitliche Privatsammlung Deutschlands – Sammlung Rieger (s.Museen) – auch bekannt für ihre „Blitze-Sammlung", Die Sie nach vorheriger telefonischer Vereinbarung (0 24 51 - 4 50 76) besichtigen können.

## Freizeit

Hallenbad mit Sauna und Solarium, Freibad, Reiten, Tennis, Minigolf und Bootfahren, Kulturelle Ausstellungen im Schloss Zweibrüggen.

**Rathaus**

Rathausplatz 4
52531 Übach-Palenberg
Tel.: 0 24 51 / 9 79-0
Fax: 0 24 51 / 9 79-1 61
www.uebach-palenberg.de

**Diese Pfeile führen Sie zum Ziel**

- Dieser Pfeil führt Sie über 1215 km Hauptroute von Ortskern zu Ortskern
  **25 Kilometerangaben**
- offizielles Kennzeichen der Verbindungswege mit der entsprechenden Wegenummer
  **25 Kilometerangaben**
- (26) Darstellung in dieser Übersicht
  820 km numerierte Verbindungswege ermöglichen Ihnen eine ganz individuelle Planung Ihrer Radtour.

---

## Unser Service für Sie!
# Touren am Niederrhein oder im Münsterland

Immer mehr Kunden suchen eine individuelle Radtour, die nach ihren persönlichen Wünschen und Bedürfnissen ausgearbeitet wurde.

Dieser Anforderung haben wir uns gestellt und bieten daher als Dienstleistung die Ausarbeitung einer ganz nach Ihren Wünschen erstellten Radtour an. Sicher haben Sie Verständnis dafür, dass wir diese Leistung nicht kostenlos erbringen können.

Gerne erstellen wir Ihnen ein Angebot nach Ihren Vorgaben.

**Interessant** ist es, dass Sie diese Routen auch mit einer Schiffstour kombinieren können, wobei wir für Gruppen ab 30 bis max. 50 Personen (wenn Räder befördert werden müssen) auch Sonderfahrten organisieren. Teilen Sie uns einfach Ihre Wünsche mit (E-mail, Fax etc.), wir setzen uns dann umgehend mit Ihnen in Verbindung.

Helmut Bauhüs e.K.
Verlag & Vertrieb

# Uedem

● Kartenblatt 9

Die Ortsteile Keppeln, Uedem, Uedemerbruch und Uedemerfeld bilden die Gemeinde Uedem. Uedem geht auf den Namen des Hofes eines fränkischen Edlen zurück und wird bereits im Jahre 866 erstmals urkundlich erwähnt. Uedem, 1319 als Stadt bezeichnet, besaß als Grenzort der Grafschaft Kleve gegen Geldern strategische Bedeutung. Verheerende Brände im 17. und 18. Jh. führten dazu, dass Uedem an Bedeutung verlor. Unter französischer Herrschaft von 1794 bis 1814 verlor Uedem seine Stadtrechte.

Seemannsbrunnen

## Sehenswertes

Hohe Mühle (s. Museen): Im Auftrag des Erzbischof von Köln wurde die steinerne Windmühle Anfang des 13. Jh. erbaut und ist eine der ältesten ihrer Art am Niederrhein. Bis 1921 wurde noch mit Wind, danach bis 1932 mit Maschinenkraft gemahlen. Nach erfolgter Restaurierung ist sie heute Begegnungsstätte und Aussichtsturm, Im Mühlenturm ist eine Ausstellung über das Uedemer Schuster- und Holzschuhhandwerk zu sehen.

Herrensitz Haus Kolk: Rittersitz derer von Hertefeld zu Kolk. Im 15. Jh. erbaut und früher mit einem äußeren und einem inneren Burggraben umgeben. Haus Kolk gilt als Wiege des Protestantismus im Uedemer Raum. Bereits um 1560 bildete sich hier eine protestantische Hausgemeinde, die sich zur „Augsburgischen Konfession" bekannte.

## Weitere Sehenswürdigkeiten

Dort, wo einst die alten Stadttore standen, stehen heute lebensgroße Bronzeplastiken des Künstlers Wolfgang Frische. Die „Hirtin mit Ziege" ist das Symbol für die Veepoort, der „Gerber" symbolisiert die Loopoort, der „Müller" die Moolenpoort und der „Bauer" steht symbolisch für die Mosterpoort.

## Freizeitangebote

Wandern, Reiten, Radfahren

---

**Verkehrsamt Uedem**

Mosterstr. 2
47589 Uedem
Tel.: 0 28 25 / 88 37
Fax: 0 28 25 / 88 45
www.uedem.de

# Fährverbindungen innerhalb der NiederRheinroute

**Düffelwaard - Schenkenschanz**
**Autofähre - Ganzjährig**
Mo. - Fr- von 6.00 - 21.45 Uhr
Sa. + So. von 8.00 - 22.45 Uhr

**Grieth – Grietherort**
**und Rees - Kalkar**
**(Reeserschanz) (keine Autos)**
Vom Palmsonntag bis zum letzten Sonntag im Oktober jeweils Sa., So. und an Feiertagen von 10.00 – 19.00 Uhr bei Bedarf (ab 10 Personen)
bis 20.00 Uhr + zus. Mi. + Fr.. 10.00 - 19.00 Uhr (nur Rees – Kalkar)

**Bislich – Xanten** (keine Autos)
Vom Karfreitag bis Ende Oktober
jeweils Mi., Fr., Sa., So. und an Feiertage von 10.00 – 19.00 Uhr ständig nach Bedarf
Informationen zu Sonderfahrten erhalten Sie unter Tel. 02857/2725

**Orsoy – Walsum**
Ganzjährig von ca. 7.00 – 21.00 Uhr
im Sommer Sa. + So. von 8.00 – 21.00 Uhr.
Im Winter von 7.00 - 19.00 und Sa. + So. von 8.00 - 19.00 Uhr.

**Meerbusch**
Personenfähre Langst – Kaiserswerth Sommer (26.03. – 28.10.)
Werktags von 7.00 – 20.00 Uhr Sa., So., Feiertags von 9.00 – 20.00 Uhr Winter (29.10 – 25.03.) Werktags von 7.00 – 19.00 Uhr Sa., So., Feiertags von 9.00 – 19.00 Uhr vom 1.12. – 23.12. an den Wochenenden von 9.00 – 18.00 Uhr von Jan. bis März an den Wochenenden von 10.00 – 18.00 Uhr Rosenmontag außer Betrieb

**Zons**
Auto- und Personenfähre Zons - Düsseldorf-Urdenbach Montag bis Freitag vom 1.05. – 30.09.: 6.15 – 21.00 Uhr Änderungen vom 1.10. – 30.04. ab 6.15 – 20.00 Uhr vorbehalten Sa., So., Feiertags vom 1.05. – 30.09.: 8.30 – 20.00 Uhr vom 1.10. – 30.04.:9.30 – 20.00 Uhr

# Viersen

• Kartenblatt 24

Die Kreisstadt Viersen entstand 1970 durch den Zusammenschluss der ehemals selbständigen Orte Viersen, Dülken, Süchteln und Boisheim. Die heutigen Stadtteile Dülken, Süchteln und Boisheim gehörten ursprünglich dem Herzogtum Jülich, Viersen dem geldrischen Amt Krickenbeck und ab 1713 der preußischen Provinz Gelderland an. Teile der restaurierten Stadtmauer mit dem Gefangenenturm sowie zahlreiche Sakralbauten sind noch heute stumme Zeugen der Vergangenheit.

*Skulptur am Kreishaus Viersen*

### Sehenswertes

St. Remigius: Die Ursprünge der Pfarrkirche gehen bis zum 12. Jh. zurück. Ende des 15. Jh. entstand ein spätgotischer Neubau in Form einer Hallenkirche. Interessant sind auch noch die erhaltenen Grabsteine des alten katholischen Friedhofes östlich hinter der Kirche, die z. T. aus dem 17. Jh. stammen.

Stadtbad Viersen: Das Viersener Stadtbad wurde 1905/1906 von dem Architekten Willy Eßer errichtet. Es ist eines der sehr seltenen heute noch erhaltenen und funktionstüchtigen Jugendstilbäder. Nach umfangreichen Änderungen während der 60er Jahre im Innern wurde es 1995 wieder in den historischen Zustand „zurückversetzt".

Galerie im Park mit Skulpturenpark (s.Museen): In dem 1868 für den Textilunternehmer Friedrich Adolf Schmidt geplanten Wohnhaus wurde 1981 die städtische Galerie untergebracht. Hier veranstaltet die Stadt Wechselausstellungen mit den Schwerpunkten „Neuer Realismus" und „Künstler der Region". In den Grünanlagen um die Galerie und um das benachbarte Kreishaus wird der Viersener Skulpturenpark aufgebaut.

Die Generatorenhalle, ein besonders prachtvolles Beispiel erhaltener Industriearchitektur, wurde 1905 von dem Architekten Franz Kreutzer erbaut und Mitte der 80er Jahre durch die Stadtwerke restauriert. Ursprünglich beherbergte sie die zur Stromerzeugung nötigen Generatoren. Heute wird die Halle als Veranstaltungs und Ausstellungsraum genutzt.

St. Clemens Süchteln: Auch diese Kirche ist ein spätgotischer Bau des 15. Jh. Bedeutsam ist im Hauptchor des Mittelschiffes ein flandrischer Schnitzaltar aus der 1. Hälfte des 16. Jhs.

Irmgardiskapelle: Die Kapelle wird erstmalig 1498 erwähnt und entwickelte sich seit dem 17. Jh. zu einem bedeutenden Wallfahrtsort.

*Reste der Stadtmauer (Dülken)*

Innenstadt Dülken mit der St. Corneliuskirche, die erstmals im 13. Jh. erwähnt wird. Wesentlich später entstand die evangelische Kirche. Sie stammt aus dem 17. Jh. Dülkens eigentliches Wahrzeichen ist die berühmte Narrenmühle, eine ehemalige Kornmühle. In ihr befindet sich das einzigartige Museum der Dülkener Narrenakademie mit alten Dokumenten ab 1741.

Im Obergeschoss beherbergt die Mühle den Großen Weisheitssaal der Monduniversität, der weltberühmten berittenen Akademie der Künste und Wissenschaften zu Dülken. (s. Museen)

**Sonstige Sehenswürdigkeiten**
Die urgemütliche Dülkener Altstadt mit ihren vielen Gaststätten und Kneipen sowie ein Besuch Süchtelns mit seinen romantischen Gässchen darf auf einem Besuchsprogramm nicht fehlen.
Heimatmuseum (s. Museen).

**Freizeitangebote**
Segeln/Surfen, Angeln, Minigolf, Tennis, Tiergehege, markierte Wanderwege, empfehlenswert der Radwandertipp Nr. 7 der Stadt Viersen.

**Kanutouren mit Camping Hammans siehe Anzeige unter „Brüggen"**

> **i** **Bürgerbüro**
> der Stadt Viersen
> Rathausmarkt 1
> 41747 Viersen
> Tel.: 0 21 62 / 10 12 25
> Fax: 0 21 62 / 10 11 33
> www.viersen.de

# Voerde

• Kartenblatt 15 | 16

Voerde, im Nordwesten des Ruhrgebietes, ist geprägt durch Industrie und Wohnsiedlungen. Durch seine Lage bei dem Naturschutzgebiet Mommbachniederung, dem Wohnungswald sowie den Rheindeichen bei Götterswickerham, Mehrum und Ork bietet Voerde landschaftlich reizvolle Abwechslungen. Von der Rheinpromenade bei Götterswickerham aus besteht die Möglichkeit zu Schiffsausflügen auf dem Rhein.

Haus Voerde

## Sehenswertes

**Ev. Kirche Götterswickerham:** Die im 14. Jh. erbaute gotische Hallenkirche ersetzte einen zuvor an gleicher Stelle stehenden romanischen Kirchenbau. Nur der dreigeschossige Westturm der Vorgängerkirche ist beim Bau der neuen Kirche mit einbezogen worden. 1830 wurde die Kirche unter Beibehaltung der Außenmauern umgebaut. Sehenswert ist ein romanischer Taufstein aus dem 12. Jh..

**Haus Wohnung:** Urkundlich erstmals 1327 erwähnt, wurde der Herrensitz im 17. Jh. durch einen dreiflügeligen Neubau ersetzt. Im Zweiten Weltkrieg schwer in Mitleidenschaft gezogen, sind nur der Haupttrakt, der Seitenflügel und der Flankierturm des Herrenhauses wieder hergestellt worden.

**Haus Voerde:** Als Johann von Loete 1344 durch die Abtei Werden mit der Burg belehnt wurde, ist diese Wasserburg erstmals urkundlich erwähnt worden. Die ehemals nur aus einem Trakt bestehende Anlage ist erst 1688 zu einer Dreiflügelanlage mit quadratischem Eckturm erweitert worden. Die heutige klassizistische Anlage entstand erst bei Umbauarbeiten im 18. Jahrhundert. Heute ist das Haus, in dem regelmäßig Dichterlesungen und Theateraufführungen stattfinden, von einem gepflegten Park umgeben.

Rhein bei Voerde

**Kath. Pfarrkirche St. Peter** in Spellen: Das frühere gotische Langhaus aus dem 14. Jh. wurde später zu einer dreischiffigen Pseudobasilika erweitert. Der viergeschossige Westturm, der noch Reste eines romanischen Vorgängerbaus enthält, wurde erst im 15. Jh. errichtet. Im Kircheninnern befindet sich eine römische Grabplatte aus dem 1./2. Jh. n.Chr.

Kanalschleuse

**Weitere Sehenswürdigkeiten**
Kanalschleuse in Friedrichsfeld: Im Ortsteil Emmelsum befindet sich die Doppelschleuse des Wesel-Datteln-Kanals. Es ist die erste Station für Schiffe, die über den Rhein aus Richtung Niederlande kommen und in das weiterführende Kanalsystem einfahren wollen.

Freizeitangebote
Hallenbad in Voerde-Friedrichsfeld, Freibad in Voerde, 200 km Rad- und Wanderwege, Jogger-Laufstrecken und Trimmpfad mit insgesamt 20 Trimmstationen im Erholungsgebiet „Wohnungswald", Minigolf an der Rheinpromenade in Götterswickerham. Schiffsausflüge mit der „River Lady" auf dem Rhein ab der Schiffsanlegestelle Götterswickerham in Richtung Duisburg und Xanten.

---

**i** | **Verkehrsamt Stadt Voerde**

Rathausplatz 20
46562 Voerde
Tel.: 0 28 55 / 8 03 00
Fax: 0 28 55 / 96 90-126
www.voerde.de

---

**EGN** Empfehlenswerte Gastronomie am Niederrhein ab Seite 139

---

## CAFÉ · RESTAURANT
# »Zur Arche«
### Familie Pillekamp

*Im Frühjahr 1795 geriet Schiffer Peter Schmitz in einen schweren Sturm und wurde in der Rheinkrümmung bei Götterswickershamm mit seinem Schiff „Arche" ans Ufer geschleudert. Als das Hochwasser zurückging, diente das Schiffswrack der Familie fortan als Unterkunft. Nach und nach wurden die alten Schiffsplanken durch Mauerwerk ersetzt und so steht die heutige „Arche" als ein Haus mit seltsamem Grundriss am Deich.*

**Große Terrasse mit Rheinblick • Gesellschaftsraum bis zu 100 Personen
Mittags- u. Abendtisch • täglich ab 10.00 Uhr geöffnet
Hausgebackener Kuchen • Täglich frische Waffeln
Ausgewiesene Wanderwege • Großraumparkplatz
Anlegestelle der Personenschifffahrt • Kinderspielplatz**

Rheinpromenade 2 • 46562 Voerde
Götterswickerhamm

Telefon 0 28 55 / 1 55 65
Fax 0 28 55 / 1 55 95
Email info@zur-arche.de

direkt an der NiederRheinroute
Donnerstag Ruhetag

**www.zur-arche.de**

sh. Kartenblatt 15

# Wachtendonk

Der völlig unter Denkmalschutz stehende historische Ortskern bietet ein fast musealisches Bild einer Kleinstadt des 19. Jahrhunderts. Ab dem 12. Jh. entwickelte sich die von der Niers umschlossene Siedlung und war bereits 1343 von einer Stadtmauer mit vier Toren umgeben. 1354 erhielt Wachtendonk Stadtrechte, die sie 1794 unter napoleonischer Herrschaft wieder verlor. Der heutige historische Ortskern hat in etwa die gleiche Größe wie die Stadt um 1350.

Bruchstraße in Wachtendonk

**Sehenswertes**
Der heutige erhaltene Stadtkern mit etwa 120 denkmalgeschützten Gebäuden stammt aus dem 17. und 18. Jahrhundert.

**Nachfolgend nur einige Hinweise**
Haus Nr. 4 in der Feldstraße, ein zweigeschossiges Fachwerkhaus aus dem 18. Jh., das an der Stelle der früher dort gelegenen Lohmühle steht. Etwas weiter das Haus Nr. 16, der „Schwarze Adler", erbaut im 15./ 16. Jh.. Die Fassade mit dem Treppengiebel stammt aus dem 19. Jh.. Das Gebäude wurde früher als Hotel und Gasthaus genutzt.

Rathaus: Das Gebäude mit der großen „Laterne" auf dem Pyramidendach wurde 1850 auf einem vorhandenen Grundriss und unter Einbeziehung alter Bausubstanz neu errichtet.

Haus Püllen, unschwer an seinem geschweiften Doppelgiebel zu erkennen, wurde im Jahre 1634 erbaut und ist damit eines der ältesten Häuser Wachtendonks. Heute wird das Haus als Naturparkzentrum des Naturparks Schwalm-Nette genutzt. Ferner gibt Ihnen eine Ausstellung die Gelegenheit, die Entwicklung der Kulturlandschaft am Niederrhein und die Geschichte der Region mit allen Sinnen kennenzulernen.

Haus Püllen

> **Gemeinde Wachtendonk**
> Tourist und Kultur
> Haus Püllen
> Feldstr. 35
> 47669 Wachtendonk
> Tel.: 0 28 36 / 91 55 65
> Fax: 0 28 36 / 91 55 765
> www.wachtendonk.de

• Kartenblatt 20

Der Pulverturm, 1605/06 auf den Fundamenten eines mittelalterlichen Stadtturmes errichtet, ist ein Wahrzeichen der Gemeinde und letzter Zeuge der ehemaligen Stadtbefestigung.

Burgruine: Die wahrscheinlich um 1200 gegründete Burg, erstmals 1326 urkundlich genannt, ist heute nur noch als Ruine zu besichtigen. Dennoch vermittelt sie einen Eindruck von der Größe der ehemaligen Burganlage.

**Veranstaltungen**
Schützenfeste, Jazz-Frühschoppen und Burgfest an der Burgruine, Frühlings- und Ostermarkt, Brunnen- und Pumpenfest, Weihnachtsmarkt, Kabarett, Konzerte, Ausstellungen, Lesungen (siehe Veranstaltungskalender).

**Freizeitangebote**
Naturlehrpfad, 2 Naturfreibäder, Wasserskiseilbahn, Hochseilklettergarten, Kanutouren auf der Niers, Planwagenfahrten, ausgeschilderte Wander-, Rad- und Reitwege, Tauchbasis, Stadtführungen, Maislabyrinth (Juli-Okt.), Boulebahn an der Niersuferpromenade

# Waldfeucht

• Kartenblatt 31 I 36

Die Geschichte der Gemeinde Waldfeucht reicht bis 4000 v. Chr. zurück. Durch Bodenfunde ist eine Besiedlung nachgewiesen. Die Eburonen wandern ca. 400 v. Chr. ein und werden 53 v. Chr. von Cäsars Legionen vernichtet. Von 0-400 n. Chr. ist das Gebiet unter römischer Verwaltung. Waldfeucht wird von der röm. Staatsstraße Heerlen – Xanten berührt. Brüggelchen wird erstmalig 1144 urkundlich erwähnt und ist damit der älteste Ortsteil, während Waldfeucht „erst" 1240 erwähnt wird. Nach einer wechselvollen Geschichte kommt Waldfeucht 1801 zum Bistum Aachen und 1815 zu Preußen und wird Grenzort. Unter Einbeziehung der Bürgermeistereien Braunsrath, Haaren, Saeffelen und Waldfeucht wird 1935 das Amt Waldfeucht gebildet. Saeffelen scheidet 1969 aus dem Amt Waldfeucht aus und 1972 wird die Gemeinde Waldfeucht aus dem Amt Waldfeucht gebildet.

Windmühle und kath. Pfarrkirche St.Lambertus

## Sehenswertes
Historische Stadtbefestigung, Wall und Graben aus dem 13. Jh. und das Schlösschen in Waldfeucht (17. Jh.), heute Sitz der Gemeindeverwaltung; Pfarrkirche St. Lambertus (15. Jh.) in Waldfeucht mit Kunstschätzen aus dem 15. bis 19. Jh.; St. Jans Klus (Wallfahrtsort um 1328) in Betrieb befindliche Windmühlen in Waldfeucht und Haaren (von April bis Oktober an jedem 1. + 3. Samstag geöffnet), Maria Lind, Muttergottes-Wallfahrtsort seit dem 17. Jh. in Braunsrath; Motte „Bolleberg" (10.Jh.) bei Brüggelchen, eine frühmittelalterliche Flieh- und Verteidigungsanlage.

## Weitere Sehenswürdigkeiten
Die heimatkundliche Sammlung in der Gerhard-Tholen-Stube. (s. Museen).

## Freizeit
Hallenbad Haaren, Tennis, Minigolf, Freizeitzentrum Brüggelchen, Angeln, Konzerte, Reisemobilplätze mit Ver- und Entsorgungsanlage.

Ideal für Radtouren auch in die Niederlande. Gastronomie sowie Einkaufsmöglichkeiten in der Nähe.

Motte „Bolleberg"

**EGN** Empfehlenswerte Gastronomie am Niederrhein ab Seite 139

**i** Zweckverband „Der Selfkant"
Freizeit & Tourismus
Am Rathaus 13
52525 Waldfeucht
Tel.: 0 24 56 / 49 91 72
Fax: 0 24 56 / 49 91 95
www.der-selfkant.de

Windmühle Waldfeucht-Haaren

**Hotel Landgasthof "Haus Lutgen"**

Erleben Sie erholsame Tage für die ganze Familie in unserem Gasthof.

Wanderungen, Radtouren, Kegeln und gutes Essen bringen Sie in Schwung.

Für Ihre Fahrräder bieten wir eine abschließbare Unterstellmöglichkeit.

Catering für unbegrenzte Personenanzahl.

*Wir freuen uns auf Sie - 7 Tage in der Woche!*

Paulisweg 40   52525 Waldfeucht-Haaren
Fon: 02455 839   Fax: 02455 920639
www.haus-lutgen.de

# Rad & Bahn am Niederrhein

Der Niederrhein ist ein Paradies für Radfahrer. Für Ausflügler, die nur eine kleine vergnügliche Runde mit dem Rad drehen möchten, und für geübte Freizeitradler, die ausgedehnte Touren fahren oder mehrere Tage den Niederrhein erkunden. Der Niederrhein bietet abseits der Hauptstraßen die besten Voraussetzungen für erlebnisreiche Erholung.

Auch schon bei der Anreise kann auf das Auto verzichtet werden, denn die NiederRheinroute kann an vielen Punkten vom Bahnhof aus gestartet werden. An manchen Stationen kann ein Leihfahrrad gemietet werden oder das eigene Rad wird gleich mitgebracht. Für die Tagestour lässt sich für die Rückfahrt ein anderer Bahnhof anfahren, für die Mehrtagestour bieten die touristischen Organisationen die Buchung von Unterkünften und die Planung des Gepäcktransportes an.

Der Niederrhein bietet ein ausgedehntes Netz an Bahnlinien, so dass an vielen Punkten der NiederRheinroute gestartet werden kann. Duisburg als ICE-Haltepunkt kann beispielsweise ein Einstiegspunkt sein. Von dort aus geht es nach Norden entlang dem Rhein flussabwärts, nach Süden durch ausgedehnte Waldgebiete in Richtung Krefeld oder durch die Brunnenmeile und über den Rhein hinweg in Richtung Westen. Mönchengladbach bietet als einzige Stadt Deutschlands sogar zwei Hauptbahnhöfe, einer davon im Stadtteil Rheydt. Verschiedene Regionalbahnstrecken bedienen die viele Orte am Niederrhein mindestens im Stundentakt, sogar an den Wochenenden. Fahrradtransport ist in den Nahverkehrszügen grundsätzlich möglich, nur größere Gruppen sollten sich zuvor bei der Deutschen Bahn anmelden.

Aber nicht nur die Anreise per Bahn ist möglich. Verschiedene Museumseisenbahnen lassen das Erlebnis vergangener Zeiten aufleben und bieten Fahrten in historischen Zügen, manche auch „unter Dampf", wie die Selfkantbahn im Kreis Heinsberg.

# Freizeit- und Tourismusregion

*Der Selfkant*

...tdecken Sie Deutschlands
...Westzipfel...

...mit den idyllischen Bachtälern, Bruchwäldern und Heidelandschaften sowie dem Natur- und Landschftspark Rodebach-Roode Beek
...mit seinen unzähligen grenzüberschreitenden Rad- und Wanderwegen
...mit dem Wildpark, den Windmühlen, dem Bauernmuseum und der historischen Selfkantbahn
...mit den mittelalterlichen Orten Gangelt, Millen und Waldfeucht

...rmationen & Broschüre:
...ckverband „Der Selfkant"   Am Rathaus 13         Tel.: 02456/499-172
                              52538 Selfkant-Tüddern  Fax: 02456/499-195
                    www.der-selfkant.de

# Wassenberg

Ein Rückblick auf die wechselvolle Geschichte der Stadt Wassenberg führt den Betrachter zurück in die ältere Steinzeit. Scherbenfunde, Urnengräber und sehr stark belegte Grabfelder lassen auf eine frühe und dichte Besiedlung des gesamten Raumes schließen. Wassenberg wurde urkundlich erstmals im Jahr 1201 erwähnt. Die Burg, vom flämischen Grafen Gerhard um 1085 zum Dynastiensitz erwählt, bildete die Voraussetzung zur Entstehung der Stadt Wassenberg, die bereits im Jahr 1273 Stadtrechte besaß.

## Sehenswertes

Die Burg Wassenberg, (die meisten älteren Teile der Burg stammen allerdings aus dem Jahre 1420) mit dem mächtigen Bergfried, der heute zu einem Aussichtsturm ausgebaut ist, sowie die restaurierten Teile der Befestigungsanlagen wie Stadttor, Wehrtürme, Rosstor und Verlorenenturm sind stumme Zeugen der wehrhaften Vergangenheit dieser Stadt.

*Burg Wassenberg mit Bergfried*

## Kirchen

St. Georg-Probsteikirche Wassenberg, eine romanische Pfeilerbasilika aus dem 12. Jh.. Die Kirche wurde im Krieg zerstört und 1955/56 an gleicher Stelle neu errichtet. Der spätgotische Westturm, erbaut im 15. Jh. aus Backsteinen, ist erhalten geblieben, der ursprünglich 36 Meter hohe Helm ist in verkleinerter Form erneuert worden. Sehenswert sind in der Kirche eine Figurengruppe von Anna Selbdritt aus Eichenholz (1420), ein Kopfnischengrab aus der Gründerzeit (1120-1150) sowie eine Madonna (Hunsrück um 1700).

Die Pfarrkirche St. Lambertus in Birgelen (errichtet 1825-1827), großzügig erweitert im Jahr 1935 und 1966 erneuert und umgebaut. Besonders sehenswert ist das alte schmiedeeiserne Kreuz der alten Bergkirche. Die dreischiffige neugotische Backsteinkirche St. Johannes in Myhl ist 1877 erbaut. In der Kirche befindet sich ein polygonaler Chor. Einzelne Kirchenbänke sind bereits von 1771.

In Orsbeck steht die Pfarrkirche St. Martini, eine ursprünglich fränkische Saalkirche (um 1000), mit Turm aus dem 11. Jh.. Die Kirche wurde um 1830 verlängert und 1930 um die Seitenschiffe erweitert.

Interessanter Kruzifixus (um 1600) und St. Martinus-Figur (19. Jh.). Nicht unerwähnt bleiben soll die neugotische Kirche St. Martini in Steinkirchen, erbaut 1871. Der spätgotische Kirchturm aus dem 16. Jh. ist noch erhalten. In Ophoven steht die ehemalige Klosterkirche St. Mariä Himmelfahrt aus dem Ende des 12. Jh. mit beson-

deren, sakralen Kostbarkeiten; Antwerpener Schnitzaltar (1520), Madonna (1330), Josefs-Statue (1660-1680), Anna Selbdritt (um 1500), Rokokokanzel (1753).
Die Stuckausschmückung ist aus der Mitte des 18. Jh..

**Weitere Sehenswürdigkeiten**
Wasserschloss Effeld, im Kern noch dem 15. Jh. angehörend, mit Herrenhaus und Vorburg. (Privatbesitz)

Aus einer Motte entstand das Wasserschloss Elsum, erstmals 1288 erwähnt. Das Birgelener Pützchen, eine im Wald zwischen Wassenberg und Birgelen gelegene Kapelle mit der Willibrordus-Quelle, die heute das Ziel vieler Pilger ist.

Ein kulinarisches Erlebnis ist der Schlemmermarkt, immer in der letzten Woche der NRW-Sommerferien. Besuchen Sie in der 1. Adventswoche in Ophoven den traditionellen Adventsmarkt. Freizeitangebote Städtisches Freibad, Freizeit- und Naherholungsgebiet Effelder Waldsee, Golfen, Wandern, Radeln.

Effelder Waldsee

EGN Empfehlenswerte Gastronomie am Niederrhein ab Seite 139

**Stadt Wassenberg**

Roermonder Str. 25-27
41849 Wassenberg
Tel.: 0 24 32 / 49 00-0
Fax: 0 24 32 / 49 00 90
www.wassenberg.de

• Kartenblatt 27 | 31

## Haus Wilms
Hotel-Restaurant ★★★★

**Die Topadresse im Golddorf Effeld**

Kulinarisches genießen heimisch & neu. Küchenchef Peter Regen & Birgit Wilms-Regen verwöhnen Sie mit Ihrem Team mit Herz. Arrangements mit kulinarischen Genüssen, Radeln, Golfen, Wandern, Kochkursen oder ganz individuell für Sie kreiert. Natur pur erleben. Wir freuen uns auf Sie - zu jeder Zeit!

*Erleben, Schmecken, Genießen ...*
*... im Naturpark Maas-Schwalm-Nette*

Täglich durchgehend geöffnet • Fahrradverleih & -parkplatz

Steinkirchener Straße 3
41849 Wassenberg-Effeld
Fon: +49 (0) 2432 - 890 280
Fax: +49 (0) 2432 - 59 82
www.haus-wilms.de
info@haus-wilms.de

# Weeze

• Kartenblatt 9 | 13

Die Gemeinde liegt in der beschaulichen Niederung der Niers unmittelbar an der niederländischen Grenze und bietet sehenswerte Bau-, Boden- und Naturdenkmäler. Ein erster urkundlicher Nachweis stammt aus dem Jahre 855 n. Chr.. Im Zweiten Weltkrieg wurde der Ortskern zu 80 Prozent zerstört. Eine der ersten Kriegsgräberstätten befindet sich an der Uedemer Straße und wurde am 10.9.1950 durch den damaligen Bundespräsidenten Theodor Heuss eingeweiht.

Wasserschloss Wissen in Weeze

## Sehenswertes

**Schloss Wissen:** 1372 wurde das an der Niers gelegene Schloss erstmals erwähnt. Die Familie von Loe, deren Nachfahren noch heute das Schloss bewohnen, erwarb 1461 die damalige Burg und baute diese mehrmals um. Sehenswert ist die zwischen 1876 und 1878 erbaute neugotische Schlosskapelle.

**Schloss Kalbeck:** Das mitten im Kalbecker Wald liegende Schloss wurde 1326 erstmals urkundlich erwähnt. Das Schloss wurde 1907 nach einem Brand errichtet, im Zweiten Weltkrieg zerstört und wiederaufgebaut.

Flughafen

**Schloss Hertefeld**, ein erstmals 1322 erwähntes Herrenhaus, ist

Schloss Hertefeld

teilweise renoviert und bietet heute die Möglichkeit zur Übernachtung.

### Weitere Sehenswürdigkeiten

Der Josefsaltar in der St. Cyriakus-Kirche, 1898 von dem Künstler Friedrich Langenberg gestaltet, und das Vesperbild, das um 1480 datiert wird. Die schöne Holzarbeit im Deckenbereich der ev. Kirche in Weeze. Die Kanzel von 1620 in der kath. „Heilig-Kreuz-Kirche" in Wemb.

### Freizeitangebote

Paddeln auf der Niers, Niers-Wanderweg, Niersfähre, über 100 km ausgeschilderte Rad-, Reit- und Wanderwege, Wildgehege mit Streichelzoo am Schloss Hertefeld, Wildschweingatter.

**Verkehrsamt Weeze**

Cyriakusplatz 13-14
47652 Weeze
Tel.: 0 28 37 / 91 01 16
Fax: 0 28 37 / 91 01 70
www.weeze.de

# Das Münsterland &
# Die 100 Schlösser-Route

Der Reise- und Radwanderführer

# Wegberg

• Kartenblatt 28

Wegberg wird als „Berck" erstmals im Jahre 966 in einer Urkunde Otto I. erwähnt. Der Name Wegberg entstand vermutlich im 14. Jh. auf Grund der geographischen Gegebenheiten und der Lage an einer Römerstraße. Seit 1543 gehörte die Gemeinde Wegberg teilweise dem Herzogtum Jülich und teils dem Herzogtum Geldern an. Die Grenze verlief mitten durch den Ort. Erst 1816, Wegberg war Teil Preußens, wurde die Grenze aufgehoben. Die Gemeinden Beeck und Wegberg wurden im Jahr 1935 zusammengeschlossen. Das heutige Wegberg entstand im Zuge der kommunalen Neugliederung zum 1. Januar 1972 und erhielt am 5. Juni 1973 Stadtrechte.

St. Peter und Paul und Karmeliterkloster

### Sehenswürdigkeiten

Der Stadtkern Wegbergs mit dem Karmeliterkloster, der Burg Wegberg und der Pfarrkirche St. Peter und Paul, der gleichzeitig auch Ausgangspunkt für erholsame Wanderungen an der Schwalm sein kann.

Auf Ihrer Wanderung in das Quellgebiet der Schwalm erreichen Sie die Tüschenbroicher Mühle und in unmittelbarer Nähe auch das Schloss Tüschenbroich aus dem 15.-18. Jh. mit Ulrichskapelle, Ölmühle und die mitten im Weiher gelegene mittelalterliche Wehranlage (Motte).

Schwalmabwärts erreichen Sie, vorbei an der Molzmühle, die Orte Rickelrath und Schwalm, die durch die riedgedeckten Fachwerkhäuser beeindrucken. Der Alde Berg, die größte frühmittelalterliche Flieh- und Verteidigungsanlage am Niederrhein, liegt im Tal des Helpensteiner Baches bei Arsbeck. Eine sehenswerte Besonderheit ist auch der Naturlehrpfad „Haus Wildenrath" im Quellgebiet des Schaagbaches. Auch die Heiligkreuzkapelle mit ihren Wandmalereien aus dem Jahr 1522 ist einen Abstecher nach Kipshoven wert. (Voranmeldung erforderlich Tel. 02161-570437)

### Weitere Sehenswürdigkeiten

Das Schwalmtal ist ganz besonders durch seine vielen Wassermühlen geprägt, die hier nicht alle aufgezählt werden können. Die Schrofmühle bei Rickelrath ist noch voll funktionsfähig und wird interessierten Gruppen gerne gezeigt. (Voranmeldung erforderlich Tel. 0 24 31/26 42). Im Übrigen verweisen wir den interessierten Besucher ausdrücklich auf den Heinsberger Tourist Service e.V., Kirchstr. 26, 41849 Wassenberg, Tel. 0 24 32/96 06-0, Fax 960619, der eine Vielzahl an Informationen und Wanderkarten des Naturparks Maas-Schwalm-Nette – teils kostenlos – bereithält.

Das Flachsmuseum in Beeck und der dort alljährlich am letzten Wochenende im September stattfindende Flachsmarkt sollten auf einem Besuchsprogramm nicht fehlen (s. Museen).

**Freizeit**
Hallenbad, Golf, Tennis, Angeln, Kahnfahren, Reiten.

**i** **Rathaus**

Rathausplatz 25
41844 Wegberg
Tel.: 0 24 34 / 8 30
Fax: 0 24 34 / 8 38 88
www.wegberg.de

Ölmühle

# Wesel

• Kartenblatt 11

Wesel, die lebendige und liebenswerte Kreisstadt an Rhein und Lippe, bietet ein breites Spektrum an Natur, Kultur, Freizeit, Erholung und Sehenswürdigkeiten. Die günstige Lage Wesels an der Mündung der Lippe in den Rhein war einer der Gründe der wirtschaftlichen Blüte der Stadt im Mittelalter. Ausdruck fand dies in der Stadterhebung durch den Junggrafen Dietrich von Kleve im Jahre 1241 und der damit verbundenen Ausstattung der Weseler Bürgerschaft mit einer Reihe von Privilegien. Ihren Höhepunkt erreichte diese Entwicklung im Spätmittelalter, als Wesel neben Köln zu den bedeutendsten Mitgliedern des Hansebundes im Binnenland zählte. Diese Mitgliedschaft im „Alten Hansebund" endete erst im Jahre 1669. Heute pflegt die Hansestadt Wesel die Tradition im „Hansebund der Neuzeit" weiter. Im 16. Jahrhundert war Wesel eine der Hochburgen der Reformation und Ende des 17. Jahrhunderts die westlichste und mächtigste Festung Preußens.

Berliner Tor in Wesel

Zitadelle: Mit fünf Bastionen und umfangreichen Vorwerken war diese, nach Plänen des Festungsbaumeisters Corbin zwischen 1687 und 1722 errichtete Anlage, eine der größten Festungen des Rheinlandes. Bereits vor dem ersten Weltkrieg weitgehend geschleift, sind heute noch das im Barock gehaltene Haupttorgebäude von 1718, das sogenannte Offiziersgefängnis von 1728 und die Kaserne

## Sehenswertes

Berliner Tor: Ehemaliger Hauptzugang zur Festungsstadt Wesel, erbaut in den Jahren 1718-22 von Jean de Bodt. Die stadtseitigen Arkadenflügel wurden 1892 entfernt. Von dem früheren reichen Figurenschmuck blieb nach Kriegseinwirkungen nur der auf der Stadt abgewandten Seite weitgehend erhalten.

Zitadelle

VIII aus dem Jahre 1809 sowie die Garnisonsbäckerei und das Körnermagazin erhalten geblieben. Dort ist das 1998 eröffnete Preußenmuseum NRW (s.Museen) untergebracht und das Stadtarchiv.

## Restaurant Lippeschlößchen

*direkt an Römer- und NiederRheinroute*

*~Dienstags Ruhetag~*

- Gartenrestaurant • 100% Nichtraucher - Restaurant
- Veranstaltungsräume für 20 - 200 Personen
- Regionales Speisenangebot
- Nach EG-Ökoverordnung Biozertifiziert

***Öffnungszeiten:** 11.30 - 15.00 Uhr und 18.00 - 22.00 Uhr • So. durchgehend*

**46485 Wesel · Hindenburgstraße 2 (B8 an der Lippebrücke)
Telefon 02 81/44 88 · Telefax 02 81/47 33 · www.lippeschloesschen.de**

---

## WALDHOTEL TANNENHÄUSCHEN
### W·E·S·E·L

**Ihr Wohlfühl-Hotel am Niederrhein**

WELLNESS HOTELS DEUTSCHLAND

**5300m² Wellnessbereich
mit großem Outdoor-Saunapark mit 8 Saunen
Aktivpool, Solebecken und großer Beautyfarm**

Waldhotel Tannenhäuschen • Am Tannenhäuschen 7 • 46487 Wesel
Telefon: 0281-9669-0 • www.tannenhaeuschen.de

---

## HOTEL - WALDRESTAURANT + CAFÉ
# Hohe Mark

W. BORCHERDING
AM REITPLATZ 9 · 46485 WESEL
TELEFON 02 81/53 07 77 · FAX 53 07 64
www.hotel-hohemark.de

- KOMFORTABLE HOTELZIMMER
- GESELLSCHAFTSRÄUME FÜR FAMILIENFEIERN
- SPEISEN IN GEPFLEGTER ATMOSPHÄRE
- TÄGLICH AB 11 UHR DURCHGE. GEÖFFNET
- MONTAGS RUHETAG
- DIREKT AN DER NIEDERRHEINROUTE

**Das Schill-Denkmal** erinnert an die elf Offiziere des Schill'schen Regiments, die 1809 in Wesel unter Napoleon standrechtlich erschossen wurden. Das Monument, 1835 nach Plänen von Schinkel aus französischen Kanonen gegossen, steht über dem Grab auf der Lippewiese. Der preußische Offizier Ferdinand von Schill (1776-1809) hatte sich mit seinem Regiment gegen Napoleon erhoben. Er selbst fiel im Straßenkampf in Stralsund.

**Wasserturm**: Der heute unter Denkmalschutz stehende Wasserturm wurde 1886 mit einem Stützbodenbehälter nach einem Patent von Prof. Otto Intze erbaut. Eine Besichtigung des technischen Denkmals ist möglich.

**Haus Duden**: Hier wurde 1829 der große deutsche Rechtschreibkönig Konrad Duden geboren.

**Altes Wasserwerk** (s. Museen): Die alte Pumpstation an der Lippe wurde 1886 in Betrieb genommen. Dampfbetriebene Kolbenpumpen saugten das Wasser aus den Brunnen an und drückten es ins Leitungsnetz. Die Anlage war bis 1947 in Betrieb und zählt heute als technisches Denkmal zu den schönsten und ältesten dampfbetriebenen Anlagen in Deutschland.

**Willibrordi-Dom**: Die fünfschiffige Basilika (1501-1540) am Großen Markt wurde nach den Kriegszerstörungen umfassend restauriert. Sie ist ein bedeutendes Beispiel der ausklingenden Gotik im Rheinland. In dem weiträumigen Innenraum sind u.a. zwei einzigartige schwebende Ziergewölbe zu bewundern.

Preußenmuseum

# PREUSSEN**MUSEUM** WESEL
## NORDRHEIN-WESTFALEN

Das Preußen-Museum NRW thematisiert an seinem Standort Wesel die brandenburgisch-preußische Geschichte im Rheinland. Preußen formte das Rheinland zum ersten Mal in seiner Geschichte zu einer großen politischen Einheit, führte eine moderne Verwaltung ein, mit Selbstverwaltungselementen, die bis heute fortwirken, und schuf Gemeinsamkeiten, die der späteren politischen Zusammenfassung im Land Nordrhein-Westfalen den Boden bereiteten.

turellen Gegebenheiten ausgingen, bilden Leitlinien der Museumsarbeit.

Friedrich Willhelm d. Gr. Kurfürst Br.

Friedrich d. Gr. (Kinderportrait)

Die Frage nach den Wechselwirkungen zwischen Rheinland und preußischem Gesamtstaat, das Aufzeigen der teilweise schwierigen Integrationsprozesse, die von verschiedenartigen politischen, sozialen, wirtschaftlichen und kul-

Geschichte erlebbar zu machen, wird erleichtert durch Inszenierungen, die den Besucher Anteil nehmen lassen an vergangenen Wirklichkeiten und seine Eigenaktivität herausfordern. Dies geschieht im Preußen-Museum u.a. durch die Kombination von Nachbauten und audio-visuellen Medien.

Für Einzelbesucher steht ein Audio-Guide zur Verfügung, der in deutscher, niederländischer und englischer Sprache unseren Gästen die Ausstellung näherbringt. Für Gruppen bieten wir gerne Führungen an. Und für unsere jungen Besucher besteht die Möglichkeit, einen Kindergeburtstag in historischen Kostümen zu feiern.

Anschrift  
Preußen-Museum  
Nordrhein-Westfalen  
An der Zitadelle 14-20  
46483 Wesel  

Tel.:  0281/33 99 6-0  
Fax.: 0281/33 99 6-330  
www.preussenmuseum.de  
Öffnungszeiten  
Di.-So.: 10 – 17 Uhr

Kath. Pfarrkirche St. Johannes in Bislich: Die Kirche wurde im 15. Jh. als gotische dreischiffige Pfeilerbasilika erbaut. Chor und Westturm sind aus dem 17. Jh..

Heimatmuseum Bislich (s. Museen) Unter dem Motto „Dorf am Deich" werden Themeneinheiten gezeigt zur Hauswirtschaft, Volksfrömmigkeit, den Dorfhandwerkern und dem Leben am Rhein mit Schifffahrt, Fischfang, Hochwasser und Deichbau. Sehenswert sind auch die römische Skulptur „Lüttinger Knabe" und die kostbaren Funde aus dem fränkischen Gräberfeld. Die umfangreiche naturkundliche Ausstellung bietet einen nahezu vollständigen Überblick über die niederrheinische Vogelwelt. An Aktivitäten werden Wechselausstellungen, Vorführungen alter Handwerkstechniken, Kaminabende, Brotbacken im alten Backhaus, historisch und naturkundlich orientierte Wanderungen, Handwerkermarkt und Basar zu Ostern und Weihnachten angeboten.

Schloss Diersfordt: Die erstmals Ende des 14. Jh. dokumentierte Schlossanlage ist bis ins 20. Jh. mehrfach um- und neuerbaut worden. Erhalten blieb nur ein Stallgebäude mit Resten eines ehemaligen Wehrganges. Das Schloss brannte 1928 ab und wurde durch ein zweigeschossiges Herrenhaus ersetzt. Von dem ehemaligen Gebäude sind nur der viereckige Eckturm und die spätbarocke Türrahmung mit einbezogen worden. Im Zweiten Weltkrieg zerstört, wurde Schloss Diersfordt in den 60er Jahren wiedererrichtet. Die ehemalige Schlosskapelle aus den Jahren 1775-78 besitzt im Innern eine Rokoko-Stuckdecke und eine sehenswerte Kanzel.

Schlosskapelle

Rheinnachen am Heimatmuseum

Rheinauen bei Bislich

**Freizeitangebote**
Beach-Volleyball- und Skate-Anlagen, ökologisch gestaltete Spielplätze, Nostalgie - Fahrten mit dem Historischen Schienenverkehr, Stadtrundfahrten auf Schiene und Wasser, Lippe-Kanu-Touren, Wandern auf dem Eselwanderweg und dem ökologischen Lehrpfad rund um den Auesee, Schiffsausflüge auf dem Rhein mit der „River-Lady", Baden, Surfen, Tauchen und Segeln im Freizeitzentrum Rheinaue-Park, Segel- und Sportflugplatz mit Rundflügen, Rheinfähre, Radtouristische Verbindung von Wesel-Bislich nach Xanten (Fähre „Keertröch II").

EGN  Empfehlenswerte Gastronomie am Niederrhein ab Seite 139

**Hansestadt Wesel**
Der Bürgermeister
Amt für Stadtwerbung und Fremdenverkehrsförderung
Klever-Tor-Platz 1
46483 Wesel
Tel.: 02 81 / 20 35 00
Fax: 02 81 / 20 34 29
www.wesel.de

Reitrouten in der Euregio Rhein-Waal
Ruiterroutes in de Euregio Rijn-Waal

Zu bestellen über unseren Buchshop im Internet.
**www.niederrheinroute.de**

# Willich

• Kartenblatt 25

Erst 1970 ist Willich durch die Zusammenfassung der Stadtteile Anrath, Neersen, Schiefbahn und Willich entstanden. In einer Schenkungsurkunde an das Kloster Kamp wird 1137 Willich als „Wylike" erstmals urkundlich erwähnt. Anrath (damals Anrode), war bereits 1010 selbständige Pfarrei. „Schyffbaen" (heutiger Ortsteil Schiefbahn) wird erstmals 1430 urkundlich erwähnt, und die Geschichte von „Ners" (Neersen) kann bis in das Jahr 1262 zurückverfolgt werden.

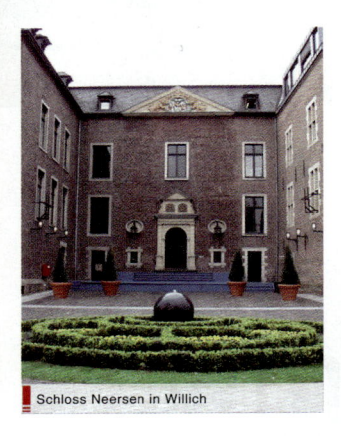

Schloss Neersen in Willich

### Sehenswertes
Schloss Neersen, die Entstehung wird im 11./12. Jahrhundert vermutet, ist im 17. Jh. durch Adrian Wilhelm von Virnmond von einer Wasserburg zu einer dreiflügeligen Schlossanlage umgebaut worden. Heute dient das Schloss als Verwaltungssitz und bietet mit dem sehr schönen Schlosspark und einem jahrhundertealten Baumbestand unter anderem die Kulisse für die jährlich stattfindenden Festspiele, die rund 20.000 Zuschauer alljährlich besuchen.

### Weitere Sehenswürdigkeiten
Die Wallfahrtskapelle Klein Jerusalem (1654-1661) wurde nach dem Vorbild der Grabeskirche in Jerusalem erbaut und wird heute noch von vielen Pilgern besucht. Das Burghaus Stockum in Anrath, 1619 als wasserumwehrter Herrensitz entstanden, und das Haus Broich aus dem 13. Jh. sind sehenswert. Malerische Straßenzüge und liebevoll restaurierte Häuserfassaden sind ebenfalls eindrucksvolle Zeugen der Geschichte.

### Freizeitangebote
Das Sport- und Freizeitbad „De Bütt" bietet alles, was ein modernes Bad bieten kann. Öffentliche Skateboardanlage am Sport- und Freizeitzentrum, Poloplatz, Hitec-Indoor-Cart-Bahn, Golfplatz, Tennis, Planwagenfahrten und Reiten runden das Freizeitangebot weiter ab.

---

**i** Stadt Willich - Bürgermeisterbüro/Pressereferat
Schloss Neersen
Hauptstr. 6
47877 Willich
Tel.: 0 21 56 / 94 91 21
Fax: 0 21 56 / 94 91 45
www.stadt-willich.de

# Xanten

• Kartenblatt 10

Die Dom- Römer- und Siegfried-Stadt sowie staatlich anerkannter Erholungsort ist immer eine Reise wert. Mehr als 2000 Jahre Geschichte haben Xanten und Umgebung maßgeblich geprägt. Historische Zeugnisse der Vergangenheit sind erhalten geblieben, wie das römische Militärlager bei Birten, die römische Siedlung Colonia Ulpia Traiana bis hin zu den mittelalterlichen Spuren in Xanten.

Dom St. Viktor in Xanten

## Sehenswertes

Dom St. Viktor (s. Museen) Die spätromanische Kirche wurde 1263 durch einen gotischen Neubau ersetzt. Vom Vorgängerbau sind nur die beiden staufischen Türme (um 1200) erhalten geblieben. Auf der Südseite der Kirche sind die verschiedenen Stilepochen in der rund 350 Jahre währenden Bauzeit gut erkennbar. Bei der Gestaltung des Raumes orientierte man sich an dem zur selben Zeit im Bau befindlichen Kölner Dom. Die Innenausstattung der Kirche zeugt vom Reichtum des Stiftes und der Stadt Xanten. Reliquienbüsten und Schnitzarbeiten von Heinrich Douvermann und Arnt van Tricht schmücken den zwischen 1529 und 1549 gefertigten Hochaltar. Die Flügelgemälde erstellte Barthel Bruyn d. Ä. Szenen des Marienlebens zeigt der von Heinrich Douvermann um 1535 aus Eiche geschaffene Marienaltar. In vielen Darstellungen, unter Einsatz unterschiedlichster Farben und Materialien, werden der Schutzpatron der Kirche, der hl. Viktor, sowie die Gründerin des Stiftes, die hl. Helena, dargestellt.

Der Xantener Kirchenschatz, zuletzt im Besitz des 1802 aufgelösten St. Viktor-Stiftes, umfasst wertvolle sakrale Goldschmiedearbeiten, Gemälde, Holz- und Steinskulpturen und eine Sammlung liturgischer Gewänder. Ein Kölner Tragaltar von 1180, eine im 5. Jh. in Konstantinopel (heute Istanbul) entstandene Elfenbeinpyxis, eine westfälische Pultdecke aus dem 15. Jh. sowie die sogenannte Bernhardkasel (um 1100) sind die bedeutendsten Stücke dieser Sammlung.

Ein Teil des Kirchenschatzes ist im Regionalmuseum zu sehen.

Immunitätsbezirk:
Das Gelände innerhalb der Immunitätsmauer gehörte dem Stift St. Viktor und war unabhängig von der weltlichen Macht. Personen, die hier eine Zuflucht suchten, unterstanden einzig und allein der kirchlichen Gerichtsbarkeit. Das im Jahr 1000 errichtete Torgebäude mit der im 15. Jh. aufgesetzten Michaelskapelle bildete den südlichen Eingang zum Immunitätsbezirk.

Das Chorherrenstift, im 8. Jh. bei der Märtyrerkirche des hl. Viktor entstanden, ähnelte einer klösterlichen Ordensgemeinschaft, verpflichtete die Stiftsherren aber nicht zur Armut. Die oftmals wohlhabenden Stiftsherren wohnten ab 1776 auch in Privathäusern im Bereich der Immunität.

Regionalmuseum Xanten (s. Museen) Das Museum ist zur Zeit geschlossen. Die Eröffnung neu gebauten Museums an den Großen Thermen im Archäologischen Park Xanten (APX) ist für das Frühjahr 2008 geplant.

Kriemhildmühle (s. Museen) 1778 verkaufte die Stadt Xanten aus Geldnot den sogenannten Nachtwächterturm an den Kaufmann Gerhard Schleß. Sein Sohn baute den Turm zu einer Windmühle um. Diese Mühle, auch Kriemhildmühle genannt, wurde später wieder Eigentum der Stadt.

Die Mühle wurde von einem Bäckermeister vollständig renoviert. Das hölzerne Mahlwerk ist voll funktionstüchtig, wird mit Windkraft betrieben und wenn der Wind es zulässt, auch zum Mahlen des täglichen Mehlbedarfs des Bäckers benutzt. Die Mühle kann von innen besichtigt werden.

Klever Tor: Von der mittelalterlichen Stadtbefestigung ist die 1393 erbaute Doppeltoranlage wohl das beeindruckendste Bauwerk. Die erste Toröffnung auf der Feldseite wir durch zwei Rundtürme flankiert. Eine brückenartige Zufahrt führt zum dreigeschossigen Haupttor, in dem sich heute Appartements für Reisende befinden.

Birten: Das erste römische Militärlager, Castra Vetera, stand südlich von Xanten auf dem Hang des Fürstenbergs. Heute erinnert nur noch das Birtener Amphitheater aus dem 1. Jh. n.Ch., die älteste im Rheinland erhaltene Freilichtbühne, an das Doppellegionenlager.

Wallfahrtskirche Marienbaum: Verehrt wird eine kleine Standfigur aus Sandstein in einem barocken Seitenaltar. Urkunden, Schriften, liturgisches Gerät u.v.a. dokumentieren die Geschichte des Wallfahrtsortes.

Archäologischer Park (s. Museen) Auf dem Gelände der ehemaligen römischen Stadt Colonia Ulpia Traiana befindet sich seit den siebziger Jahren mit dem Archäologischen Park Xanten ein

Herbergstherme (Foto: A.Thünker)

Birtener Amphitheater

## LANDHAUS

## Am Röschen

*Café · Restaurant · Hotel*

*Unsere Spezialität:*
*Wild- und Fischgerichte, außerdem*
*hausgemachte Kuchen zum Kaffee.*

Inhaber: Jörg Thoenes
Philosophenweg 2 · 46509 Xanten
Tel.: 0 28 01 / 14 12 · Fax: 0 28 01 / 69 78
www.landhaus-am-roeschen.de · landhaus@amroeschen.de

einmaliges Freilichtmuseum zur römischen Geschichte in Deutschland. Ein Teil der Stadtmauer, das Nord- und das Hafentor, eine römische Herberge mit anschließender Thermalanlage, das Amphitheater, Brunnen und Bäder sowie die Ruine des Hafentempels wurden in beeindruckender Weise auf den alten Grundmauern römischer Bauten historisch rekonstruiert.

**Freizeitangebote**
Freizeitzentrum Xanten mit der Xantener Nord- und Südsee sowie dem Nibelungenbad, ein Spaßbad mit Hallen-, Frei- und Strandbad, Häfen mit Bootsverleih, Tauchen, Angeln, Wasserski, Floßfahrt, Bananabootfahrten u.v.m.

| EGN | Empfehlenswerte Gastronomie am Niederrhein ab Seite 139 |

**Tourist-Information Xanten**

Kurfürstenstr. 9
46509 Xanten
Tel.: 0 28 01 / 9 83 00
Fax: 0 28 01 / 7 16 64
www.xanten.de

Herbergstherme (Foto: A.Thünker)

# Freizeit- & Erlebnisbäder am Niederrhein für die ganze Familie

Wie kann man sich besser entspannen als nach einer ausgiebigen Radtour oder einer arbeitsreichen Woche für ein paar Stunden im erfrischenden Nass oder bei einem Saunabesuch die Seele baumeln zu lassen? Aktuelle Informationen bekommen Sie im Internet.

## Brüggen • Kartenblatt 23

**Aqua Fitness**
Hochstr. 3 • 41379 Brüggen
Tel.: 02163-7444 • weitere Informationen auf www.gemeindewerke-brueggen.de

### Öffnungszeiten:
| | |
|---|---|
| Montags: | 17:30 - 21.00 Uhr |
| Dienstags: | 14:30 - 19:45 Uhr |
| Mittwochs: | 14:30 - 21.00 Uhr |
| Donnerstags: | 14:30 - 21.00 Uhr |
| Freitags: | 14:30 - 21.00 Uhr |
| Samstags: | 13:30 - 17:30 Uhr |
| Sonntags: | 08:15 - 13.00 Uhr |

### Besonderheiten:
Nur nach Anmeldung:
Aqua Fitness für Schwangere:
Sa. 10:00 - 11:30 Uhr
Babyschwimmen
Tel.02157/811820
Sonntag 16:30 - 18:00
Kurse für Kinder + Fortgeschrittene

## Duisburg • Kartenblatt 16

**Revierpark Mattlerbusch - Niederrhein-Therme**
Wehofer Str. 42 • 47169 Duisburg
Tel.: 0203-995840 • weitere Informationen auf www.niederrheintherme.de

### Öffnungszeiten:
| | |
|---|---|
| Montags: | 08:30 - 23:00 Uhr |
| Dienstags: | 08:30 - 23:00 Uhr |
| Mittwochs: | 08:30 - 23:00 Uhr |
| Donnerstags: | 08:30 - 23:00 Uhr |
| Freitags: | 08:30 - 23:00 Uhr |
| Samstags: | 08:30 - 23:00 Uhr |
| Sonntags: | 08:30 - 23:00 Uhr |
| Feiertags: | 08:30 - 23:00 Uhr |

### Besonderheiten:
Solebäder 30-36 Grad C, Saunalandschaft, Salinenanlage, Whirlpools, Wellenbad

Öffnungszeiten Wellenbad:
werktags: 14:00 - 20:00 Uhr
Wochenenden: 10:00 - 20:00 Uhr

## Emmerich • Kartenblatt 2

**EMBRICANA - Freizeit u. Sport GmbH**
Nollenburger Weg • 46446 Emmerich
Tel.: 0 28 22-91421-0 • weitere Informationen auf www.embricana.de

### Öffnungszeiten:
Di. - Fr.: 6:00 - 21:00 Uhr
Sa. So. + Feiertags: 10:00 - 18:00 Uhr.

Wähend der Ferienzeit:
| | |
|---|---|
| Mo bis Fr.: | 10:00 - 21:00 Uhr |
| Samstags: | 10:00 - 18:00 Uhr |
| Sonntags: | 10:00 - 18:00 Uhr |

### Besonderheiten:
Solebecken, Whirlpool, 55-m Rutsche, Sauna, Babybecken, Sportbecken, Kinderspielplatz

## Goch

• Kartenblatt 8 | 9

### GochNess - Freizeitbad in Goch
Kranenburger Str. 20 • 47574 Goch
Tel.: 02827-92 00 10 • weitere Informationen auf www.gochness.de

**Öffnungszeiten:**

| | |
|---|---|
| Montags: | |
| Dienstags: | 10:00 - 22:30 Uhr |
| Mittwochs: | 10:00 - 22:30 Uhr |
| Donnerstags: | 17:00 - 22:30 Uhr |
| Freitags: | 10:00 - 22:30 Uhr |
| Samstags: | 10:00 - 20:00 Uhr |
| Sonntags: | 10:00 - 20:00 Uhr |
| Feiertags: | 10:00 - 20:00 Uhr |

**Besonderheiten:**

65 m Röhrenrutsche, Großspielgeräte, Strömungskanal, Wasserspiele

## Hückelhoven

• Kartenblatt 32

### Freizeitbad Hückelhoven
Martin-Luther-Str. 22 • 41836
Tel.: 0203-995840 • weitere Informationen auf www.hueckelhoven.de

**Öffnungszeiten:**

| | |
|---|---|
| Montags: | |
| Dienstags: | 06:30 - 08:00 ⬌ 14:30 - 21:30 Uhr |
| Mittwochs: | 06:30 - 08:00 ⬌ 14:30 - 21:30 Uhr |
| Donnerstags: | 06:30 - 08:00 ⬌ 14:30 - 21:30 Uhr |
| Freitags: | 06:30 - 08:00 ⬌ 14:30 - 21:30 Uhr |
| Samstags: | 09:00 - 17:00 Uhr |
| Sonntags: | 09:00 - 17:00 Uhr |

**Besonderheiten:**

Lehrschwimmbecken mit Unterwassermassagedüsen, flache Becken im Eltern-Kindbereich mit Clown, Schildkröte und wasserspeiender Schlange, Liegestühle, Solarium, 67 m Rutschbahn, die bei Dunkelheit noch faszinierend beleuchtet ist, Urlaub bei tropischen Temperatuen, Spiel- und Spaßnachmittag

## Kamp-Lintfort  • Kartenblatt 18

### Spaßbad Pappelsee
Bertastr. 74 • 47475 Kamp-Lintfort
Tel.: 02842-81640 • weitere Informationen auf www.spassbad-pappelsee.de

#### Öffnungszeiten Hallenbad:

| | |
|---|---|
| Mo. - Do: sh. Internet | |
| Freitags: | 06:00 - 08:00 <> 14:00 - 12:00 Uhr |
| Samstags: | 10:00 - 19:00 Uhr |
| Sonntags: | 10:00 - 19:00 Uhr |

Freibad:
Mai bis Anfang September: 10:00 - 20:00 Uhr

#### Besonderheiten:
63m Wasserrutschbad, Wasserrutschen 116 + 118 m, Wildwasserkanal, Sauna, Solarium, Sprungbecken, 50 x 21 m-Becken u.v.m.

Sauna ab 01.07. 2009 geschlossen!

## Kempen  • Kartenblatt 20 | 21

Freizeitbad aqua sol
Berliner Allee 53 • 47906 Kempen
Tel.: 02152-4431 • weitere Informationen auf www.aqua-sol.de

#### Öffnungszeiten Hallenbad:

| | |
|---|---|
| Montags: | 11:00 - 21:30 Uhr |
| Dienstags: | 06:30 - 21:30 Uhr |
| Mittwochs: | 06:30 - 21:30 Uhr |
| Donnerstags: | 06:30 - 21:30 Uhr |
| Freitags: | 06:30 - 21:30 Uhr |
| Samstags: | 08:00 - 18:30 Uhr |
| So. + Feiertags: | 10:00 - 18:30 Uhr |

#### Besonderheiten:
Freizeit, Breitrutsche, Springbecken, Cafeteria mit Terrasse, Hallenbad, Solebecken mit Massagedüsen, Dampf- und Trockensauna, u.v.m.

Öffnungszeiten Freibad:
Mo. 11- 21:00 Uhr • Di. - Fr. 08 - 21:00 Uhr
Sa. So. + Feiertags 08 - 20:00 Uhr

## Krefeld  • Kartenblatt 21 | 22 | 25

### Freizeitbad „Badezentrum Bockum",
Am Badezentrum 2 • 47800 Krefeld
Tel.: 02151-590041 • weitere Informationen auf www.krefeld.de

#### Öffnungszeiten:
Öffnungszeiten auf Anfrage.
Mo.: 06:30 - 08:00 und 14:30 - 21:00 Uhr
Di.: 06:30 - 08:00 und 14:30 - 20:00 Uhr
Mi.: 06:30 - 08:00 und 14:30 - 21:00 Uhr
Do.: 06:30 - 08:00 und 14:30 - 20:00 Uhr
Fr.: 06:30 - 08:00 und 14:30 - 20:00 Uhr
Sa. + So.: 09:00 - 18:00 Uhr

#### Besonderheiten:
Hallenbad mit Sportbecken (50 x 21 m) und Sprunganlagen, Freibad mit Sportbecken (50 x 21 m); Mehrzweckbecken, Kleinkinderbereich mit Planschbecken, Kinderrutsche, Raftingrutsche (107 m), Freefall-Turborutsche, Breitrutsche ...

## Moers

• Kartenblatt 18 | 19

### Solimare
Filderstr. 144 • 47445 Moers
Tel.: 02841-29999 • weitere Informationen auf www.moers.de

### Naturfreibad Bettenkamp
Krefelder Str. 190 • 47445 Moers
Tel.: 02841-29973

#### Öffnungszeiten:
| | |
|---|---|
| Montags: | 06:00 - 22:00 Uhr |
| Dienstags: | 06:00 - 22:00 Uhr |
| Mittwochs: | 06:00 - 22:00 Uhr |
| Donnerstags: | 06:00 - 22:00 Uhr |
| Freitags: | 06:00 - 22:00 Uhr |
| Sa., So. + Feiertags: | 08:00 - 18:00 Uhr |

#### Besonderheiten Solimare:
Wellenbecken, Sprungturm bis 10 m

Bettenkamp: Naturschwimmbad
Öffnungszeiten:
Mo - Fr.: 14:00 -20:00 Uhr
Sa., So. + Feiertags 10:00 - 20:00 Uhr

---

## Mönchengladbach

• Kartenblatt 24 | 28

### Schlosbad Niederrhein - Hallen- und Freibad
Auf dem Damm 107 • 41189 Mönchengladbach
Tel.: 02166-59757 • weitere Informationen auf www.nvv-ag.de

#### Öffnungszeiten:
Niederrhein: Mo. - So.: 10:00 - 21:00 Uhr

Vitusbad: 10:00 - 22:00 Uhr

Freibad Volksgarten:
Mai bis August tägl. 10:00 - 19:00 Uhr

#### weitere Bäder:

Vitusbad
Breitenbachstr. 52
Tel.: 02161 - 6980487

Freibad Volksgarten
Peter-Krall-Str. 63
Tel.: 02161 - 43639

---

## Neukirchen - Vluyn

• Kartenblatt 18

### Freizeitbad
Tersteegenstr. 91 • 47506 Neukirchen - Vluyn
Tel.: 02845-31031 • weitere Informationen auf www.freizeitbad-vluyn.de

#### Öffnungszeiten:
| | |
|---|---|
| Montags: | 13:00 - 16:00 Uhr |
| Di. - Fr.: | 06:00 - 22:00 Uhr |
| Sa. So. + Feiertags: | 08:30 - 18:00 Uhr |

#### Besonderheiten:
Kinderland mit Wasserrutsche, Außenbereich, Solarium, Whirlpoolgarten, Sauna, Sonnenwiese

## Viersen

• Kartenblatt 24

### Stadtbad Viersen
Burgstraße 60 • 41747 Viersen
Tel.: 02162-371414 • weitere Informationen auf www.niederrheinwerke.de

**Öffnungszeiten:**

| | |
|---|---|
| Montags: | 10:30 - 16:30 Uhr |
| Di. - Fr. | 06:45 - 21:30 Uhr |
| Samstag: | 06:45 - 14:00 Uhr |
| So. + Feiert.: | 09:00 - 14:00 Uhr |

**Besonderheiten:**
Original restauriertes Jugendstilbad mit Sauna, Kältegrotte u.v.m..

## Wesel

• Kartenblatt 11

### Heuberg - Bad
Gantesweiler Str. 6 • 46483 Wesel
Tel.: 0281-9660400 • weitere Informationen auf www.baeder-wesel.de

**Öffnungszeiten:**

| | |
|---|---|
| Montags: | 06:00 - 08:00 Uhr |
| Dienstags: | 06:00 - 08:00 ◇ 10:00 - 22:00 Uhr |
| Mittwochs: | 06:00 - 08:00 ◇ 10:00 - 22:00 Uhr |
| Donnerstags: | 06:00 - 08:00 ◇ 10:00 - 22:00 Uhr |
| Freitags: | 06:00 - 08:00 ◇ 10:00 - 22:00 Uhr |
| Samstags: | 08:00 - 18:00 Uhr |
| Sonntags: | 08:00 - 18:00 Uhr |
| Feiertags: | 08:00 - 18:00 Uhr |

**Besonderheiten:**
Innbecken (25 m), Solarium, Sprungturm, Saunalandschaft, Wasserrutsche, Eltern-Kind-Bereich, Kinderbecken u.a.

## Willich

• Kartenblatt 25

### „De Bütt" Hallen- und Freibad
Zum Schwimmbad 1 • 47877 Willich
Tel.: 02154-949494 • weitere Informationen auf www.stadt-willich.de

### Öffnungszeiten:

|  | ganzjährig | in der Saison | in den Schulferien |
|---|---|---|---|
| Montags: | 13:00 - 22:00 Uhr | 13:00 - 21:00 Uhr |  |
| Dienstags: | 07:00 - 22:00 Uhr | 13:00 - 21:00 Uhr | 10:00 - 21:00 Uhr |
| Mittwochs: | 07:00 - 22:00 Uhr | 13:00 - 21:00 Uhr | 10:00 - 21:00 Uhr |
| Donnerstags: | 07:00 - 22:00 Uhr | 13:00 - 21:00 Uhr | 10:00 - 21:00 Uhr |
| Freitags: | 07:00 - 22:00 Uhr | 13:00 - 21:00 Uhr | 10:00 - 21:00 Uhr |
| Samstags: | 08:00 - 21:00 Uhr | 10:00 - 21:00 Uhr |  |
| Sonntags: | 08:00 - 21:00 Uhr | 10:00 - 21:00 Uhr |  |
| Feiertags: | 08:00 - 21:00 Uhr |  |  |

### Besonderheiten:
Hallenbad mit versch. Sport- und Lehrschwimmbecken, 60-m-Rutsche, 2 Whirlpools (31°C), Solarien. Freibad mit Sport- und Nichtschwimmerbecken, Wasserspielgarten, Ballspielanlage, Biergarten, Restaurant, 40.000 m² Liegewiese, ...

## Xanten

• Kartenblatt 18

### Spaß- und Strandbad Xantener Südsee
Strohweg 2 • 46509 Xanten
Tel.: 02801-715656 • weitere Informationen auf www.f-z-x.de

### Öffnungszeiten:

| Montags: | 10:00 - 19:00 Uhr |
|---|---|
| Dienstags: | 10:00 - 19:00 Uhr |
| Mittwochs: | 10:00 - 19:00 Uhr |
| Donnerstags: | 10:00 - 19:00 Uhr |
| Freitags: | 10:00 - 19:00 Uhr |
| Samstags: | 10:00 - 19:00 Uhr |
| Sonntags: | 10:00 - 19:00 Uhr |
| Feiertags: | 10:00 - 19:00 Uhr |

vom 16.09. - 30.04. Montags geschlossen

### Besonderheiten:
Strandbad, FKK-Strand, Dreifachsauna, Spielbereich u.v.m.

Sauna mit Saunagarten und Naturbadeteich

### Öffnungszeiten Sauna:

| Montags: | geschlossen |
|---|---|
| Dienstags: | 10:00 - 22:00 Uhr |
| Mittwochs: | 10:00 - 22:00 Uhr |
| Donnerstags: | 10:00 - 22:00 Uhr |
| Freitags: | 10:00 - 22:00 Uhr |
| Samstags: | 10:00 - 22:00 Uhr |
| Sonntags: | 10:00 - 19:00 Uhr |
| Feiertags: | 10:00 - 19:00 Uhr |

*Auf den folgenden Seiten finden Sie eine Übersicht zu empfehlenswerter Gastronomie am Niederrhein.*

| SortOrt | Name / Anschrift, Tel. Fax, eMail / Internet | Kategorie Ruhetag |
|---|---|---|
| Dormagen | **Klosterhof Knechtsteden**<br>Knechtsteden • 41540 Dormagen-Knechtsteden<br>Tel.: 02133/80745 • Fax: 280158<br>info@klosterhof-knechtsteden.de<br>www.klosterhof-knechtsteden.de | R, C |
| Gangelt | **Haus Hamacher**<br>Am Freibad 10 • 52538 Gangelt<br>Tel.: 0 24 54 -14 14 Fax: 939301<br>www.haus-hamacher.de | R, C |
| Gangelt | **Mercator**<br>Am Freibad 10 • 52538 Gangelt<br>Tel.: 0 24 54 -14 14 Fax: 939301<br>www.haus-hamacher.de | H, R, W |
| Goch | **Hotel Litjes**<br>Pfalzdorfer Straße 2 • 47574 Goch<br>Tel.: 02823-9499-0 • Fax: 949949<br>info@hotel-litjes.de • www.hotel-litjes.de | H, R |
| Hamminkeln | Hotel • Gasthof • Restaurant<br>**Gasthof Buschmann**<br>Hauptstr. 52 • 46499 Hamminkeln-Ringenberg<br>Tel.: 02852/96329-0<br>info@gastho-buschmann.de• www.gasthof-buschmann.de | H, R,<br>Mo. |
| Isselburg | **Brüggenhütte**<br>Hahnerfeld 23 • 46419 Isselburg<br>Tel.: 02874/91470 • Fax: 914747<br>webmaster@hotel-brueggenhuette.de | H, R<br>Mo.+ Di. |
| Kaarst | **Brauhaus am Rathausplatz**<br>**Hotel Jan van Werth**<br>Rathausplatz 20 • 41564 Kaarst-Büttgen<br>Tel.: 02131-7588-0 • 511433<br>info@hotel-jan-van-werth<br>www.hotel-jan-van-werth.de<br>www.brauhaus-am-rathausplatz.de | H, G<br>Mo. |
| Kalkar | **Siekmann**<br>Kesselerstr. 32 • 47546 Kalkar<br>Tel.: 02824/92450 • Fax: 3105<br>hotel-siekmann@t-online.de<br>www.hotel-siekmann-kalkar.de | H, R<br>Mittwoch |
| Kempen | **Hotel Kolpinghaus**<br>Peterstraße 23-24 • 47906 Kempen<br>Tel.: 0 21 52 / 20 55 60 • Fax: 2 05 56 11<br>kolpinghaus1@aol.com<br>www.kolpinghaus-kempen.de | H, R, |

H = Hotel   R = Restaurant   C = Café   P = Pension   W = Wellness
G = Gasthaus / Brauhaus

| SortOrt | Name / Anschrift, Tel. Fax, eMail / Internet | Kategorie Ruhetag |
|---|---|---|
| Kerken | **Landgasthaus Wolters**<br>Sevelener Str. 15 • 47647 Kerken<br>Tel.: 0 28 33 / 22 06<br>info@landgasthaus-wolters.de<br>www.landgasthaus-wolters.de | H, R |
| Kevelaer | **Goldener Löwe**<br>Amsterdamer Str. 13 • 47623 Kevelaer<br>Tel. 02832-5755 • Fax. 97 38 00<br>hotel-goldener-loewe@t-online.de<br>www.hotel-goldener-loewe.net | H |
| Kevelaer | **Goldener Schwan**<br>Hauptstraße 13 • 47623 Kevelaer<br>Tel. 0 28 32 / 7 81 19 • Fax. 40 46 17<br>www.goldener-schwan-kevelaer.de | P, R |
| Kleve | **Lindenhof**<br>Landstraße 6 • 47559 Kranenburg-Mehr<br>Tel. 0 28 26 / 918 553<br>www.lindenhof-niederrhein.de | H, C |
| Kleve | **Golden Tulip Cleve**<br>Tichelstraße 11 • 47533 Kleve<br>Tel. 0 28 21 / 71 70 • Fax: 71 71 00<br>info@goldentulipcleve.com<br>www.goldentulipcleve.com | H, R |
| Krefeld | **Zentral-Hotel Poststuben**<br>Dampfmühlenweg 56-58 • 47799 Krefeld<br>Tel. 0 21 51 / 85 87-0 • Fax: 80 28 88<br>info@zentral-hotel-poststuben.de<br>www.zentral-hotel-poststuben.de | H, R |
| Rees | **Hotel Rheinpark**<br>vor dem Rheintor 14 • 46459 Rees/Ndrh.<br>Tel. 02851-588-0 • Fax 588-1585<br>info@rheinparkrees.de<br>www.rheinparkrees.de | H, R, C, W |
| Schermbeck | **Änneken's Tenne**<br>Mittelstraße 1 • 46514 Schermbeck<br>Tel.: 02853/60443000<br>info@aennekens-tenne.de<br>www.aennekens-tenne.de | R<br>Montag |
| Schermbeck | **Landgasthof Triptrap**<br>Erler Str. 292 • 46514 Schermbeck<br>Tel.: 02853/2213 • Fax: 39662<br>mail@restaurant-triptrap.de<br>www.restaurant-triptrap.de | R<br>Montag |

H = Hotel   R = Restaurant   C = Café   P = Pension   W = Wellness
G = Gasthaus / Brauhaus

| Sort.-Ort | Name / Anschrift, Tel. Fax, eMail / Internet | Kategorie Ruhetag |
|---|---|---|
| Schwalmtal | **Mühlrather Hof**<br>Am Hariksee • 41366 Schwalmtal<br>Tel.: 02163/2801 • Fax: 20011<br>www.muehlrather-hof.de | R, C<br>kein Ruhe. |
| Schwalmtal | **Waldhaus am Hariksee**<br>Harikseeweg 15 • 41366 Schwalmtal<br>Tel.: 02163/1703<br>www.hariksee.de | R, C<br>keiner |
| Straelen | **Gasthof zum Siegburger**<br>Annastraße 13 • 47638 Straelen<br>Tel.: 0 28 34 / 15 81 • Fax: 27 48<br>www.siegburger.de | H, R |
| Voerde | **Zur Arche**<br>Rheinpromenade 2 • 46562 Voerde-Götterswickerham<br>Te.: 02855/15565 • Fax: 15595<br>www.zur-arche.de | R, C<br>Donnerstag |
| Waldfeucht | **Haus Lutgen**<br>Paulisweg 40 • 52525 Waldfeucht-Haaren<br>Tel. 02455-839 • Fax: 3071<br>hans.lutgen@t-online.de • www.haus-lutgen.de | H, R |
| Wassenberg | **\*\*\*\* Haus Wilms**<br>Steinkirchener Str. 3 • 41849 Wassenberg-Effeld<br>Tel.: 02432/3071 • Fax: 5982<br>haus-wilms@t-online.de • www.haus-wilms.de | H, R, C<br>keiner |
| Wesel | **S\*\*\*\*Tannenhäuschen**<br>Am Tannenhäuschen 7 • 46487 Wesel/NDRH<br>Tel.: 0281/9669-0 • Fax: 966999<br>info@tannenhaeuschen.de • www.tannenhaeuschen.de | H, R, C |
| Wesel | **Hotel - Waldrestaurant + Café Hohe Mark**<br>Am Reitplatz 9 • 46485 Wesel<br>Tel.: 0281/530777 • Fax: 530764<br>marc@borcherding.de • www.hotel-hohemark.de | H, R, C |
| Wesel | **Restaurant Lippeschlößchen**<br>Hindenburgstr. 2 (B8 an der Lippebrücke) • 46485 Wesel<br>Tel.: 0281/4488 • Fax: 4733<br>lippeschloesschen@t-online.de • www.lippeschloesschen.de | R<br>Dienstag |
| Xanten | **Am Röschen**<br>Philosophenweg 2 • 46509 Xanten<br>Tel.: 0 28 01 / 14 12 • Fax: 69 78<br>landhaus@amroeschen.de • www.landhaus-am-roeschen.de | H, R, C |

H = Hotel   R = Restaurant   C = Café   P = Pension   W = Wellness
G = Gasthaus / Brauhaus

# Museen am Niederrhein

Die meisten Städte und Gemeinden am Niederrhein verfügen über ein Stadt- oder Heimatmuseum, die mit zahlreichen Exponaten und Schautafeln über die Geschichte der Stadt / Region informieren.
Aber auch zahlreiche Kunstmuseen geben einen umfassenden Überblick über das Schaffen regionaler und internationaler Künstler.

Über die Ausstellungsschwerpunkte informiert Sie die nachstehende Tabelle.

# Bitte beachten Sie:

Die meisten Museen haben am Montag geschlossen. Die Öffnungszeiten an den übrigen Tagen liegen meistens zwischen 10 und 18 Uhr. Für Feiertage gelten besondere Regelungen. Insbesonder Heimatkundliche Museen weichen hiervon häufig ab.

Wenn Sie einen Besuch planen, informieren Sie sich ggf. vorab über die aktuellen Öffnungszeiten an dem von Ihnen geplanten Besuchstag.

Für die nebenstehenden Angaben zu den Museen übernehmen wir keine Gewähr.

**Alpen-Veen**
Heimatmuseum
Kirchstraße 17a · Alpen
Tel.: 02802/4073

Kartenblatt 14 | 15 · Städteinfo Sei

Ausstellungs-Schwerpunkte:
Volkskundliche Sammlung
Anmeldung erforderlich

**Bedburg-Hau**
Stiftung Museum Schloss Moyland
Am Schloß 4 · 47551 Bedburg-Hau
Tel.: 02824/951060

Kartenblatt 5 · Städteinfo Sei

**Ausstellungs-Schwerpunkte:**
Sammlung van der Grinten, Joseph Be

**Brüggen**
Jagd- und Naturkundemuseum -
Burg Brüggen
Burgwall 4 · 41379 Brüggen
Tel.: 02163/578403

Kartenblatt 23 · Städteinfo Seite

**Ausstellungs-Schwerpunkte:**
Sieben Gründe für die Jagd heute.

**Dinslaken**
Mühlenmuseum
Am Freibad 3 · 46535 Dinslaken
Tel.: 02064/94188

Kartenblatt 16 · Städteinfo Seite

**Ausstellungs-Schwerpunkte:**
Technisches Museum, Mühlen-Modelle
Darstellung der Methoden
Energiegewinnung
aus Wind- und Wasserkraft

**Dormagen**
Kreisarchiv
Schlossstr. 1 · 41541 Dormagen
Tel.: 02133/46061

Kartenblatt 30 | 35 · Städteinfo Seite

**Ausstellungs-Schwerpunkte:**
8.000 Bände umfassende Bibliothek,
überwiegend zur Geschichte des
Kreises Neuss und des Niederrheins,
historische Fotos, bis ins 16. Jhd.
zurückgehende alte Landkarten, Siege
Zeitungen sowie mehrere Nachlässe,
Ausstellungen und Vorträge
telefonische Anmeldung erbeten

Privatsammlung im Hause der Schlossdestille Zons
Mauerstr. 26 a · 41541 Dormagen
Tel.: 02133/42190

**Ausstellungs-Schwerpunkte:**
Mittelalterliche Exponate von
Waffen und Tonzeug, Fotomaterial
zur Stadtgeschichte, Nachbildung
eines mittelalterlichen Verlies

Römerkeller-Gemeindezentrum
St. Michael
Kölner Str. 36 · 41541 Dormagen
Tel.: 02133/42190

Ausstellungs-Schwerpunkte:
Romanischer Kirchturm, Kellerfundame
aus spätrömischer Zeit, römische
Funde aus Dormagen, Dokumentation
zur römischen Besiedlung

Intern. Mundartarchiv-Ludwig Soumagne
Schlossstr. 1 · 41541 Dormagen
Tel.: 02133/46061

**Ausstellungs-Schwerpunkte:** Hier
sind alle deutschsprachigen Dialekte
erfasst, öffentliche Veranstaltungen un
Fachtagungen telefonische
Anmeldung erbeten

Kreismuseum Zons
Schlossstr. 1 · 41541 Dormagen
Tel.: 02133/46715

**Ausstellungs-Schwerpunkte:**
Größte Jugendstil-Zinnsammlung
Europas, ständig Wandbehänge und
textile Arbeiten von Prof. Helmut

## isburg

...ur- u. Stadthistorisches Museum
...-Coruptius-Platz 1 • 47051 Duisburg
0203/2532

Hahn sowie Grafiken von Walter York Koenigstein, Wechselausstellungen, Museumsbus für Exkursionen Besondere Führungen für Schulklassen.

Kartenblatt 19 | 22 • Städteinfo Seite 18

Ausstellungs-Schwerpunkte:
Dauerausstellung: Duisburger
Stadtgeschichte
Mercator-Schatzkammer

...eum Küppersmühle-Sammlung
...he
...osophenweg 55 • 47051 Duisburg
0203/301948-11

**Ausstellungs-Schwerpunkte:**
Zeitgenössische Kunst
Öffnungszeit: Fr. nach
Vereinbarung; Sa. So. +
Feiertag 11-18; Mi: 14-18; Do: 11-18 Uhr

...elm Lehmbruck Museum
...drich-Wilhelm-Str. 40
...51 Duisburg
0203/2630

**Ausstellungs-Schwerpunkte:**
Europäisches Zentrum moderner Skulptur,
Artothek. Führungen und
Programme für Behinderte

...erhaus Friemersheim
...mersheimer Str. 21 • 47229 Duisburg
02065/22304 od. 20633

**Ausstellungs-Schwerpunkte:**
Heimatkundliches Museum
Gruppen von 10-25
Personen auch nach tel. Vereinbarung.

...dio der Heimat-Im Flügel
...rundschule
...See 22 • 47279 Duisburg
0203/2837365

**Ausstellungs-Schwerpunkte:**
Naturwissenschaftliches Heimatmuseum

...iel Museum
...z-Haniel-Platz 3 • 47119 Duisburg
0203/806242

**Ausstellungs-Schwerpunkte:**
Geschichte und Entwicklung
der Rheinschifffahrt,
Filmarchiv. Besichtigung nach
telef. Vereinbarung

...mlung Junge Kunst König Brauerei
...drich-Ebert-Str. 255-263 • 47139 Duisburg
0203/4552428

**Ausstellungs-Schwerpunkte:**
400 Exponate moderner
Kunst und Artothek
Besichtigung nach telef. Voranmeldung
Museum der Deutschen Binnenschifffahrt

...stelstr. 84 • 47119 Duisburg
0203/80889-0

**Ausstellungs-Schwerpunkte:**
Museumsschiff Radschlepper
>Oscar Huber<
und Dampf-Eimerkettenbagger
>Minden< von
April bis Okt. im Hafen zu besichtigen

# Emmerich am Rhein

Schlösschen Borghees
Hüthumer Str. 180 · 46446 Emmerich am Rhein
Tel.: 02822/51350 u. 18144

**Ausstellungs-Schwerpunkte:**
Kulturzentrum, Ausstellungen
und Konzerte
junger Künstler je nach
Jahreszeit (Heiteres
oder Ernstes) Öffnungszeiten
auch nach Vereinbarung

Museum für Kaffeetechnik-Probat-Werke
v. Gimborn GmbH & Co KG
Reeser Str. 94 · 46446 Emmerich am Rhein
Tel.: 02822/70061

**Ausstellungs-Schwerpunkte:**
Vom Schnellröster von 1884 bis zur
modernen Großrösttechnik, Nostalgisc
rund um den Kaffee, Gerätschaften
seit 125 Jahren. Besuch nur nach
vorheriger telf. Vereinbarung möglich.
Mo. - Fr. 8.00 - 17.00 Uhr

Gerritzens Mühle-c/0 infoCenterEmmerich
Rheinpromenade 26 · 46446 Emmerich am Rhein
Tel.: 02828/7040

**Ausstellungs-Schwerpunkte:**
Renovierte, mahlende Mühle von 1846
Besichtigungen sind wetterabhängig.
Tel. Vereinbarungen sind möglich.

Galerie an der
Rheinpromenade-Hein Driessen
Rheinpromenade · 46446 Emmerich am Rhein
Tel.: 02822/51662 u. 10976

**Ausstellungs-Schwerpunkte:**
Galerie des niederrheinischen
Landschaftsmalers Hein

Driessen Galerie >>Haus im Park<<
Rheinpromenade (Rheinpark)
46446 Emmerich am Rhein
Tel.: 02822/5701

**Ausstellungs-Schwerpunkte:**
Vor der malerischen Kulisse des
Rheinparks werden Ausstellungen
namhafter in- und ausländischer
Künstler präsentiert.

Fotomuseum im Stadttheater
Grollscher Weg · 46446 Emmerich am Rhein
Tel.: 02822/939911

**Ausstellungs-Schwerpunkte:**
Kameras und Zubehör der Vergangenh
bis vor 150 Jahren aus den Anfängen
Fotografie telef. Vereinbarungen mögli

PAN kunstforum niederrhein
Agnetenstr. 2 · 46446 Emmerich am Rhein
Tel.: 02822/537010

**Ausstellungs-Schwerpunkte:**
ca. 95.000 Plakate aus der Sammlung
Ernst Müller Das Konzept des 3.800
qm großen Kunst- und Designmuseum
ist interdisziplinär angelegt, wobei die
Plakatkunst im Beuy'schen Sinne den
„Fond" der Aktivitäten bildet. Auf der
Basis werden beispielsweise Malerei,
Skulptur, Installation, Video, neue
Medien, Performance und Tanztheater
wie selbstverständlich eingebunden.

Rheinmuseum
Martinikirchgang 2 · 46446 Emmerich am Rhein
Tel.: 02822/75400

**Ausstellungs-Schwerpunkte:**
Größtes Schifffahrt- und Rheinmuseum
am Niederrhein, über 120 Schiffsmode
und Zubehör, Stadtdokumentation
unter nautischer Verknüpfung,
Wechselausstellungen

## kelenz
...in. Feuerwehrmuseum
...ptstr. 23 · 41812 Erkelenz
02435/3971

Kartenblatt 32 | 33 · Städteinfo Seite 25

**Ausstellungs-Schwerpunkte:**
Historische, funktionstüchtige
Feuerwehrgeräte
vom 15. Jh. bis zur Neuzeit,
Uniformen u.v.a.m.
Gruppen auch nach Vereinbarung

## ngelt
...nbahnmuseum der Selfkantbahn-
...ressengemeinschaft Historischer
...enenverkehr e.V.
...nhof Schierwaldenrath · 52538 Gangelt
02454/6699

Kartenblatt 36 · Städteinfo Seite 26

**Ausstellungs-Schwerpunkte:**
Ausstellungshalle mit 3
Gleisen: Sammlung
meterspuriger Fahrzeuge verschiedener
Bahngesellschaften aus Deutschland und
der Schweiz aus der Zeit 1900 - 1920
Öffnungszeiten an allen Betriebstagen
(sonn- und feiertags) der Selfkantbahn
von April bis Ende September.
weitere Telefonnummer: 0241/82369 Fax:
83491

...eumsmühle im OT Breberen
...ulenstr. · 52538 Gangelt
02452/134027

**Ausstellungs-Schwerpunkte:**
Unter Denkmalschutz stehende, voll
funktionstüchtige Windmühle
aus dem Jahr 1842
Besichtigung und Inbetriebnahme:
Gruppen nach Vereinbarung

## ilenkirchen
...smuseum Geilenkirchen
...eistr. 2 · 52511 Geilenkirchen
02452/134027

Kartenblatt 37 · Städteinfo Seite 28

**Ausstellungs-Schwerpunkte:**
Regional Wohnkultur
Stilzimmer des Barock
und Biedermeier, Kolonialwarenladen,
Geschichte der Imker mit
seltenen figürlichen
Bienenkörben, paläontologische
und geologische
Dokumentation der gesamten
Erdgeschichte.
Gruppen nach Vereinbarung

...orisches Klassenzimmer-Kath.
...ndschule
...gstr. 9 · 52511 Geilenkirchen
02462/6670

**Ausstellungs-Schwerpunkte:**
Schulinventar ab Ende des 19. Jh.: Bänke,
Tafeln, Landkarten,
Zeugnisse, Fotos u.v.m.
Gruppen nach Vereinbarung
mit Schulstunden
zu gewählten Themen

## ch
...eum Goch-Museum für
...st und Kulturgeschichte
...tellstr. 9 · 47574 Goch
02823/970811

Kartenblatt 8 | 9 · Städteinfo Seite 32

**Ausstellungs-Schwerpunkte:**
Skulptur der Spätgotik, Kunst des 19. Jh.,
Stadthistorische Wechselausstellungen
Ausstellungen im Bereich
der Internationalen
zeitgenössischen Kunst.

## Grefrath
Niederrheinisches Freilichtmuseum-Dorenburg
An der Dorenburg 28 · 47929 Grefrath
Tel.: 02158/9173-0

Kartenblatt 20 · Städteinfo Seit•

**Ausstellungs-Schwerpunkte:**
Ständig Wechselausstellungen,
alte Hofanlagen,
Tante-Emma-Laden,
Gerberei, Spritzenhaus,
Spielzeugmuseum,Pannekookehuus
Öffnungszeiten: April bis
Oktober: tägl. 10.00
- 18.00 Uhr November - März: tägl. 10.
- 16.30 Uhr

## Grevenbroich
Museum im Stadtpark
41515 Grevenbroich
Tel.: 02181/608371

Kartenblatt 34 · Städteinfo Seit•

**Ausstellungs-Schwerpunkte:**
Archäologische Ausgrabungsexponate
Ägypten, dem Vorderen Orient, Afrika
Etrurien, reiche Sammlung
aus vorspanischer
Zeit der Völker Mittel- und Südamerika
Stadt- und Regionalgeschichte,
Mobiliar und
Handwerksgerät

## Hamminkeln
Turmwindmühle Nordbrock
Borkener Str. / Melkweg · 46499
Hamminkeln
Tel.: 02852/4316

Kartenblatt 7 · Städteinfo Seit•

**Ausstellungs-Schwerpunkte:**
Technisches Museum einer
voll funktionsfähigen
Turmwindmühle. Eine
Besichtigung ist z. Zt.
nicht möglich, weil die Mühle
wegen dringend
notwendiger Sanierungsarbeiten
geschlossen ist.

Heimatmuseum Dingden
Hohe Str. 1 · 46499 Hamminkeln
Tel.: 02852/2418

**Ausstellungs-Schwerpunkte:**
Kulturgeschichte,
Handwerksgeschichte sowie
landwirtschaftliche Geräte
und Gegenstände des
alltäglichen Lebens aus
alter Zeit, geologische
Funde Öffnungszeiten: Am
1. u. 3. Sonntag im
Monat von 11.00 - 12.30
und 14.30 - 18.00 Uhr
und nach Vereinbarung für Gruppen

## insberg

smuseum Heinsberg
hstr. 21 · 52525 Heinsberg
02452/134027

Kartenblatt 31 · Städteinfo Seite 42

**Ausstellungs-Schwerpunkte:**
Regionale Archäologie und Geschichte,
Kirchengeschichte, sakrale Kunst
des Grenzlandes, alte Werkstätten,
Gemäldesammlung mit
Werken von Carl J.
Begas, seinen Söhnen Oskar
und Carl d.J. sowie
seines Enkels Ottmar Begas

## ckelhoven

eralien- u. Bergbaumuseum
kelhoven-Ludovicistr. (Schule)
36 Hückelhoven
02433/41976

Kartenblatt 32 · Städteinfo Seite 43

**Ausstellungs-Schwerpunkte:**
Mineralien, Fossilien, Werkzeuge
und Kleidung
der Bergarbeiter Nachbau
einer Arbeitssituation
unter Tage

z-Bulldog-Verein West e.V.
lerhof · 41836 Hückelhoven
02436/1984

**Ausstellungs-Schwerpunkte:**
Sammlung landwirtschaftlicher Maschinen:
Mähmaschinen, Getreidebinder etc.
Öffnungszeiten: am letzten Sonntag im
Monat von 11.00 - 14.00
Uhr Gruppen nach
Vereinbarung Telefon Herr
Scherrers: 02436/
1984

## nxe

matmuseum
Dinslakener Str. 49 · 46569 Hünxe
02858/2090

Kartenblatt 12 · Städteinfo Seite 44

**Ausstellungs-Schwerpunkte:**
Bäuerlicher Haushalt und
Handwerk, Darstellung
einer fr. Landschule, Funde
aus Karbon, Jura
und Eisenzeit Führungen
auf Anfrage zusätzl.
Telefonnummer: 02858/69200

-Pankok-Museum-Haus Esselt
-Pankok-Weg 4 · 46569 Hünxe
02856/754

**Ausstellungs-Schwerpunkte:**
Werke des Malers und
Bildhauers Otto Pankok
Führungen auf Anfrage

## elburg

seum Schloss Anholt
19 Isselburg
02874/45353

Kartenblatt 3 · Städteinfo Seite 46

**Ausstellungs-Schwerpunkte:**
Museum mit Porzellan- und
Gemäldesammlung
(Rembrandts >Diana und
Aktäon<), Bibliothek,
Waffen- und Münzsammlung,
Wandteppiche
Besichtigung nur mit Führung
(Dauer 1 Std.)
tgl. außer Montag Führungen
nach vorheriger
Vereinbarung bzw. zu
nachfolgenden Zeiten:
1.04. - 30.09. jeweils 11-
13-14-15 u. 16 Uhr
1.10. - 31.03. Sa. + So. 11-
13-14-15-u. 16 Uhr in
der Woche nur nach
vorheriger Vereinbarung

## Issum Kartenblatt 14 · Städteinfo Seite 48

His-Törchen-Heimatmuseum Herrlichkeit
47661 Issum

**Ausstellungs-Schwerpunkte:**
Lokalhistorische Handwerkskunst,
Wechselausstellungen
täglich geöffnet

Bürgerbegegnungsstätte Oermterberg-
Sevelen
47661 Issum
Tel.: 02835/1021

**Ausstellungs-Schwerpunkte:**
Dauerausstellung >Wald
und Wild am
Niederrhein<

Ehemaliges Jüdisches Zentrum mit
Synagoge-c/o Gemeindeverwaltung
47661 Issum
Tel.: 02835/1024

**Ausstellungs-Schwerpunkte:**
Gedächtnisstätte und
Ausstellung „Jüdisches
Leben am Niederrhein"
Öffnungszeiten: Jeden
1. Sonntag im Monat von
14 - 17 Uhr und nach
Vereinbarung

**Kaarst** Kartenblatt 25 | 26 · Städteinfo Seite 50
Tuppenhof-Museum
Rottes 27 · 41564 Kaarst
Tel.: 02131/511427

**Ausstellungs-Schwerpunkte:**
Gegenstände der
bäuerlichen Kultur und
Geschichte, landwirtschaftliche
Geräte, alte
Traktoren, Lehrgarten
Öffnungszeiten: auf
Anfrage

Historia-Erlebnisgastronomie
Broicherdorfstr. 63 · 41564 Kaarst
Tel.: 02131/65903

**Ausstellungs-Schwerpunkte:**
Funde aus allen Epochen, Wechselausstellungen,
museumpädagogisches Angebot
Öffnungszeiten: auf Anfrage

## Kalkar

Kartenblatt 5 | 6 · Städteinfo Seite 52
Heimatmuseum Grieth-im Ortsteil Grieth
Markt 47 · 47546 Kalkar
Tel.: 02825/910386

**Ausstellungs-Schwerpunkte:**
Schifffahrt und Fischfang, jährliche
Sonderausstellungen aus
anderen Bereichen
Öffnungszeiten: vom
letzten So. im Oktober
bis Palmsonntag: Sonntag
14 - 17 Uhr Sa. auf
Anfrage

Städtisches Museum
Grabenstr. 66 · 47546 Kalkar
Tel.: 02834/13118

**Ausstellungs-Schwerpunkte:**
Stadtgeschichte, Ausstellungen
sowie eines
der bedeutendsten
historischen Archive des
Rheinlandes

## mp-Lintfort

assengarten am Kloster Kamp
per Berg · 47475 Kamp-Lintfort
02842/912333

Kartenblatt 18 · Städteinfo Seite 54

**Ausstellungs-Schwerpunkte:**
Barocker Klostergarten mit Orangerien
ganzjährig geöffnet von 7
Uhr bis Einbruch der
Dämmerung. Führungen auf Anfrage

logisches Museum-Schulzentrum
rser Str. 167 · 47475 Kamp-Lintfort
02842/33549

**Ausstellungs-Schwerpunkte:**
Erdgeschichte, Geologische Sammlung
weitere Telefonnummer:
02842/9120 weitere
Öffnungszeiten: jeden 1.
So. im Monat von 10
- 13 Uhr Di-Do 14 - 16 Uhr
nach Vereinbarung

nsgeschichtliche Museum-Abtei Kamp
iplatz 24 · 47475 Kamp-Lintfort
02842/4062

**Ausstellungs-Schwerpunkte:**
Kulturgeschichte und Geschichte
des Zisterzienserordens in Europa
Gruppenführungen auch
zu anderen Zeiten
möglich.

## mpen

eum für Niederrheinische Sakralkunst
str. 19 · 47906 Kempen
02152/917264

Kartenblatt 20 | 21 · Städteinfo Seite 56

**Ausstellungs-Schwerpunkte:**
Sakrale Gold- und
Silberschmiedearbeiten des
15. bis 19. Jh., Kirchentextilien: Paramente
im Wechsel vom 15. bis
Beginn des 20. Jh.,
Museums Ralley's, Plastiken
des 15. bis 19.Jh.
weitere Telefonnummer: 02152-917271

t. Kramer Museum
str. 19 · 47906 Kempen
02152/917264

**Ausstellungs-Schwerpunkte:**
Kulturgeschichte des
Niederrheins vom 14. bis
frühen 20. Jh., bedeutendste
Truhensammlung
des Niederrheins. Führung auf Anfrage
weitere Telefonnummer: 02152/917271

## velaer

errheinisches Museum für
skunde- und Kulturgeschichte
ptstr. 18 · 47623 Kevelaer
02832/95410

Kartenblatt 13 · Städteinfo Seite 60

**Ausstellungs-Schwerpunkte:**
Niederrheinische
Kulturgeschichte, Sonder-
ausstellungen, Spielzeugmuseum

## Kleve

Fotogalerie im Schwanenturm
Schlossberg · 47533 Kleve
Tel.: 02821/22884

Kartenblatt 1 | 4 | 5 · Städteinfo Seite

**Ausstellungs-Schwerpunkte:**
Wechselausstellungen aus
dem Bereich der Fotografie
Öffnungszeiten: 1.04. - 31.10. tägl.
10-17 Uhr 1.11. - 31.03. S.
/ So. 11-17 Uhr Mitte
Nov. bis Mitte März nur auf Anfrage

Mühlenmuseum
Mehrer Str. 90 · 47533 Kleve
Tel.: 02821/28882

**Ausstellungs-Schwerpunkte:**
Holländer Windmühle, restauriert,
funktionsfähig (aus dem Jahr 1824)
Öffnungszeiten: Di. 16-18 Uhr, Sa.
10-17 Uhr Schulklassen und Gruppen
bitte anmelden unter: 02821-26211

Geologisches Museum im Schwanenturm
47533 Kleve
Tel.: 02821/22884

**Ausstellungs-Schwerpunkte:**
Gesteine im >geologischen
Weg< angeordnet
(lässt die Gesteine im Zusammenhang
verstehen), Funfstücke aus der Umgeb
Öffnungszeiten: vom 1.04.
- 31.10. tägl. von 19-
17 Uhr 1.11. bis 31.03. Sa./So. 11-17 U

Museum Kurhaus Kleve-Ewald
Mataré-Sammlung
Tiergartenstr. 41 · 47533 Kleve
Tel.: 02821/75010

**Ausstellungs-Schwerpunkte:**
Moderne Kunstwerke von Ewald Matar
J. Beuys, Christo, Richard Serra, Jeff V
u.a., Wechselausstellungen
mit Schwerpunkt
zeitgenössischer Kunst

B.C. KOEKKOEK Haus
Kavarinerstr. 33 · 47533 Kleve
Tel.: 02821/768833

**Ausstellungs-Schwerpunkte:**
Malerei der Romantik

## Kranenburg

Heimatmuseum-Mühlenturm
Mühlenstr. · 47559 Kranenburg
Tel.: 02826/623

Kartenblatt 1 | 4 · Städteinfo Seite

**Ausstellungs-Schwerpunkte:**
Volks- und heimatkundliche Sammlung

Museum Katharinenhof
Mühlenstr. 9 · 47559 Kranenburg
Tel.: 02826/623

**Ausstellungs-Schwerpunkte:**
Kunstmuseum vom Mittelalter
bis zur Gegenwart,
Wechselausstellungen
Öffnungszeiten: März -
Oktober: Di - So. 14-17
Uhr und So. 11-12 Uhr Mo. auf Anfrage

## Krefeld

Haus der Seidenkultur
Luisenstr. 15 · 47799 Krefeld
Tel.: 02151/936960

Kartenblatt 21 | 22 | 25 · Städteinfo Seite

**Ausstellungs-Schwerpunkte:**
Einzigartiges Ensemble alter
Handwebstühle mit
traditioneller Jacquardtechnik.
Besichtigung nur
nach vorheriger Vereinbarung

eum Haus Lange / Haus Esters
elmshofallee 91-97 · 47800 Krefeld
02151/770044

**Ausstellungs-Schwerpunkte:**
Wechselausstellungen
zeitgenössischer Kunst
in den von Mies van der
Rohe 1928-1930 für
Textilfabrikanten erbauten Wohnhäusern.

ser Wilhelm Museum
splatz 35 · 47798 Krefeld
02151/770044

**Ausstellungs-Schwerpunkte:**
Bedeutende Sammlung mit überwiegend
zeitgenössischer Kunst der letzten drei
Jahrzehnte. Deutscher Expressionismus,
konstruktivistische Kunst, Kinetic, Pop Art

tsches Textilmuseum
reasmarkt 8 · 47809 Krefeld
02151/9469450

**Ausstellungs-Schwerpunkte:**
Sammlung von 20.000 Textilien aus 2.000
Jahren, Wechselausstellungen
Öffnungszeiten: 01.04.-31.10. Di.-
So. 10-18 Uhr 01.11.-31.03. Di.-So.
11-17 Uhr Montag geschlossen

eum Burg Linn
inbabenstr. 85 · 47809 Krefeld
02151/570036

**Ausstellungs-Schwerpunkte:**
Wasserburg, Jagdschloss mit
Sammlung mechanischer historischer
Musikinstrumente, Niederrheinmuseum
mit Grabungsfunden aus dem röm.-
fränkischen Gräberfeld in KR-Gellep,
Wechselausstellungen
Öffnungszeiten:
01.04.-31.10. Di.-So. 10-
18 Uhr 01.11.-31.03.
Di.-So. 11-17 Uhr Montag geschlossen

## ers

Kartenblatt 18 | 19 · Städteinfo Seite 75

errheinisches Motorradmuseum
mersheimer Str. 106 · 47441 Moers
02841/508522

**Ausstellungs-Schwerpunkte:**
Motorräder, Motoren, Getriebe
sowie die Geschichte des Zweirades

dtische Galerie-Peschkenhaus
rstr. 1 · 47441 Moers
02841/201738

**Ausstellungs-Schwerpunkte:**
Wechselausstellungen
zeitgenössischer und
alter Kunst Gruppen nach Vereinbarung!

schafter Museum
tell 9 · 47441 Moers
02841/28094

**Ausstellungs-Schwerpunkte:**
Im Moerser
Schloss: Kulturgeschichte, Volkskunde

## Mönchengladbach

G.A.M.E.S. of Art
Sophienstr. 29 • 41065 Mönchengladbach
Tel.: 02161/43757

Kartenblatt 24 | 28 • Städteinfo Seite

**Ausstellungs-Schwerpunkte:**
Sammlung
von rd. 4.000 Werken
zeitgenöss. Kunst und
wechselnde Konzeptausstellungen

Münsterschatzkammer-Eingang
durch das Münster
41061 Mönchengladbach
Tel.: 02161/21505

**Ausstellungs-Schwerpunkte:**
Sakrale Kunst aus Mönchengladbach

Vogelkundl. Museum-Schloss Wickrath
41899 Mönchengladbach
Tel.: 02166/51848

**Ausstellungs-Schwerpunkte:**
Schausammlung Rhein.
Vogelwelt, Säugetiere,
Falter und Käferarten,
Vogeleiersammlung,
Informationen über Naturschutz Eintritt
Frei Öffnungszeit: So. von 14
- 17 Uhr in den Wintermonaten
geschlossen Sonderführungen
nach Vereinbarung Weitere
Telefonnummer:
02166-30467

Karnevalsmuseum-Altes Zeughaus
Weiherstr. 2 • 41061 Mönchengladbach
Tel.: 02166/180109

**Ausstellungs-Schwerpunkte:**
Orden, Urkunden und Utensilien der M
Karnevalsgesellschaft, Zepter, Pritsche
Schriftstücke und Monographien.
Öffnungszeit:
jeden 1. Sonntag im Monat
von 11 - 14 Uhr

Städtisches Museum-Schloss Rheydt
41238 Mönchengladbach
Tel.: 02166/928900

**Ausstellungs-Schwerpunkte:**
Kunst und Kunstgewerbe
der Renaissance,
des Manierismus und des Barock,
Stadt- und Industriegeschichte,
Archäologie, Wechselausstellungen
Die Wallanlage ist ganzjährig geöffnet
von Di. - So. ab 10 Uhr Im Winter ist
das Museum Di.-Sa. von 11 - 16 Uhr
und am Sonntag von 11 - 18 Uhr geöff

Städtisches Museum-Abteiberg
Abteistr. 27 • 41061 Mönchengladbach
Tel.: 02161/252631

**Ausstellungs-Schwerpunkte:**
Kulturgeschichte des Niederrheins vom
14. bis frühen 20. Jh., bedeutendste
Truhensammlung des Niederrheins.
Museumführung auf Anfrage.
weitere Tel.: 02152/917271

## Nettetal

Die Scheune
Alt Kämpken
Hinsbeck-Hombergen
41334 Nettetal-Hinsbeck
Tel.: 02162/13524

Kartenblatt 20 | 23 | 24 • Städteinfo Seite

**Ausstellungs-Schwerpunkte:**
Textilgeschichtliche Sammlung,
textile Kunst Ausstellungen

## ukirchen-Vluyn

Kartenblatt 18 • Städteinfo Seite 82

enmuseum
toratsstr. 2-4 • 47506 Neukirchen-Vluyn
02845/2235

**Ausstellungs-Schwerpunkte:**
Sammlung zur Geschichte der Uhr und
des Uhrmacherhandwerks. Öffnungszeiten
und Führungen auf Anfrage

geschichtliches Museum-Kulturhalle
-der-Leyen-Platz 1 • 47506 Neukirchen-Vluyn
02845/20657

**Ausstellungs-Schwerpunkte:**
Ortsgeschichte, Archiv Volkskunde,
verschiedene Ausstellungen
geöffnet an Sonn- und Feiertagen
und nach Vereinbarung

## uss

Kartenblatt 29 | 30 • Städteinfo Seite 84

l Hombroich-Kunst parallel zur Natur
zheim • 41472 Neuss
02182/2094

**Ausstellungs-Schwerpunkte:**
In einer Park-, Auen- und
Terrassenlandschaft an der Erft, die
von dem Landschaftsplaner Bernhard
Korte liebevoll und kenntnisreich
erarbeitet wurde, liegen, zum Teil
versteckt, zehn skulpturenartigeBauten,
entworfen von Erwin Heerich
Khmer-Kunst und Kunst des 20. Jh.
Öffnungszeiten: Dez.-Jan. geschlossen

s Rottels
rstr. 58-60 • 41460 Neuss
02131-904144

**Ausstellungs-Schwerpunkte:**
Bürgerliche Wohnkultur,
Kolonialwarenladen, Neusser
Schützenwesen, kulturgeschichtliche
Wechselausstellungen zur Stadt-
und Regionalgeschichte

nens-Sels-Museum
Obertor • 41460 Neuss
02131/904140

**Ausstellungs-Schwerpunkte:**
Museum für Kunst- und Kulturgeschichte,
bedeutende Gemälde der
niederländischen Schule, Kunst des
19. und 20. Jh. insbes. Nazarener,
Präraffaeliten und Symbolisten,
exemplarische Sammlung naiver
Kunst, Sammlung zur römischen und
mittelalterlichen Vergangenheit.

## es

Kartenblatt 6 • Städteinfo Seite 86

dt.Museum-Koenraad Bosmann
Bär 1 • 46459 Rees
02851/51174

**Ausstellungs-Schwerpunkte:**
Kunst des 19./20. Jh. Stadtgeschichte
und Volkskunde

natmuseum-Haffen-Mehr
huysenstr. • 46459 Rees
02857/80230

**Ausstellungs-Schwerpunkte:**
Volkskundliche Objekte
und lokalhistorische
Exponate Öffnungszeit:
Jeden 1. Sonntag im
Monat von 10 - 12 Uhr und auf Anfrage

## Rheinberg
Stadthaus
Kirchplatz 10 · 47495 Rheinberg
Tel.: 02843/171114

Kartenblatt 15 · Städteinfo Seite

**Ausstellungs-Schwerpunkte:**
Stadtgeschichte, Bestände des ehem.
Heimatmuseum, röm.
Gebrauchskeramik aus
der Festungszeit der Stadt Rheinberg

## Rommerskirchen
Feld- und Werksbahnmuseum
OT. Oekoven
Bahnhof Oekoven · 41569 Rommerskirchen
Tel.: 02183/9069

Kartenblatt 34 l 35 · Städteinfo Seite

**Ausstellungs-Schwerpunkte:**
Ca. 25 Lokomotiven und 90 Waggons
Spurbreite 600 mm, Gleisanlage
mit Fahrbetrieb,
restaurierte Dampflok Öffnungszeiten:
Mai - Oktober: Sonntags
14.00 - 18.00 Uhr an
jedem 1. Sonntag in diesen
Monaten und an
den Pfingsttagen Fahrbetrieb
im Dezember
Nikolausfahrten

Kreislandwirtschaftliches Museum
OT Sinsteden
Grevenbroicher Str. 29 · 41569
Rommerskirchen
Tel.: 02183/7045

**Ausstellungs-Schwerpunkte:**
Präsentation landwirtschaftlicher Geräte
Maschinen, Traktoren,
Wechselsausstellungen
zu Themen der Landwirtschaft
an Feiertagen
geschlossen

Skulpturen-Hallen Ulrich Rückriem
OT. Sinsteden
Grevenbroicher Str. 29 · 41569
Rommerskirchen
Tel.: 02183/7045

**Ausstellungs-Schwerpunkte:**
In zwei Ausstellungshallen erwartet den
Besucher eine weltweit
einmalige Werkschau
des bedeutenden Bildhauers
Ulrich Rückriem.
Öffnungszeiten: April -
September Di. - Fr. 10.00
- 18.00 Uhr Sa. 10.00 - 16.00
Uhr März, Okt.,-
Nov. Di. - Sa. 10.00 - 16.00
Uhr Dez. bis Febr.
geschlossen

## Schermbeck
Heimatmuseum
Steintorstr. 17 · 46514 Schermbeck
Tel.: 02853/9100

Kartenblatt 12 · Städteinfo Seite

**Ausstellungs-Schwerpunkte:**
Ortsbezogene Geschichte,
Ausstellungen Kultur-
und Handwerksgeschichte

## hwalmtal
matstube
...erstr. 52 · 41366 Schwalmtal
 02163/49567

Kartenblatt 23 | 24 | 28 · Städteinfo Seite 94

**Ausstellungs-Schwerpunkte:**
Heimatkundliche Ausstellung

## hlenturm
...str. 1 · 41366 Schwalmtal
 02163/945110

**Ausstellungs-Schwerpunkte:**
Mineralien, Fossilien,
Werkzeuge und Kleidung
der Bergarbeiter Nachbau
einer Arbeitssituation
unter Tage

## fkant
...ernmuseum-OT. Tüddern
...npchen 16 a · 52338 Selfkant
 02456/504187

Kartenblatt 36 · Städteinfo Seite 96

**Ausstellungs-Schwerpunkte:**
Landwirtschaftliche
Maschinen und Geräte,
eine Dorfschmiede, eine Schreinerei, eine
Dorfküche u.v.m.
Öffnungszeiten: Von April
bis Ende Oktober, mittwochs
und sonntags
von 13.00 - 18.00 Uhr
Während dieser Zeit ist
das Backhaus jeden ersten
Sonntag im Monat
von 11.00 - 18.00 Uhr in Betrieb! Termine
und Gruppenreisen ganzjährig und nach
Vereinbarung.

## nsbeck
...logischer Lehrpfad-c/o
...neindeverwaltung
...renstr. 2 · 47665 Sonsbeck
 02838/360

Kartenblatt 14 · Städteinfo Seite 97

**Ausstellungs-Schwerpunkte:**
Entstehung der Sonsbecker
Schweiz Freier
Zugang. Führungen auf Anfrage

...nmansche Mühle
 der Mauer · 47665 Sonsbeck
 02838/1855

**Ausstellungs-Schwerpunkte:**
Töpfereimuseum, Wechselausstellungen
Öffnungszeiten: auf Anfrage

...ktorenmuseum
...zeitstätte Pauenhof
...berger Str. 72 · 47665 Sonsbeck
 02838/2271

**Ausstellungs-Schwerpunkte:**
Technisches Museum,
Oldtimer-Traktorfahrten
größtes Traktorenmuseum
Deutschlands, über
200 Maschinen Öffnungszeit
bei Voranmeldung
bis Veranstaltungsende

## raelen
...ferei und Galerie-Herchenhahn
...sbroek 3 (Schanzhof) · 47638 Straelen
 02834/2200

Kartenblatt 17 · Städteinfo Seite 98

**Ausstellungs-Schwerpunkte:**

...ferei, Galerie
...erie 27
...-Ketteler-Str. 28 a · 47638 Straelen
 02834/7553

**Ausstellungs-Schwerpunkte:**
Galerie, Kunsthandel

## Übach-Palenberg
Sammlung Rieger
Oberstr. 21 • 52531 Übach-Palenberg
Tel.: 02451/45076

Kartenblatt 37 • Städteinfo Seite

**Ausstellungs-Schwerpunkte:**
Größte mittelsteinzeitliche Sammlung
archäologische Bodenfunde
& größte Sammlung
von Blitzen Öffnungszeit:
nur nach Vereinbarung

## Uedem
Ausstellung Hohe Mühle
Mühlenstr. 101 • 47589 Uedem
Tel.: 02825/7918

Kartenblatt 9 • Städteinfo Seite

**Ausstellungs-Schwerpunkte:**
Ständige Schusterausstellung,
Aussichtsturm,
Begenungsstätte weitere Telefonnumn
02825-8512

## Viersen
**Dülkener Narrenmuseum-Narrenakademie**
• 41751 Viersen
**Tel.: 02162/24505**

Kartenblatt 24 • Städteinfo Seite

**Ausstellungs-Schwerpunkte:**
Karnevalsbrauchtum
Öffnungszeit: Mai bis
September

**Städtische Galerie im Park**
**Rathausmarkt 1 • 41747 Viersen**
**Tel.: 02162/101160**

**Ausstellungs-Schwerpunkte:**
Wechselausstellungen, Grafiken

## Waldfeucht
Gerhard Tholen Stube-Historischer Verein
Waldfeucht e.V.
Brabanter Str. 32 • 52525 Waldfeucht
Tel.: 02455/2068

Kartenblatt 31 I 36 • Städteinfo Seite

**Ausstellungs-Schwerpunkte:**
Steinzeitsammlung, Teile
des Nachlasses der
Bildhauerwerkstatt Wolks
(ausg. 19./Anfang 20.
Jh.),religiöse und andere
Kunstgegenstände,
reichhaltiges Archiv
heimischer Ahnen- und
Geschichtsforscher. weitere
Telefonnummer:
M. Rulands 02455-2232
Öffnungszeiten: 1.
Mittwoch im Monat von 19
- 21 Uhr (Einsicht ins
Archiv) 3. Sonntag im Monat
15-18 Uhr u. nach
Vereinbarung

## Wegberg
Flachsmuseum Beek
Holtumer Str. 19 • 41844 Wegberg
Tel.: 02434/927614

Kartenblatt 28 • Städteinfo Seite

**Ausstellungs-Schwerpunkte:**
Alles rund um den Flachsanbau: von de
Aussaat bis zu fertigen Leinen. Gruppe
nach Vereinbarung weitere
Telefonnummer:
02434-3535

**esel** — Kartenblatt 11 · Städteinfo Seite 120

mat- und Rhein-Deich-Museum Bisslich
fstr. 24 · 46483 Wesel
: 02859/1519

**Ausstellungs-Schwerpunkte:**
Volkskunde,
Handwerk, Ornithologie
Öffnungszeiten: sonn-
und feiertags von Ostern bis
September: 10 - 16
Uhr von Oktober bis Ostern:
10 - 13 Uhr sowie
täglich für Gruppen nach Voranmeldung

ußen-Museum NRW
er Zitadelle 6 · 46483 Wesel
0281/339960

**ungszeiten:**
So. 11.00 - 17.00 Uhr
ruppen auch nach
inbarung

**Ausstellungs-Schwerpunkte:**
Darstellung der Wechselwirkungen
zwischen
Rheinland und preußischem Gesamtstaat.
Historische Exponate und
Kunstobjekte zur
Geschichte Brandenburg-
Preußens und des
Rheinlands vom 17. bis 20. Jh.

rischer Schienenverkehr Wesel e.V.
rner Str. 2 a · 46483 Wesel
0281/530205

**Ausstellungs-Schwerpunkte:**
Nostalgiefahrten mit dem
„Rollenden Museum",
Fahrstrecken nach Wunsch
von der Werksbahn
bis zur Rundfahrt durch das
ganze Ruhrgebiet
bis ins Mittelgebirge Uhrzeit
nach Absprache /
max. 273 Personen weitere
Ansprechperson:
0281-64747 (Kirsch)

isches Museum Altes Wasserwerk
rnberger Str. · 46483 Wesel
281/9660102

**Ausstellungs-Schwerpunkte:**
Technisches Denkmal, alte
Pumpstation mit
Dampfmaschinenanlage, Geschichte der
Wasserversorgung um die
Jahrhundertwende

sches Museum / Schill-Kasematten
Zitadelle 6 · 46483 Wesel
281/23890

**Ausstellungs-Schwerpunkte:**
Dokumentation der 11
Schillschen Offiziere 1809

sches Museum / Galerie
trum
arkt 1 · 46483 Wesel
81/203350

**Ausstellungs-Schwerpunkte:**
Kunstmuseum und Galerie

## Willich

Galerie Brockmann-OT Anrath
Schlageshof • 47877 Willich
Tel.: 02156/481288

Kartenblatt 25 • Städteinfo Seite

**Ausstellungs-Schwerpunkte:**
auf Anfrage

F. Hüter-OT. Anrath
Am Kirchplatz • 47877 Willich
Tel.: 02156/40427

**Ausstellungs-Schwerpunkte:**
auf Anfrage

Temporäre Gallerie der Stadt Willich-
Schloss Neersen
Schloss Neersen • 47877 Willich
Tel.: 02156/949605

**Ausstellungs-Schwerpunkte:**
auf Anfrage

## Xanten

Kriemhildmühle
Nordwall • 46509 Xanten
Tel.: 02801/6556

Kartenblatt 10 • Städteinfo Seite

**Ausstellungs-Schwerpunkte:**
Windmühle in Betrieb!
Einzige Mühle, deren
Technik im Zustand von der
Jahrhundertwende
weitestgehend erhalten
geblieben ist. Stehcafe,
schöne Aussicht.

St. Viktor Dom-Kapitel
46509 Xanten
Tel.: 02801/713134

**Ausstellungs-Schwerpunkte:**
Größter Dom zwischen Köln und Küs
Altäre, Viktorschrein,
kunstvolle Schnitzereien,
einzigartige Glasbilder,
wertvoller Domschatz.
Öffnungszeiten April-Oktober
Montag-Samstag
10.00-18.00 Uhr Sonntag 14.00-18.0
November-März Montag-
Samstag 10.00-17.00
Uhr Sonntag 13.00-17.00 Uhr Führur

Archäologischer Park-Am Amphitheater
Wardter Str. 2 • 46509 Xanten
Tel.: 02801/772298

**Ausstellungs-Schwerpunkte:**
Archäologisches Freilichtmuseum m
Präsentation der Römischen
Stadt Colonia Ulpa
Traiana Öffnungszeiten:
1. März–31. Oktober
täglich von 9.00-18.00
Uhr 1. November-30.
November täglich von 9.00-17.00 U
1. Dezember-28. Februar täglich
von 10.00-16.00 Uhr
Führungen möglich

# Raum für Ihre Notizen

# Links und Rechts am Niederrhein

Historisches Rathaus Bocholt

Lichtinstallation RIM Oberhausen

# Bocholt

Die größte Stadt im westlichen Münsterland und am unteren Niederrhein ist vor allem eine Einkaufsstadt mit über 20.000 qm Fußgängerzone und einkaufsnahem Parkraum. 22 Kilometer Stadtgrenze sind gleichzeitig Staatsgrenze zu den Niederlanden, die in der heutigen Zeit problemlos passiert werden darf.

**Sehenswertes**

Zu den Sehenswürdigkeiten im Stadtzentrum gehören das Historische Rathaus in niederländischer Backsteinrenaissance (1618-21), die Pfarrkirche St. Georg, ein spätgotischer Hallenbau (1415-86) mit Schatzkammer sowie Haus Woord, ein Herrenhaus mit Ziegel- und Werksteinfassade aus den Jahren 1792- 95. Der Stadtwald mit Wildgehege sowie die Freizeit- und Erholungsanlage Aa-See laden zu Ausflügen ein.

Schlösser, Burgen, Herrensitze
Schloss Diepenbrock im Stadtteil Barlo zählt zu den ältesten Rittersitzen in der Umgebung Bocholts. 1326 wurde es urkundlich zum ersten Mal erwähnt, und schon früh haben die Diepenbrocks, die von dem Rittersitz Namen und Ursprung herleiten, sich in Bocholt niedergelassen. Sie zählten zu den bedeutendsten Familien dieser Stadt, erfüllten ihre Pflichten als Bürger in der Verwaltung, öffentlichen Ämtern, als Ratsherren, Schöffen, Bürgermeister, Geschichtsbild Bocholts mitgeprägt.
Das idyllische kleine Wasserschloss in Barlo mit seiner nunmehr über 660-jährigen Geschichte wurde in den siebziger Jahren vollständig restauriert.
In den barocken Gartenanlagen des Schlosses stehen seltene und bemerkenswerte Bäume, angefangen von über 200 Jahre alten Tulpenbaum bis zu Zürgelbäumen, Kreuzzypressen und Birnenquitten.

Lohnenswert ist auch ein Besuch im Textilmuseum, Uhlandstr. 50. In seiner voll funktionstüchtigen „Museumsfabrik" werden die Arbeitsabläufe in einem typischen Betrieb aus der Zeit zwischen 1900 und 1960 gezeigt. Die Dampfmaschine mit ihrem riesigen Schwungrad ist der Stolz des Museums.

Schloss Diepenbrock

Tourist-Info Bocholt

Europaplatz 26-28
46399 Bocholt
Telefon (0 28 71) 50 44
Telefax (0 28 71) 18 59 27
www.bocholt.de

TEXTILMUSEUM

# Oberhausen

> • Kartenblatt 16

Oberhausen wird oft als die Stadt des Strukturwandels bezeichnet, denn aus der ehemaligen kohle-, koks- und stahlverarbeitenden Zechenstadt ist ein modernes, weltoffenes Touristenziel geworden.

Mit Oberhausen verbindet man das CentrO, Europas größtes Einkaufszentrum, ebenso wie die König-Pilsener Arena mit Ihren vielen Konzerten und Shows. Der Kaisergarten im Oberhausener Zentrum lädt zum gemütlichen Spaziergang am Kanal ein, der angrenzende Tierpark ist etwas für Jung und alt.
Der Gasometer, das Wahrzeichen von Oberhausen, ist Herberge für große Ausstellungen, wie „The Wall" von Christo und Jean-Claude, oder „Feuer und Flamme", einem Rundgang durch die industrielle Vergangenheit des Ruhrgebiets.

Besuchen Sie die ehemalige OLGA (Oberhausener Landesgartenschau), den CentrO-Park mit Riesenrad und vielen Spielmöglichkeiten für die Kleinen, das Rheinische Industriemuseum oder das Kulturzentrum Crowded House in Holten.

Auch Theaterfreunde kommen in Oberhausen auf Ihre Kosten: Ob im Theater Oberhausen, mit seinen vielen abwechselnden Aufführungen oder im TheatrO CentrO, wo Musicals und andere Inszenierungen dem breiten Publikum aus aller Welt zur Verfügung stehen. - Überzeugen Sie sich selbst von der Vielfalt Oberhausens.

## Sehenswertes

Kastell Holten wurde während des 30-jährigen Krieges, um 1640, fast vollständig zerstört. Erst Ende 1700 wurde sie auf den alten Grundmauern schloßartig neu aufgebaut. Es ist anzunehmen, daß es sich dabei im Wesentlichen um das heutige „Kastell" handelte. 1838 wurde das Kastell zu einer Schule, 1966 riß die Stadt Oberhausen einen baufälligen Seitentrakt ab. Seit 1968 nun ist das Kastell in den Händen der „Bürgerschützengilde Holten 1308", welche es renovierte und zu einem Gildenhaus und einer Schießsportanlage ausbaute. Der Park und der ehemalige Stadtgraben laden zum Spaziergang im Grünen ein.

**i** Tourismus & Marketing
Oberhausen GmbH
Willy-Brandt-Platz 2
46045 Oberhausen
Tel.: 0208 / 82 45 70
Fax: 0208 / 82 45 7-11
www.oberhausen.de

# Raum für Ihre Notizen

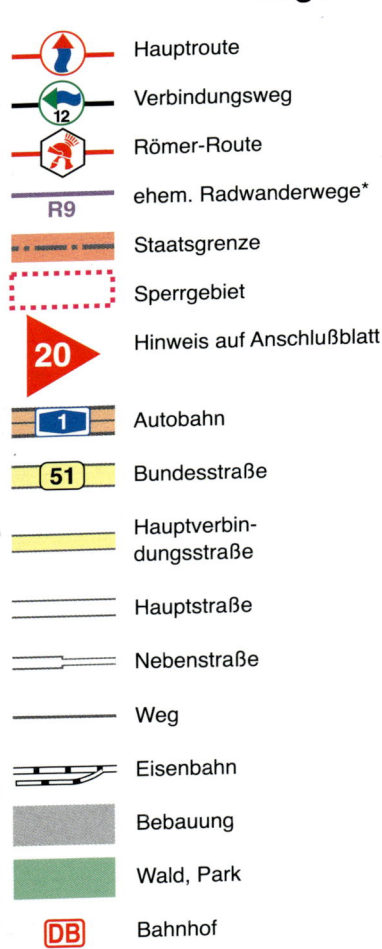

# Legende

## Legende

| Symbol | Bedeutung |
|---|---|
| | Hauptroute |
| | Verbindungsweg |
| | Römer-Route |
| R9 | ehem. Radwanderwege* |
| | Staatsgrenze |
| | Sperrgebiet |
| 20 | Hinweis auf Anschlußblatt |
| 1 | Autobahn |
| 51 | Bundesstraße |
| | Hauptverbindungsstraße |
| | Hauptstraße |
| | Nebenstraße |
| | Weg |
| | Eisenbahn |
| | Bebauung |
| | Wald, Park |
| DB | Bahnhof |
| P | Parkplatz |
| | Jugendherberge, Wandererheim |
| | Campingplatz |
| | Flugplatz |
| | Wasserschloß, Herrensitz |
| | Museum |
| | Kirche |
| | Sehenswürdigkeit |
| | Ruine |
| | Windmühle |
| | Wassermühle |
| | Hügelgrab |
| | Aussichtspunkt |
| | Schutzhütte |
| | Schwimmbad, Badestelle |
| | Golfplatz |
| △ 182 m | Höhenpunkt |
| | Gastronomie |

**Maßstab 1 : 75 000**
(1cm der Karte = 750m der Natur)

* Wegebeschilderung wird nicht mehr gepflegt

# EMMERICH

**2**

Elten, Hoch Elten, Stokkum, 's-Heerenberg, Veldhunten, Milt, Gerritzens Mühle, Alt-Voorthuysen, Wieken, Borghees, Speelberg, Elsepaß, Netterden, Hüthum, Laarfeld, Klein Netterden, Tote Landwehr, Hetter, Großer Wall, Ostwall, Bahnhofstr., Reeser Str., Vrasselt, Reeser Steegh, Praest, Wardhausen, Brienen, Griethausen, Naturschutzgebiet, Kellener Altrhein, Oranjendeich, Hurendeich, Warbeyen, Dornick, Emmericher Eyland, Grietherorter Altrhein, Grietherbusch, Bienener Altrhein, Hs. Schmidthausen, Byler-ward, Grietherort, Personenfähre, Kellen, Hamm, Huisberden, Kilewardsweg, Weidenweg, Grieth, Klever Ring, Riswick, Geslaer, Kallack, Wissel, Klein-Esserden, Qualburg

© HBV - Bocholt

Die Wild, Rhein, NSG, R4, 220, 57, 8, 3, E35, R17, 2

▲1  ▼3  ▼5

3
Milt
Gendringen
Voorst
Aastrang
Wieken
Hs. Hardenberg
Dwarsefeld
Dwarsefeld
Terborgse-
Dinxperlo
Breedenbroek
Het Beggelder
Aaltenseweg
Dinxperloer Str.
Spork
Suderwick
Dinxperloer Str.
Gendringer Str.
Anholt
Hahnerfeld
Höftgraben
R4
Bocholter Aa
Wasserschloß Anholt
Breels
Breels
Herzebocholt
Höftgraben
Liederner
Höftgraben
Stiege
Düstere
Megchelen
Diesfeld
Industriestr.
Schütten
Isselburg
Schüttenstein
Vehlingen
© HBV - Bocholt
Bocholter Str.
Millinger Bruch
Berg
Hueth
Am Stevert
E35
3
Bocholt/Rees
4
Werth
Kalfurter Heide
Bocholter Str.
67
8
Millinger Str.
Anholter Str.
Heelden
Millingen
Millinger Meer
Bienener Altrhein
R4·R17
Bad Luisendorf
Schwarze Furth
Gut Rodehorst
Katten-bruch
Bienen
Meer
Hurler Meer
Empel
Hs. Empel
Wertherbruch
Isel
Speldrop
Heeren
Herken
Im Lohr
67
Klein-Esserden
Groin
Hs. Groin
Haldern
Esserden
6
Rees
8
Hs. Aspel
Helderloh
E35
3
7

1
Zandvoort
Gendt
Kommerdijk
Waal
Millinger-
waard
Geitenwaard
Herwen
Rijnwaarden
Hauberg
Elten
Emmericher Str.
Bataven-
weg
Eltenser-
weg
Personen-
fähre
Lobith
Tolkamer
Die Wild
Gendtsche Polder
Kekerdom
Millingen
a d Rijn
Heerbaan
Bimmen
Klever Str.
Hs.
Keeken
Rhein
Erlacom
NIEDERLANDE
Keeken
Naturschutzgebiet
Thornsche Hof
Hufscher Weg
Schenken-
schanz
Salmorth
Salmorth
Leuth
Millinger Str.
Grüne Weg
Klever Str.
Fähre
Griethauser Altrhein
2
Gut
Hogefeld
Zyfflich
Mühlenend
Zyfflicher Str.
Die Düffel
© BVA - Bocholt
R4
Düffelwaard
Niel
Naturschutzgebiet
Wardhausen
Wylermeer
Hs.
Zelm
Keekener
Brienen
Spoykanal
R9
Mehr
Rindern
Wyler
Pferdekämpe
Kranenburger Str.
Lindenhof
Kleyen
Mehrer Str.
Dons-
brüggen
Schloß
Gnadental
Spyck
Land-
wehr
9
Düffel
Groenendaal
Kranenburger
Bruch
Kranenburger Str.
Tiergarten-
str.
Museum
Kurhaus
Kleve
Sternberg
86 m
Klever Ring
Emmericher Str.
Den Heuvel
Richters
Gut
Lindenstr.
Dorf-
str.
Nimweger Str.
Nimweger
DB
Kranenburg
Römerstr.
Schwanenburg
Hettsteeg
Klever
Str.
Nütterden
48
Hs.
Kreuzfurth
Tüthees
KLEVE
Galgensteeg
Römerstr.
Groesbeck
4
504
Königsheide
Hoffmannallee
Klever Ring
Frasselt
Nassauer allee
12

# Blattschnitt

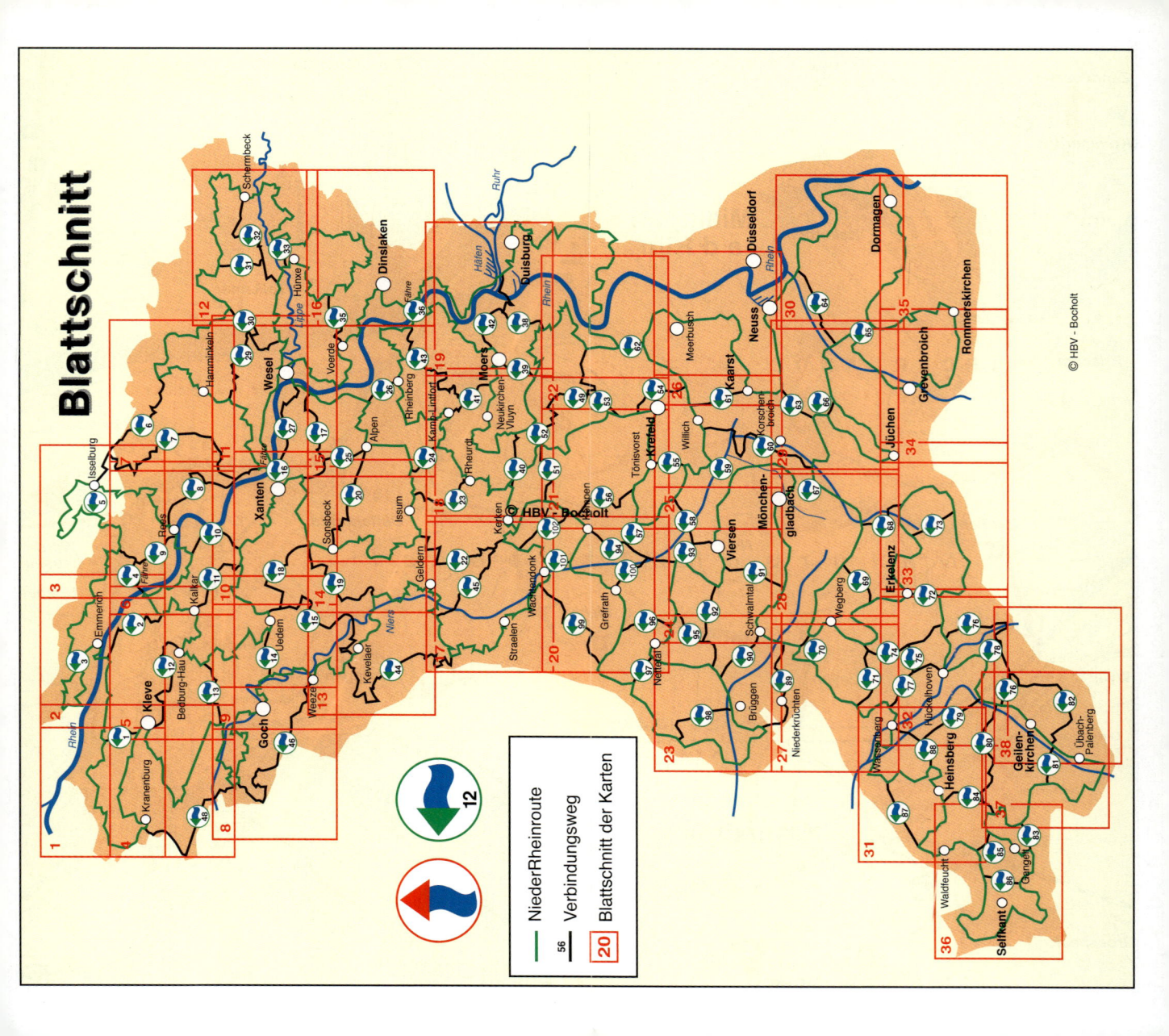

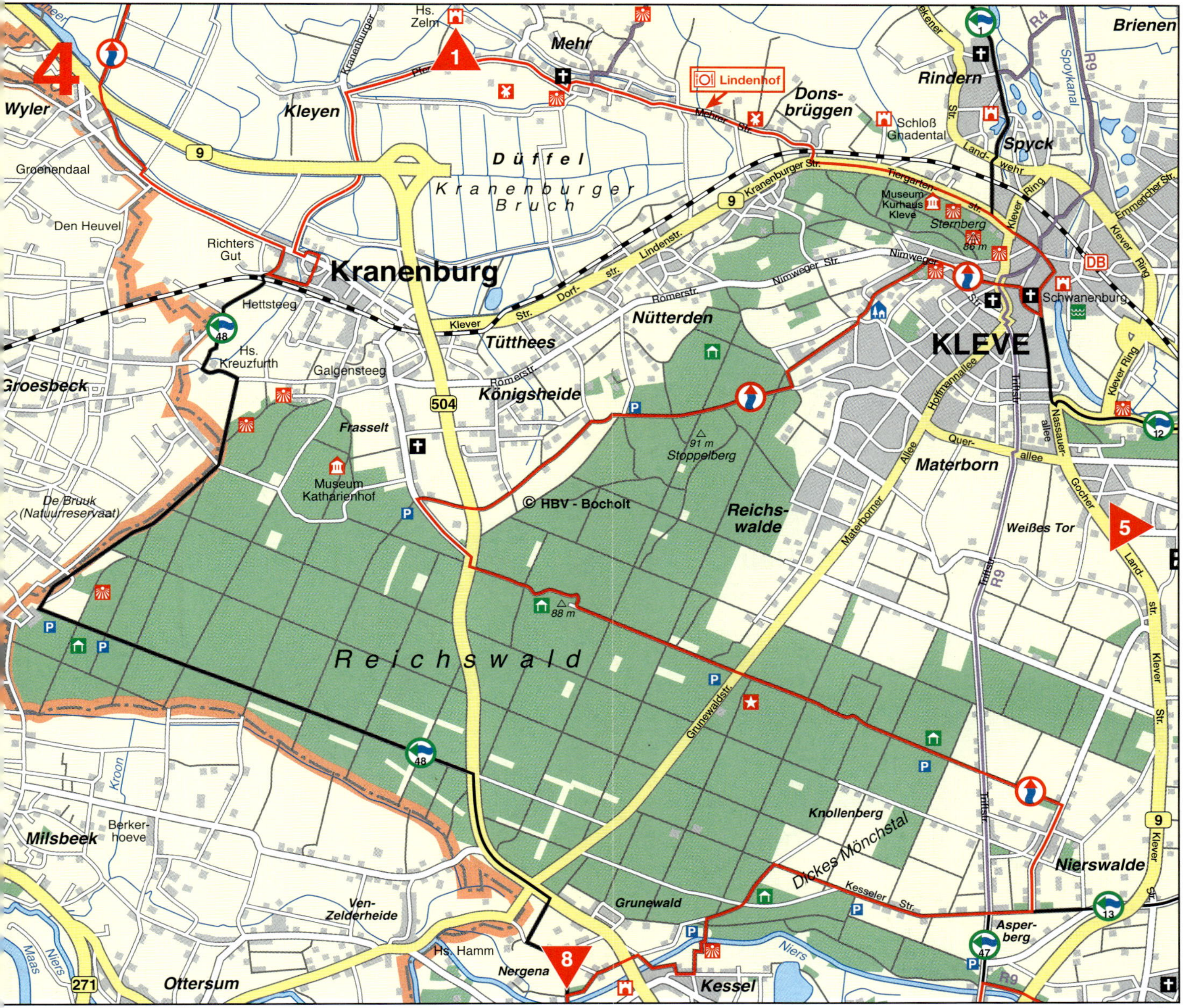
4
1
5
8
Wyler
Kleyen
Mehr
Hs. Zelm
Lindenhof
Donsbrüggen
Schloß Gnadental
Rindern
Spyck
Brienen
Groenendaal
Den Heuvel
Richters Gut
Düffel
Kranenburger Bruch
Kranenburg
Hettsteeg
Hs. Kreuzfurth
Galgensteeg
Groesbeck
Tütthees
Nütterden
Königsheide
Frasselt
Museum Katharienhof
De Bruuk (Natuurreservaat)
Museum Kurhaus Kleve
Sternberg
86 m
Schwanenburg
KLEVE
91 m
Stoppelberg
© HBV - Bocholt
Reichswalde
Materborn
Weißes Tor
88 m
Reichswald
Knollenberg
Dickes Mönchstal
Nierswalde
Milsbeek
Berkerhoeve
Ven-Zelderheide
Grunewald
Hs. Hamm
Nergena
Kessel
Ottersum
Asperberg
Maas
Niers
Kroon
Kranenburger Str.
Mehrer Str.
Tiergarten Str.
Lindenstr.
Dorfstr.
Klever Str.
Römerstr.
Nimweger Str.
Hoffmannallee
Triftstr.
Querallee
Nassauerallee
Gocher Landstr.
Klever Str.
Klever Ring
Landwehr
Emmericher Str.
Materborner Allee
Grunewaldstr.
Kesseler Str.
Spoykanal
DB
9
504
271
R4
R9
48
1
12
13
47

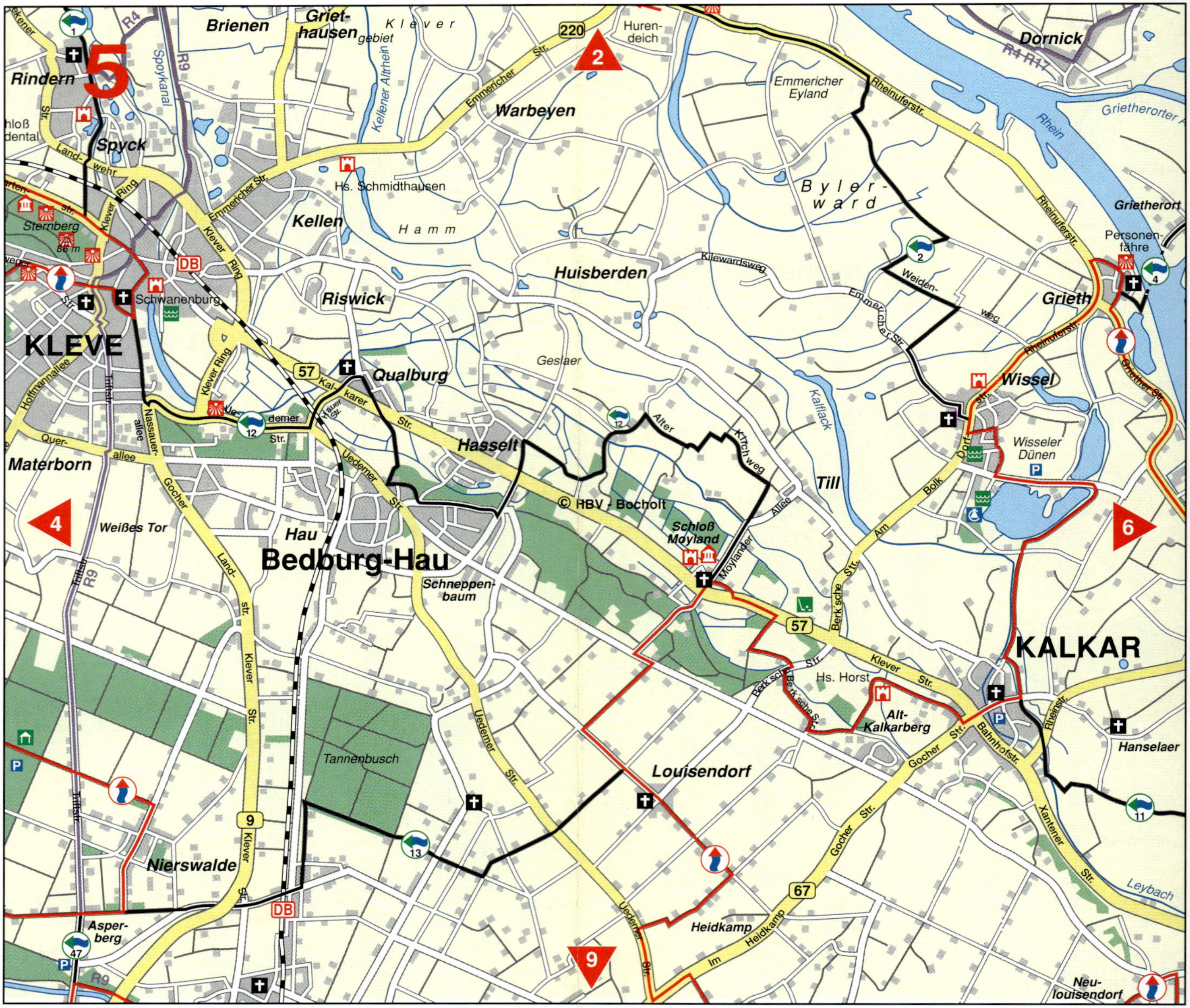
5
Rindern
Brienen
Griet-
hausen
Klever
gebiet
Kellener Altrhein
Spoykanal
220
2
Huren-
deich
Dornick
Emmericher
Eyland
Rhein
Griethertorter Altrhein
Warbeyen
Emmericher Str.
Spyck
Land-
wehr
Hs. Schmidthausen
Byler-
ward
Rheinuferstr.
Griethorort
Personen-
fähre
Sternberg
86 m
Kellen
Hamm
Klever Ring
DB
Huisberden
Kliewardsweg
Schwanenburg
Riswick
Emmericher Str.
Weiden-
weg
Grieth
KLEVE
Geslaer
57
Qualburg
Kalkarer
Str.
Wissel
Kalflack
Hoffmannallee
Tiftstr.
Nassauer-
allee
12
Uedemer
Str.
Alter
Kirchweg
Wisseler
Dünen
Quer-
allee
Materborn
Hasselt
Till
Uedemer Str.
Gocher
Str.
4
Weißes Tor
© HBV - Bocholt
Schloß
Moyland
6
Hau
Bedburg-Hau
Schneppen-
baum
Land-
str.
57
KALKAR
Berk'sche Str.
Hs. Horst
Klever Str.
Alt-
Kalkarberg
Hanselaer
Bahnhofstr.
Tannenbusch
Louisendorf
Gocher Str.
9
13
11
Nierswalde
Klever Str.
Xantener Str.
67
Asper-
berg
47
DB
Heidkamp
Im Heidkamp
Leybach
9
R9
R4
Neu-
louisendorf

6
Dornick
Praest
Berg
Hueth
Am Stevert
Millingen
NSG
Bienener Altrhein
Grietherorter Altrhein
Rhein
Grietherbusch
Bienen
Millinger Meer
Bad Luisendorf
Hurler Meer
Empel
Hs. Empel
Bocholt/Rees
Millinger Str.
Schwarzer Weg
Empeler Str.
Heelden
Schwarze Furth
Kalfurter Heide
Bocholter Str.
Kattenbruch
Herken
Heeren
Halderner Str.
Griethorort
Personenfähre
Grieth
Griethorbusch
R17
Zur Rosau
Speldrop
Emmericher Str.
Im Lohr
Groin
Hs. Groin
Haldern
Helderloh
Isselburger Str.
Klosterstr.
Wertherbrucher
Wissel
Grietherstr.
Klein-Esserden
Esserden
Reeserward
Rees
Hs. Aspel
Weseler Str.
Wisseler Dünen
Kernwasser-wunderland
Wardstr.
© HBV - Bocholt
Rauhe Str.
Deichstr.
Reeser Meer
Hs. Sonsfeld
Hönnepel
Rhein
Personenfähre
Reeser Eyland
Sonsfeldsche Weiden
Hagener Meer
Niederdorf
Rheinstr.
Reeser schanz
Niedermörmter
Schloß Bellinghoven
KALKAR
Mühlenfeld
Hochend
Oberdorf
Scholtenhof
Hahnenkraffstr.
Hanselaer
Burg Boetzelaer
Kiers
Obermörmter
Dornewardtweg
Mehrbruch
Galaystr.
Lohrward-See
Mehr
Xantener Str.
Kläranlage
Appeldorn
Gesthuysen
Lohrwardt
Overkamp-Ree
Lange Renne
Leybach
Reeser Str.
Rosenhofsee
Rheindamm
Bislicher Str.
Neu-louisendorf
Vynen
Vahnum
Duisb. Str.
57
67
8
3
5
7
10

Siegeheide
Mussum
Owerhook
Biemenhorst
Underhook
Spielberg
Büngern
Gut Rodehorst
Wertherbruch
Issel
Lankerbruch
Konstantinsforst
Dingdener Höhen
Naturschutzgebiet
Lankern
Loikum
Dingden
Nordbrock
Wittenhorst
Wittenhorster Heide
Dorfbauerschaft
© HBV - Bocholt
Berg
Loikumerrott
Hamminkeln
Gasthof Buschmann
Ringenberg
Schloß Ringenberg
Töven
Mehrhoog
Hülshorst
Bislicher Wald
Ellern
Mühlenrott
Gut Venninghausen
Unterbauerschaft
Brünen
Lange Renne
Bergerfurth
Diersfordter Forst
Bergen
Haus Esselt
E35
473
67
70
8
7
3
6
11
12

8
4
Dickes Mönchstal
Niers-
walde
Grunewald
Ven-
Zelderheide
Hs. Hamm
Nergena
Asper-
berg
47
9
DB
Pfalzdorf
Ottersum
Niers
Hs.
Driesbg
Kessel
Gut
Gräfenthal
Zelder
Viller
Hervorst
R9
De Looi
Asperdener
Str.
Asperden
Gennep
46
504
Gocher-
berg
Hotel Lities
Huize
Maria Roepaan
Hassum
GOCH
Kalkarer Str.
Heijen
Hommersum
Hassumer Str.
Holthuisen-
bosch
57
E31
Hassumer Str.
Voß-
heide
2
Op de Belt
Goch/Kleve
67
De Brem
© HBV · Bocholt
Schanz
9
Diekendaal
Vrij
Gaesdoncker
Boek-
höltchen
3
Koekoek
Siebengewald
Winkel
Hülm
Goch/Weeze
Broedersbosch
Kollegium
Augustinianum
Lakei
Oberhelsum
Groote
Horst
Afferden
Niederhelsum
Kendel
Berg-
kampen
NIEDERLANDE
Maas
Steeg
Weeze
Hülmer
Heide
Vortum-
Mullem
Klein-
Vortum
Baaler Bruch
Heukelom
St. Petrusheim
13

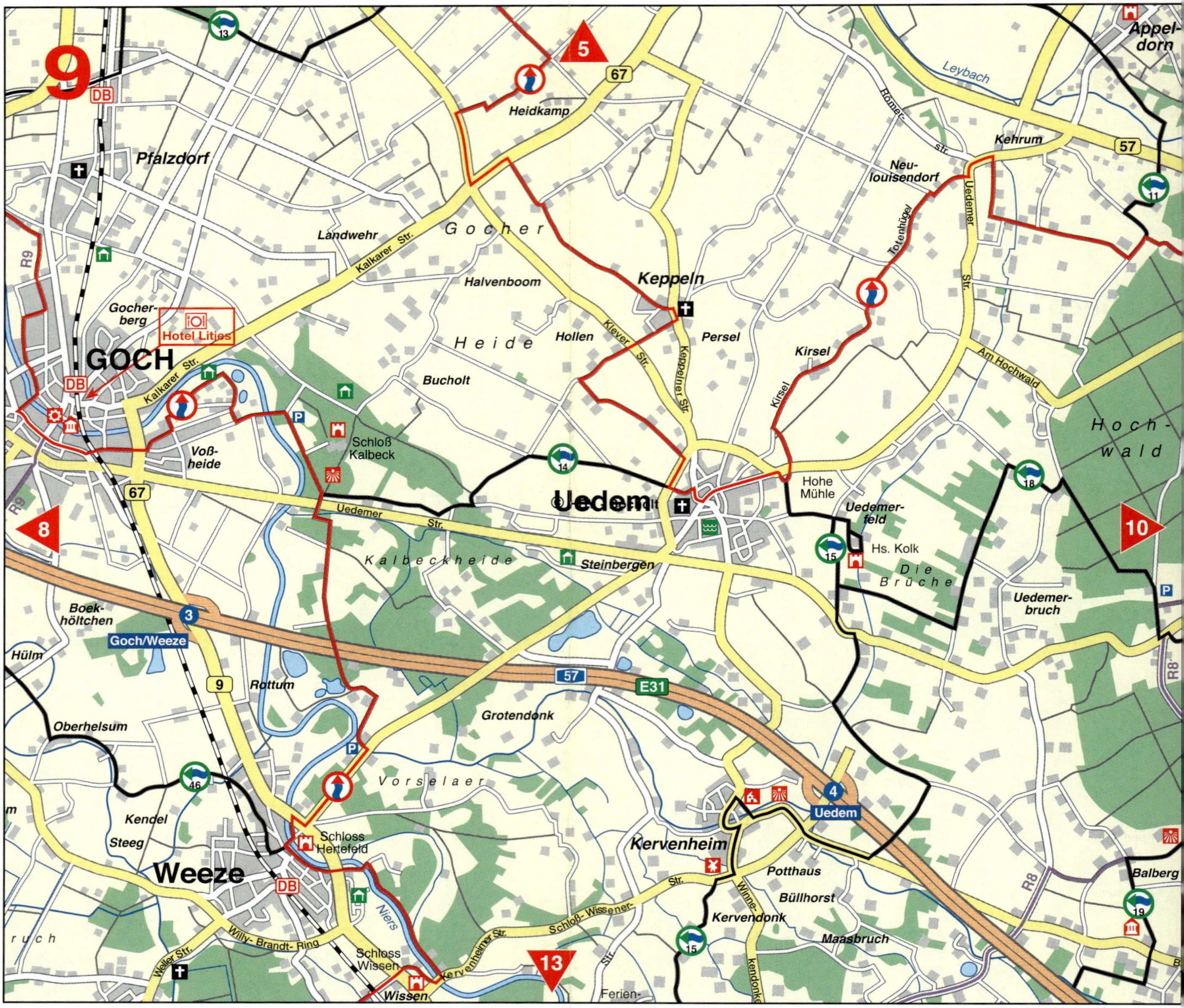
9
DB
Pfalzdorf
Landwehr
Kalkarer Str.
Gocher
Heide
Heidkamp
5
67
Appel-
dorn
Leybach
Kehrum
57
Neu-
louisendorf
Uedemer Str.
11
Totenhügel
Keppeln
Halvenboom
Hollen
Klever Str.
Keppelner Str.
Persel
Kirsel
Am Hochwald
Hoch-
wald
Gocher-
berg
Hotel Litjes
GOCH
Bucholt
Schloß
Kalbeck
Voß-
heide
14
Uedem
Hohe
Mühle
Uedemer-
feld
18
8
10
Hs. Kolk
Die
Brüche
15
Steinbergen
Kalbeckheide
Uedemer
Str.
R9
Boek-
höltchen
3
Goch/Weeze
Uedemer-
bruch
Hülm
9
Rottum
57
E31
R8
Grotendonk
Oberhelsum
46
Vorselaer
4
Uedem
Kendel
Steeg
Schloss
Hertefeld
Kervenheim
Weeze
Potthaus
Balberg
Büllhorst
Schloß- Wissener-
Str.
Winne-
Kervendonk
19
Niers
Willy- Brandt- Ring
Maasbruch
Weller Str.
Kervenheimer Str.
Schloss
Wissen
Wissen
13
Ferien-

10
Appel-
dorn
Gesthuysen
6
R17
NSG
Lohrwardt
Overkamp-Ree
Lange
Renne
7
Overkamp-
Ree
Diersfordter
Forst
Bergen
Bergen
57
Wieg
Alt-
Reeser
Vynen
NSG
Rhein
Vahnum
Vahnum
8
Emmericher Str.
Marienbaumer Str.
Vynener Str.
Marienbaum
NSG
Jöckern
Vissel
Schloß
Diersfordt
Diersfordt
Hs. Balken
Gut
Grindt
Am Damm
Schüttwick
Feldwick
Feldwicker Weg
Wardt
Mühlenfeldstr.
Mühlenfeld
Mörmter
Kloster
Bislich
R17
Hoch-
wald
Lüttingen
Mars
Siegfried-Str.
Loh
Marwick
9
Willich
Archäologischer
Park
Personen-
fähre
HBV
Bocholt
XANTEN
R8
Niederbruch
Karthäuser
Grav Insel
R8·R17
11
Ursel
DB
Hochbruch
Bislicher Insel
Werrich
Fürstenberg
Naturschutzgebiet
R8
Stadsweide
Labbeck
Ginderich
Balberger
Wald
Amphi-
theater
Die Hees
Landhaus
Am Röschen
Poll
Unterbirten
Birten
Dürsberg
Balberg
Epping-
hoven
Rheinberger
Weseler Str.
Kantener Str.
Winnenthal
Menzelen
Hammerbruch
14
Veen
57
Balberger Str.
Weseler Str.
Sonsbecker Str.
Sonsbecker Str.
Gut
Winnenthal

11
Lange Renne
Diersfordter Forst
Bergen
Jöckern
Schloß Diersfordt
Diersfordt
Schüttwick
Feldwick
Feldwicker Weg
Mühlenfeldstr.
Mühlenfeld
Bislich
Mars
Loh
Marwick
Emmericher Str.
Heuweg
Heide-rott
Flürener Heide
Flürener Feld
Flüren
Feld-mark
Auesee
WESEL
Feld
Karthäuser Grav Insel
Rhein
© HBV - Bocholt
7
10
12
15
Gut Venning-hausen
Unter-bauerschaft
Haus Esselt
Brüner Bruch
Landstr.
Blumen-kamp
Molkereiweg
Brüner
Lackhausen
Heide
Obrighoven
Schermbecker
Wacken-bruch
RWE-Str.
Fusternberg
Museumseisenbahn
DB
Werrich
Perrich
Stadsweide
Ginderich
Poll
Unterbirten
Epping-hoven
NSG
Winkeling
Büderich
Menzelen
Rheinberger
Venloer Str.
R17
Lippe
Friedrichs-feld
Heide-siedlung
Emmelsum
Boskenstr.
Frankfurter Str.
Unter-emmelsum
Hindenburg-
Holt-hausen
Hamm-
weg
Weseler Str.
Spellen

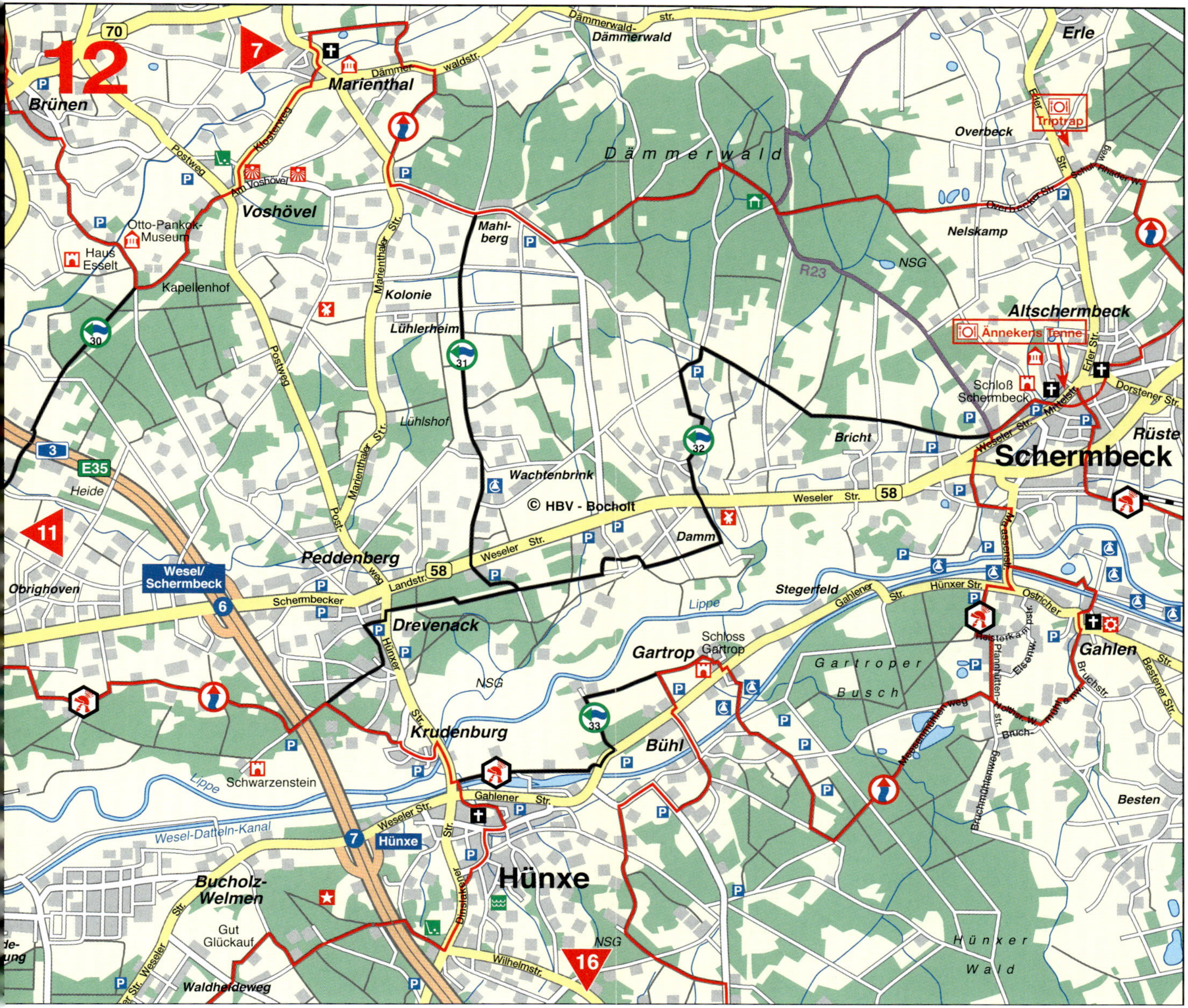

12
7
11
16
Brünen
Marienthal
Dämmerwald
Dämmerwald-Str.
Erle
Overbeck
Triptrap
Voshövel
Am Voshövel
Postweg
Klosterweg
Otto-Pankok-Museum
Haus Esselt
Kapellenhof
Mahl-berg
Kolonie
Lühlerheim
Lühlshof
Marienthaler Str.
Nelskamp
NSG
R23
Altschermbeck
Ännekens Tenne
Schloß Schermbeck
Dorstener Str.
Rüste
Schermbeck
Bricht
Wachtenbrink
© HBV - Bocholt
Weseler Str.
58
Damm
Heide
E35
3
Obrighoven
Wesel/ Schermbeck
6
Peddenberg
Landstr.
Schermbecker
Drevenack
Hünxer Str.
Stegerfeld
Gahlener Str.
Lippe
Gartrop
Schloss Gartrop
Gartroper Busch
Gahlen
Besten
Bühl
Krudenburg
Schwarzenstein
Wesel-Datteln-Kanal
Hünxe
7
Bucholz-Welmen
Gut Glückauf
Waldheideweg
Wilhelmstr.
Hünxer Wald

13
Weeze
Sonsbeck
KEVELAER
GELDERN
Winnekendonk
Schravelen
Wetten
Kapellen
Twisteden
Wemb
Keylaer
Laar
Wissen
Schloss Wissen
Potthaus
Büllhorst
Kervendonk
Maasbruch
Hestert
Balberg
Plooheide
Altersteeg
Binnenheide
Achterhoek
Vorsum
Boeckelt
Auwelt
Haus Gerber
Heide
Klein-Kevelaer
Berendonk
Lüllingen
Veert
Geniel
Spitzfeld
Haus Steprath
Neufeld
Am Bruch
Hüdderath
Hs. Brembt
Ferienpark
Gnaden-Kapelle
Basilika
Schloß Haag
NSG
Aenge
HBV - Bocholt
Niers
Issumer Fleuth
9
14
17

# 14

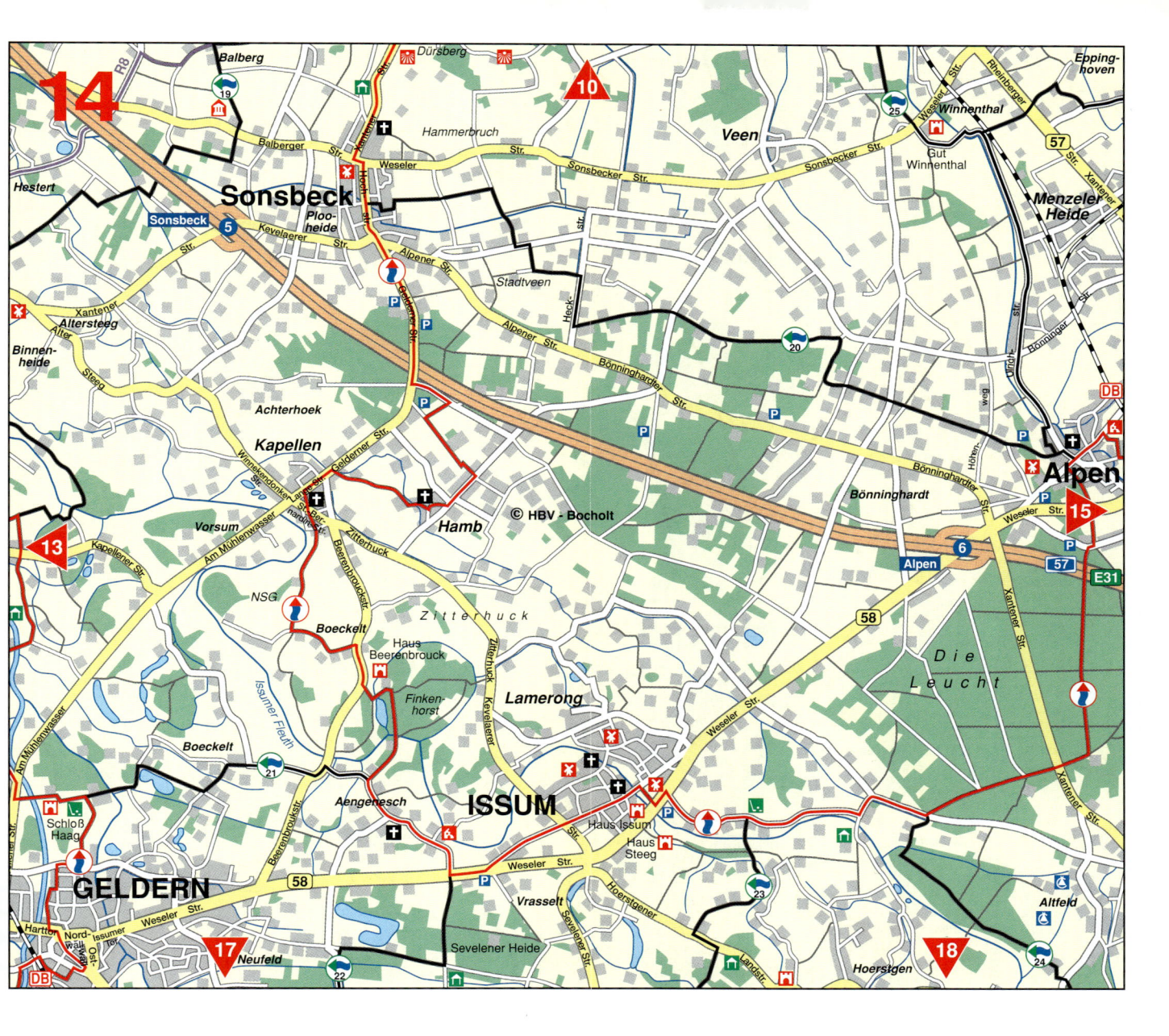

- Balberg
- Dürsberg
- Eppinghoven
- Hestert
- Sonsbeck
- Hammerbruch
- Veen
- Winnenthal
- Gut Winnenthal
- Menzeler Heide
- Plooheide
- Stadtveen
- Xantener Altersteeg
- Binnenheide
- Achterhoek
- Kapellen
- Vorsum
- Hamb
- Bönninghardt
- Alpen
- © HBV - Bocholt
- 13
- NSG
- Boeckelt
- Zitterhuck
- Haus Beerenbrouck
- Die Leucht
- Finkenhorst
- Lamerong
- Boeckelt
- 21
- Aengenesch
- ISSUM
- Haus Issum
- Haus Steeg
- Altfeld
- Schloß Haag
- GELDERN
- Hartton
- Nordwall
- Issumer Tor
- Weseler Str.
- Vrasselt
- 17 Neufeld
- 22
- Sevelener Heide
- Hoerstgen
- 18
- 24

Streets: Balberger Str., Weseler Str., Sonsbecker Str., Hoch Str., Kevelaerer Str., Alpener Str., Heck Str., Bönninghardter Str., Ulrich weg, Rheinberger Str., Xantener Str., Bömninger, Wimekendonker, Gelderner Str., Am Mühlenwasser, Steeg, Beerenbrouckstr., Zitterhuck, Kevelaerer Str., Kapellener Str., Höhr., Weseler Str., Xantener Str., Landstr., Hoerstgener Str., Sevelener Str.

Roads: R8, 5, 57, 6, 58, E31, 15, DB

15
Epping-
hoven
NSG
Winkeling
Büderich
11
Emmelsum
8
Menzelen
17
57
58
Unter-
emmelsum
Holt-
hausen
Spellen
Stockum
Menzeler
Heide
Natur-
schutz-
gebiet
R17
Wallach
Rill
Ork
Schanzen-
berg
In den Schlägen
35
Bönning
Haus
Loo
Wasserschloß
Haus Voerde
Löhnen
Drüpt
VOERDE
Borth
Götterswicker-
hamm
DB
Arche
Möllen
Haus
Ossenberg
Alpen
Huck
Mehrum
Haus
Wohnung
Ossenberg
© HBV - Bocholt
Rhein
Eppinghoven
Grint
16
Millingen
57
E31
26
R17
Naturschutz-
gebiet
Milch-
platz
Stapp
14
Die
Leucht
RHEINBERG
Eversael
Overbruch
Annaberg
Naturschutz-
gebiet
Alpsray
Drießen
Drießen
Alt-Walsum
Budberg
Spanische
Schanzen
7
Rheinberg
Winterswick
Saalhoff
43
36
Fähre
Orsoy
Altfeld
Niersenbruch
18
Winkel
Vierbaum
19
R12-R17
Binsheim
24
KAMP-LINTFORT
Weseler Str.
Xantener Str.
Venloer Str.
Bönninger Str.
Linfforter Str.
Saalhoffer Str.
Moerser Str.
Rheinberger Str.
Mehrumer Str.
Schulstr.
Dammstr.
Frankfurter Str.
Hindenburg-
Kuhdyk
Reitweg

16
12
15
19
VOERDE
DINSLAKEN
STERKRADE
Holthausen
Hindenburg-weg
Weseler Str.
Waldheideweg
Hamm-str.
Wilhelm-str.
Hünxer Wald
Hünxerwald
Bruckhausen
Bruchweg
Buschmannshof
Tenderingsw.
Dinslakener Str.
Brömmenkamp
Kirchheller Heide
Wasserschloß Haus Voerde
Hindenburgstr.
Berger Str.
Dinslaken-Nord
Lohberg
Möllen
Dinslakener Bruch
Sträterei
Oberlohberg
Haus Wohnung
Neuköln
Grafenmühle
HBV Bocholt
Eppinghoven
Dinslaken-Süd
Hiesfeld
Stapp
Trabrennbahn
Averbruch
Sterkrade Nord
Gut Fernewald
Walsumer Mark
Königshardt
Overbruch
Naturschutzgebiet
B 8
Barmingholten
Vierlinden
Dinslaken-Hiesfeld
Kreuz Oberhausen
Alt-Walsum
Alsfeld
OB-Königshardt
Aldenrade
Wehofen
Dunkelschlag
DU-Walsum
Fähre
Tackenberg
Klosterhardt
Holten
Emscher
R12:R17
Binsheim
Röttgersbach
Fahrn
OB-Holten
Schwarze Heide
E35
E34
DB

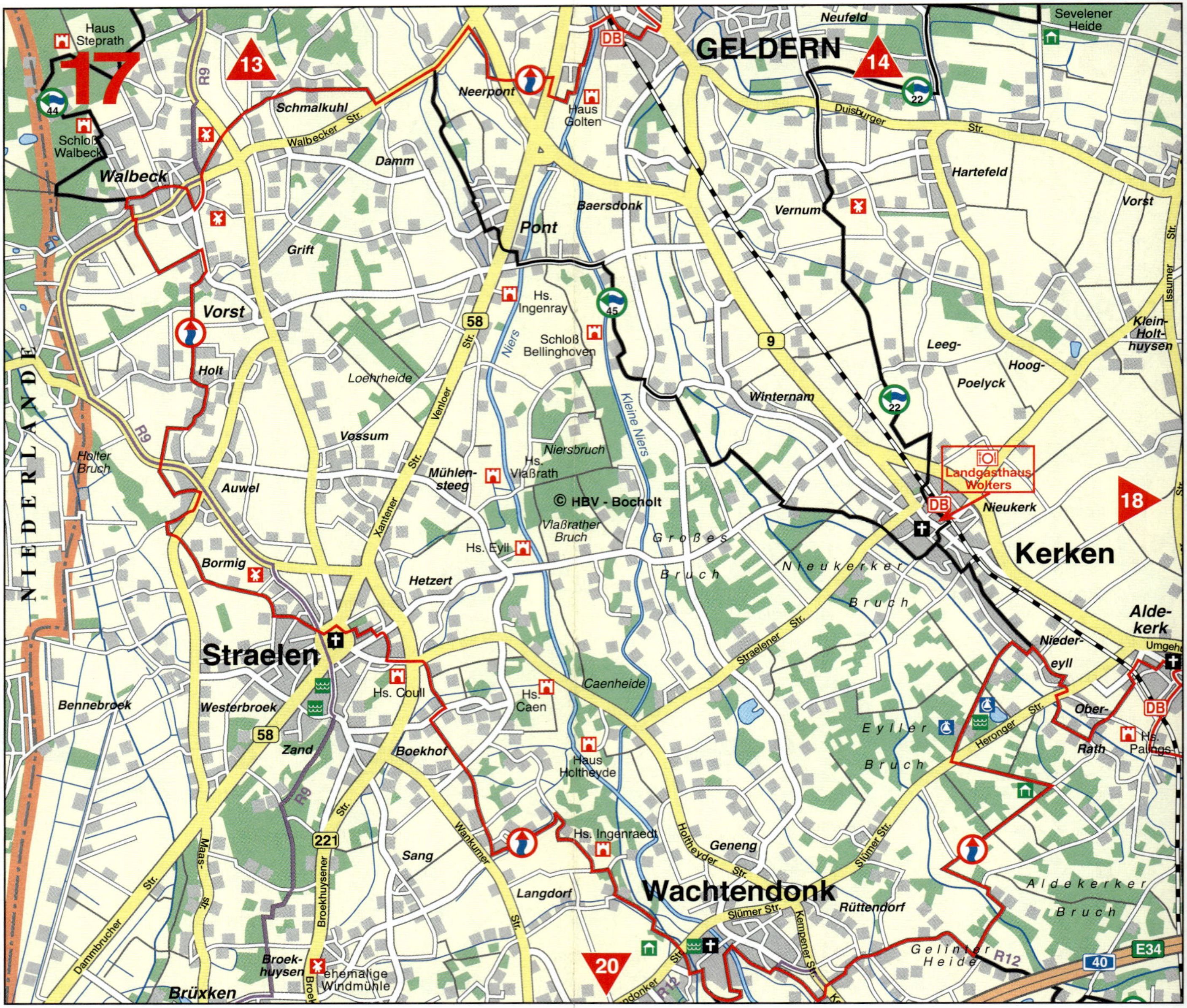
17
13
14
18
20
Haus Steprath
Schloß Walbeck
Walbeck
Schmalkuhl
Walbecker Str.
Damm
Neerpont
Haus Golten
GELDERN
Neufeld
Sevelener Heide
Duisburger Str.
Hartefeld
Vernum
Baersdonk
Pont
Grift
Vorst
Holt
Hs. Ingenray
Schloß Bellinghoven
Niers
Kleine Niers
Leeg-
Hoog-
Poelyck
Klein-Holt-huysen
Issumer Str.
Winternam
Loehrheide
Vossum
Venloer Str.
Niersbruch
Hs. Vlaßrath
Mühlen-steeg
Landgasthaus Wolters
Nieukerk
Kerken
© HBV - Bocholt
Vlaßrather Bruch
Großes Bruch
Nieukerker Bruch
Holter Bruch
Auwel
Xantener Str.
Hs. Eyll
Hetzert
Bormig
NIEDERLANDE
Straelen
Straelener Str.
Caenheide
Hs. Coull
Hs. Caen
Bennebroek
Westerbroek
Zand
Boekhof
Haus Holtheyde
Eyller Bruch
Heronger Str.
Nieder-eyll
Ober-eyll
Rath
Hs. Palings
Alde-kerk
Umgeh
Hs. Ingenraedt
Sang
Wankumer Str.
Geneng
Holtheyder Str.
Slümer Str.
Wachtendonk
Rüttendorf
Kempener Str.
Aldekerker Bruch
Gelinter Heide
Langdorf
Dammbrucher Str.
Maas-str.
Broekhuysener Str.
Broek-huysen
ehemalige Windmühle
Brüxken
R9
R12
58
9
221
44
45
22
DB
E34
40

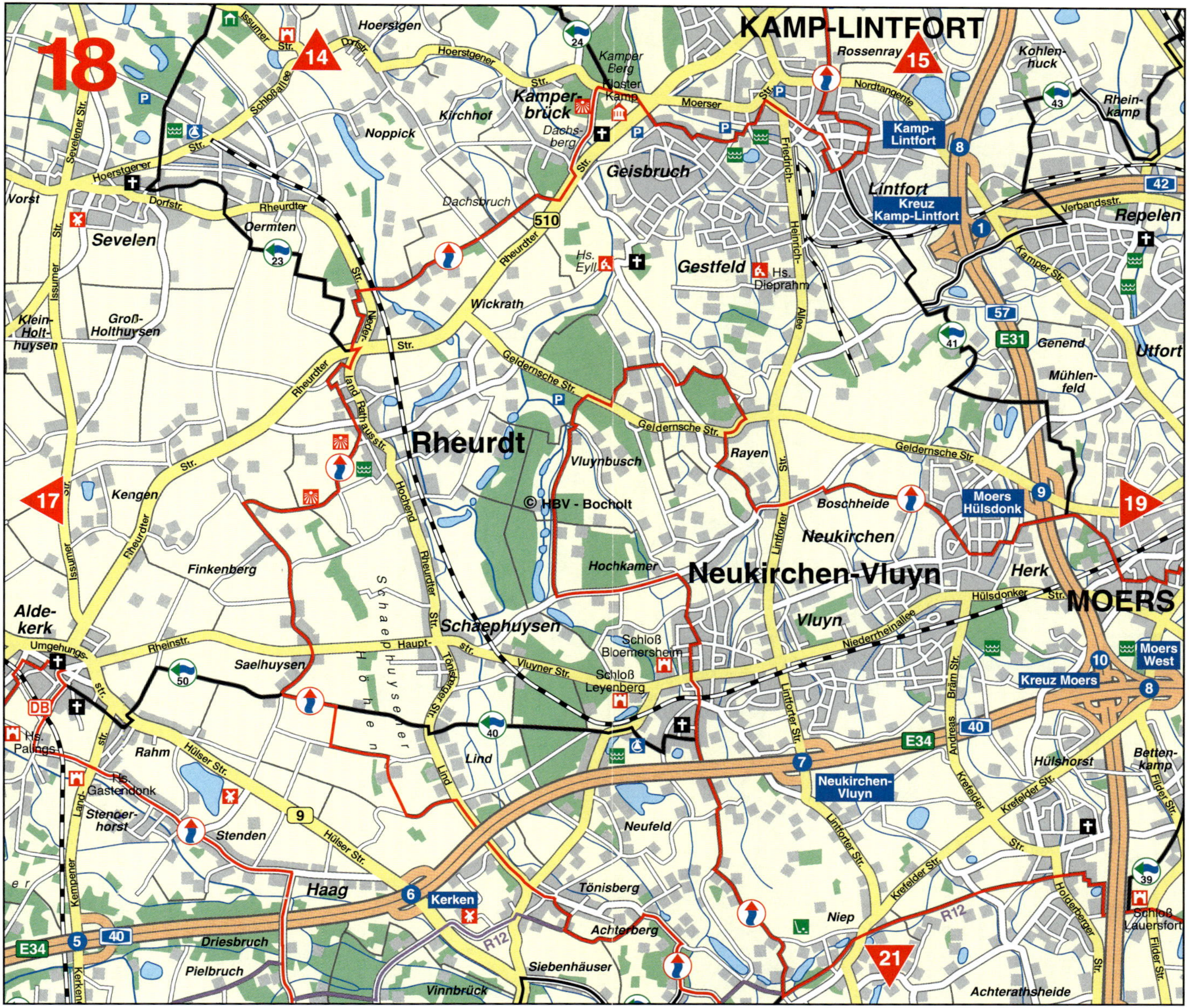

18
14
15
17
19
21
KAMP-LINTFORT
Rossenray
Nordtangente
Kohlenhuck
Rheinkamp
Hoerstgen
Hoerstgener Str.
Kamper Berg
Kloster Kamp
Kamperbrück
Dachsberg
Kirchhof
Noppick
Moerser Str.
Kamp-Lintfort
Geisbruch
Friedrich-Heinrich-Allee
Lintfort
Kreuz Kamp-Lintfort
Verbandsstr.
Repelen
Kamper Str.
Vorst
Sevelener Str.
Hoerstgener Str.
Dorfstr.
Rheurdter Str.
Oermten
Sevelen
Issumer Str.
Schloßallee
Dachsbruch
510
Rheurdter Str.
Hs. Eyll
Gestfeld
Hs. Dieprahm
Klein-Holthuysen
Groß-Holthuysen
Wickrath
Nieder Str.
Genend
Utfort
Mühlenfeld
Geldernsche Str.
Rathausstr.
Rheurdt
Vluynbusch
Rayen
Kengen
Boschheide
Moers Hülsdonk
© HBV - Bocholt
Neukirchen
Herk
Finkenberg
Hochkamer
Neukirchen-Vluyn
Hülsdonker Str.
MOERS
Aldekerk
Umgehungsstr.
Rheinstr.
Hauptstr.
Schaephuysen
Schaephuysener Höhen
Vluyn
Niederrheinallee
Schloß Bloemersheim
Schloß Leyenberg
Vluyner Str.
Tönisberger Str.
Moers West
Kreuz Moers
Saelhuysen
Hs. Palings
DB
Rahm
Hülser Str.
Lind
Lintforter Str.
Andreas Bräm Str.
E34
Hülshorst
Bettenkamp
Hs. Gastendonk
Stenderhorst
Stenden
Neukirchen-Vluyn
Krefelder Str.
Filder Str.
Neufeld
Haag
Kerken
Tönisberg
Holderberger Str.
Schloß Lauersfort
Achterberg
Niep
R12
Driesbruch
Pielbruch
Siebenhäuser
Vinnbrück
Achterathsheide
Kempener Str.
Landstr.
E31
E34

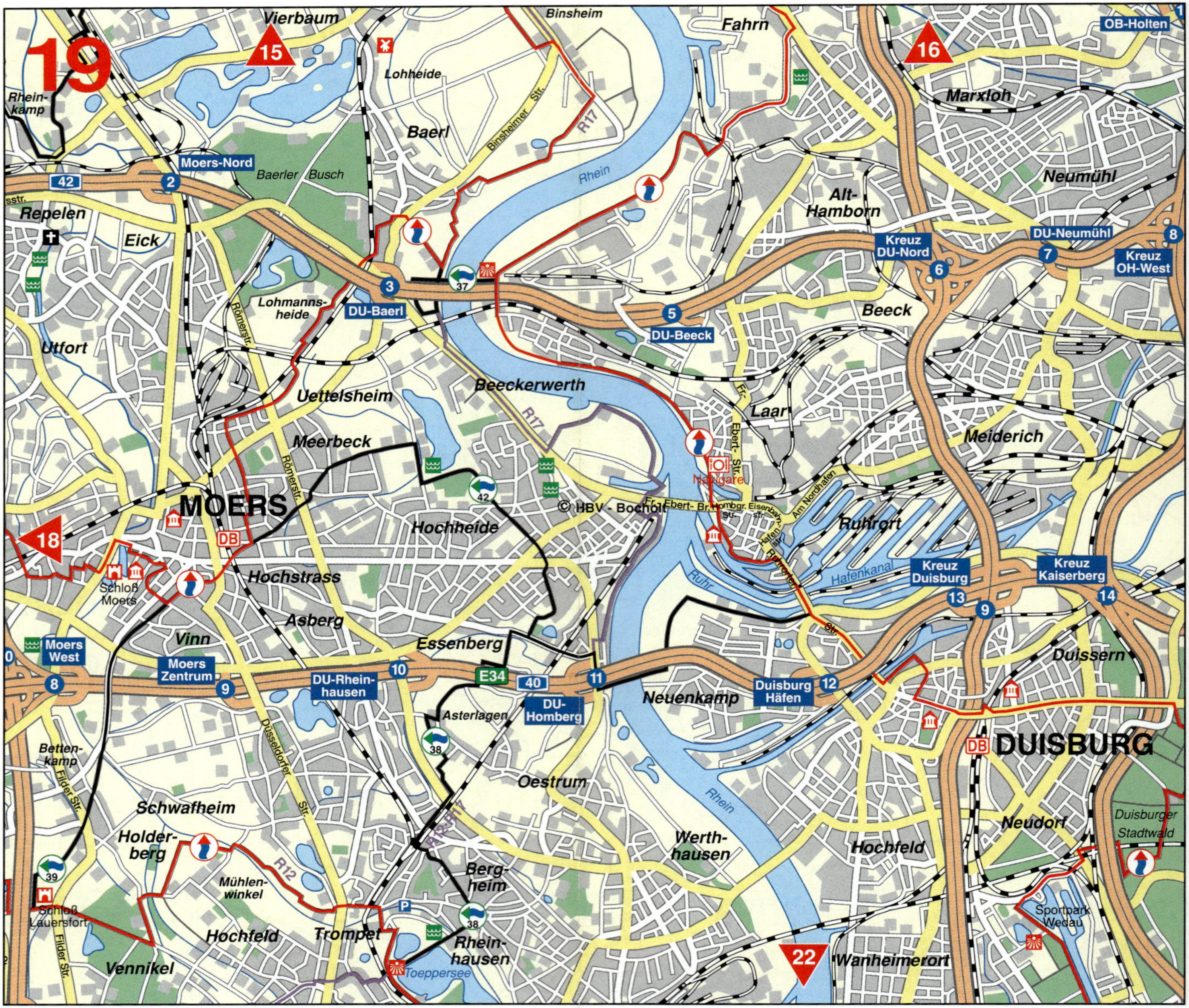
19
Vierbaum
15
Binsheim
Fahrn
OB-Holten
16
Rhein-kamp
Lohheide
Marxloh
Baerl
Binsheimer Str.
R17
Rhein
Moers-Nord
42
2
Baerler Busch
Neumühl
Repelen
Alt-Hamborn
Eick
Kreuz DU-Nord
DU-Neumühl
Kreuz OH-West
3
37
6
7
Lohmanns-heide
DU-Baerl
Beeck
5
DU-Beeck
Utfort
Römerstr.
Uettelsheim
Beeckerwerth
Laar
Meerbeck
Meiderich
Ebert-Str.
Nahgare
42
MOERS
Hochheide
© HBV - Bocholt
Fr.-Ebert-Br.
Ruhrort
18
DB
Hochstrass
Schloß Moers
Hafenkanal
Ruhr
Kreuz Duisburg
Kreuz Kaiserberg
Asberg
Vinn
Essenberg
Moers West
Moers Zentrum
DU-Rhein-hausen
E34
40
8
9
10
11
12
13
14
Neuenkamp
Duisburg Häfen
Duissern
DU-Homberg
Asterlagen
38
Betten-kamp
Filder Str.
DB DUISBURG
Oestrum
Düsseldorfer Str.
Rhein
Schwafheim
Holder-berg
Neudorf
Duisburger Stadtwald
Werth-hausen
Hochfeld
Berg-heim
39
Mühlen-winkel
R12
Schloß Lauersfort
Hochfeld
Trompet
38
Rhein-hausen
Vennikel
Toeppersee
22
Wanheimerort
Sportpark Wedau

20
Kastanienburg
Holtheyde
17
Hs. Ingenraedt
Geneng
Wachtendonk
Rüttendorf
Aldekerker Bruch
Sang
Langdorf
Broekhuysen
ehemalige Windmühle
Brüxken
Mühlenberg
Rieth
Herongen
Venlosche Heide
Niederdorf
Herongerberg
Straelen
Wankum
Aerbeck
Gelinter Heide
Gelinter
Wachtendonk
E34
40
R12
R9
221
Hochheck
Harzbeck
Vorst
Heide
Wankumer Heide
Scharenberg Heide
Harzbecker Bruch
Kloster Mariendonk
21
Ziegelheide
Kempen
Louisenburg
Heronger Heide
Groote Heide
© HBV - Bocholt
Vorster Heide
Grasheide
Müllem
Vinkrath
Niederfeld
Plankenheide
Poelvensee
Schloß Krickenbeck
Venloer Heide
Hinsbecker Heide
Voursenbeck
Heide
Kamperlings
Hombergen
Buscherend
Glabbach
Karstraße
Schaphausen
Grefrath
Mülhausen
L 509
Lochtr
Schwanenhaus
Hampoel
Leuth
May
Secretis
Ophoven
Heitzerend
Hinsbeck
Büschen
Hübeck
Graverdyk
Hamsel
Haak
Schlöp
Kaldenkirchen
Busch
Am Heckenend
Neustraße
Oirlich
Oedt
Hahnenweide
Kaldenkirchen
25
Barlo
Nettetal
Wevelinghoven
Sassenfeld
Lobberich
Heldenfeld
Schlibeck
Drenker Berg
24
Hagenbroich
Auffeld
Kaldenk.-Süd

21
18
20
22
25
Hs. Gastendonk
Stenderhorst
Stenden
Haag
Kerken
Neukirchen-Vluyn
Neufeld
Tönisberg
Achterberg
Niep
Schloß Lauersfort
Driesbruch
Pielbruch
Vinnbrück
Siebenhäuser
Achterathsheide
Moers Kapellen
Voesch
Eschein
Bendheide
An der Gastendonk
Orbroich
Hülser Berg
St Hubert
Hülser Berg
Schautes-hütte
Hüls
Hülser Bruch
Traar
Elfrath
Schleifeshütte
© HBV - Bocholt
Steeg
Verberg
Kempen
Kliedbruch
Inrath
Gartenstadt
Kamperlings
Kempener Land
Hülbusch
Bockum
St Peter
Ortmannsheide
Stiegerheide
KREFELD
Steinheide
Hüserheide
St. Tönis
Schicksbaum
Reckenhöfe
Diessem
Hahnenweide
Tack
Gatherhof
Lindental
Tönisvorst
Niederbruch
Laschenhütte
Benrad
Königshof
Hülser Str.
Krefelder Str.
Linforter Str.
Holderberger Str.
Filder Str.
Kerkener Str.
Venloer Str.
Außenring
Töniser Str.
Krefelder Weg
Kempener Str.
Vorster Str.
R12
E34
E31
509

# 22

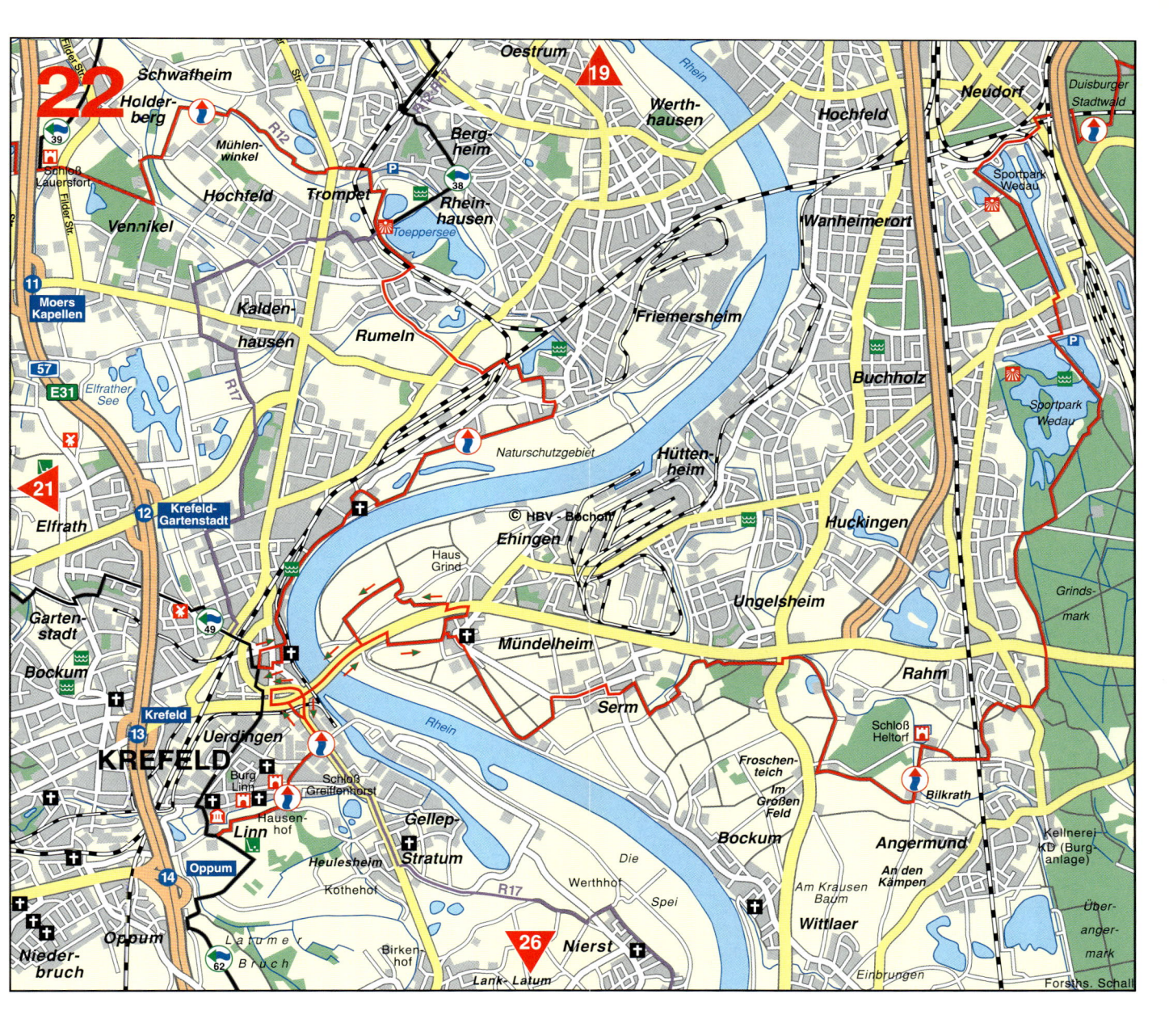

23
Kaldenkirchen
Kreuzmönch-dorf
Nettetal
Sassenfeld
20
Kaldenkirchen-Süd
Bruch
Tomp
Hülst
Breyell
Gier
Bieth
Natt
Heidhausen
Stevensend
Heide
Bracht
Metgesheide
Speck
Schaag
Lötsch
Sonnen-dyk
Nettetal
Breyell
Beek
Belfeld
Oijen
Heut
Bolenberg
Maas
N271
Reuver
Offenbeek
Keulse Weg
Am Weißen Stein
Bachter Wald
Amersloher Weg
Angenthoer
Hollenberg
Alst
Boerholz
Am Kreuzgarten
Happelter
Lüttelbracht
Tierpark
© HBV - Bocholt
St.-Barbara-Str.
Genholt
Genrohe
Happelter Heide
Gerichtsberg
Dilkrath
Heidend
24
Meerlebroek
St. Willibrodusdijk
St. Lambertusdijk
Prinsendijk
Diergardtscher Wald
Brüggener Wald
Holter Heide
Kahlberg
Brüggen
Öbel
Born
Borner See
Borner Mühle
Haverslohe
Swalmener Str.
Schwalm
Schloß
Dilborner Str.
Venekotensee
Baggersee
Kamerickshof
NSG
Laar
St. Anton
St. Georg
Vogelsrath
Schwalmtal
Amern
Krinsend
Overhetfeld
Blockenberg
In gen Rae
Heyen
Mühlrather Hof
Waldhaus
Hariksee
Galgenberg
Elmpter Wald
Elmpt
Steinkenrath
Dam
Brempt
Rieth
Vossenberg
Roermonder Str.
Haupt-str.
Birth
Niederkrüchten
Schwalmtal
27
230
221
R 9
R 9/14
R 14

24
Lobberich
20
21
23
25
28
Sassenfeld
Heidenfeld
Drenker Berg
Ober-
Nieder-
bocholt
Windberg
Hagen-
broich
Auffeld
Hecke
Vorst
Tuppen
end
Breyell
Dorn-
buscher
Str.
Dornbusch
Rheinisches
Landeskrankenhaus
Vorst
Hagen
Johannistal
Schmansend
Renne-
koven
Dyck
Lötsch
Nettetal
Sonnen-
dyk
Klinkhammer
Pütter-
höfe
Brockeshütte
Süchteln
Sittard
Niers
Unter-
rahsen
Hochheide
Eschert
Am
Kreuzgarten
Bolscheim
Look
Kamp
Schirick
Hoher
Busch
Ober-
Bismarck-
turm
Hüls-
donk
Venn-
heide
Hagwinkel
Rintger
Bruch
Robend
Düpp
Heidend
Burg
Boisheimer Str.
Boisheimer
Nette
Brüggener-
hütte
Federseite
Dülkener
Nette
Röhlenend
© HBV - Bocholt
DB
Viersener
Str.
Dülkener Str.
Viersen
Viersen
Dülken
Hoser
Hamm
Donk
Dilkrath
Renneper Str.
Renneper-
straße
Amerner Weg
Wald-
nieler
Ransberg
Unter-
beberich
Ober-
Bockert
Bockert
Ummer
MG.-Neuwerk
Bettrath
St. Georg
Vogels-
rath
Schwalm-
tal
Amern
Busch
Bergerstraße
Hausen
Tillerhöfe
Noverhöfe
Heimer
Helena-
brunn
MG.-Nord
Krinsend
Mackenstein
Waldfrieden
Bockerter Heide
Hoven
Vossenberg
Waldniel
Naphausen
Rasseln
Groß-
heide
Kühlen-
hof
Eschenrath
Hostert
Kr. Mönchen-
gladbach
MG.-Hardt
Schwalmtal
Unge-
rath
Rösler-
siedlung
Schwalmtal-
Hostert
Hehler
Winkeln
Venn
Hamern
Windberg
Eicken
R 14
R 9
61
52
57
7

25
Tönisvorst
Krefeld
21
24
26
29
Hecke
Vorst
Laschenhütte
Südring
Benrad
Nieder-
bruch
Oppum
Feldburg
Forst-
wald
Tack-
heide
Stahldorf
Königshof
Grundend
Fischeln
Steinrath
Stock
Darler-
höfe
Anrath
Fadheide
Sitterheide
Hochheide
Eschert
Venn-
heide
Kr.-Forst-
wald
Kr.-Fichten-
hain
Fichten-
hain
Willicher-
heide
Meerbusch-
Osterath
Görges-
heide
Schwein-
heim
Fellerhöfe
Osterath
Münchheide
Fanken-
seite
Depeskreuz
Giesenend
Willich-
Münchh.
Willich
Moos-
heide
Kückeshäuser
© HBV - Bocholt
Hagwinkel
Rintger
Bruch
Am
Bruch
Düpp
Neersen
Niederheide
Wekeln
Hamm
Donk
Niersee
Im
Fonger
Diepen-
broich
Dicker
heide
Hardt
Kr. Neersen
Knickels
Schiefbahn
Kaarst-
Osterath
Cloer-
bruch
Trab-
rennbahn
Unterbruch
Willich-
Schiefbahn
Kaarst
Kaarster See
Broicher-
dorf
Ummer
MG.-Neuwerk
Neersbroich
Heimer
Bettrath
Büttger-
wald
Helena-
brunn
MG.-Nord
Neuwerk
Linning
Hoven
Dünn
Damm
Engel-
bleck
Ued-
ding
Herrens-
hoff
Wättmann-
str.
Eicker-
end
Vorst
Holzbüttgen
Windberg
Eicken
Raderbroich
Rhedung
Herzbroich
Driesch
Anrather Str.
Schottelstr.
Hohe Str.
Aachener Str.
Gladbacher-
Hückelsmaystr.
Düsseldorfer Str.
Willicher Str.
Kölner Straße
Krefelder Straße
Venloer Str.
Alte Poststr.
Neersener
Straße
Kalderkirchener
Viersener
Nordring
Zeppelinstr.
Künkel-
Hohenzollernstr.
Krefelder Str.
Willicher Damm
Korschenbroicher Str.
Hochstr.
Bahnstr.
Parkstr.
Osterather Str.
R 14
44
52
57
9
7

Krefeld
26
Nieder-bruch
Oppum
Königshof
Grundend
Fischeln
Steinrath
Bösing-hoven
Ossum
Herrenbusch
An der Autobahn
Kr. Strümp
Lank-Latum
Strümp
Strümper
Busch
22
Lank- Latum
Nierst
Uerdinger Straße
Langst-Kierst
Ilverich
Ilvericher Bruch
Kaiserswerth
Einbrungen
Kalkum
Kalkumer Schloßallee
Zeppen-heim
Niederrheinstraße
Flughafen Düsseldorf
Rhein
R 17
R 19
Lohausen
Danziger
D.-Flughfn.
D.-Messe/ Stadion
Stockum
Messegelände
Kaiserwerther Straße
Kalkumer Str.
Ulmenstr.
Golz-heim
Meerbusch-Osterath
Görges-heide
Krefelder Straße
Fellerhöfe
Schwein-heim
Osterath
Osterather Str.
Hoterheide
Ivangsheide
Meerbuscher Straße
Düsseldorfer Str.
Willicher Str.
Giesenend
Bovert
Meerbusch
Xantener Straße
Moerser Straße
Gartenstadt Meerer Busch
© HBV - Bocholt
Gasse
Necklen-broich
Necklenbr. Str.
Broicher-seite
Badendonker Str.
Niederdonk
Düsseldorfer Straße
Dorfstr.
Niederlöricker Str.
Büderich
Oberlörick
Lütticher Str.
Theodor-Heuss-Brücke
Niederkassel
Fischerstr.
Kaiserstr.
Brüsseler Str.
Arnulfstr.
Ober-kassel
Luegallee Oberkasseler B.
25
Hardt
Kaarst-Osterath
Kr. Kaarst
Meerb.-Neuss
Kaarst
Broicher-dorf
Neersener
Neusser Straße
Heide
Kaarster Straße
Neusser Furth
Vogelsang
Eupener Str.
Heerdter Landstr.
Heerdt
N.-Knopp-Pl.
Pariser Str.
Belsenstr.
Düsseldorf
Linning
Wattmann-str.
Vorst
Holzbüttgen
Kaarster Str.
Bismarck-str.
Hinter-feld
Neersener Straße
Hüngert
Holz-büttgen
Viersener Str.
Gladbacher Str.
Weißen-berg
Venloer Str.
Siemensstr.
29
Driesch
Hauptstr.
Morgensternsheide
Engelbertstr.
Fesserstr.
Further Str.
DB
30
Hamm
Unter-bilk

27
Galgenberg
Blockenberg
Elmpter Wald
Elmpt
Steinken-rath
23
Dam
Rieth
Vossenberg
Roermonder-Str.
Haupt-str.
230
Rieth
Birth
Niederkrüchten
Brempt
Schwalmtal
Nieder-krüchten
Hoch-str.
Lousberg
Oberkrüchten
Ryth
Lüttelforster Mühle
Elmpter Wald
Overschlag
Meinweg
R9
Silver-beek
Lüttel-forst
221
Varbrook
Tetelrath
Aachener Str.
Venn
Venheyde
Forst
Merbeck
Schwaam
Meinweg
Merbecker Busch
Klifsberg
Honingsberg
© HBV - Bocholt
Meru Stichting (St.-Ludwigs-College)
28
Berg
Herkenbosch
Dalheim-Rödger
Harbeck
Arsbeck
Effelder Wald
Birgeler
Klinkum
Buschend
Vlodrop
Effelder Waldsee
Ophovener Wald
Peters-holz
Bischofshütte
Bissen bei Wegberg
Rosenthal
Schaufen-berg
Wald
Wildenrath
Waltern
Effeld
Hotel Wilms
Tüschen-broich
Steinkirchen
Entenpfuhl
31
Ophoven
Birgelen
32
Vossem
Geneiken
Wassenberg
Genfeld

28
24
29
27
33
Waldniel
Naphausen
Eschenrath
Hostert
Ungerath
Röslersiedlung
Schwalmtal-Hostert
Hehler
Tomper Str.
Rasseln
Kühlenhof
MG.-Hardt
Hardter Str.
Winkeln
Kr. Mönchengladbach
Hardt
Fischeln
Hardter Wald
Leloh
Venn
Hamern
Großheide
Windberg
Eicken
Engelbleck
Krefelder Str.
Künkelstr.
Nordring
Zeppelinstr.
Hohenzollernstr.
Beltinghoven
Rönneter
Waldhausen
MG.-West
Mönchengladbach
Hehnerholt
Speick
Pesch
Volksgarten Bungtwald
Bungt
Hardterbroich
Bonnenbroich
Hermges
Dahl
Engelsholt
Hehn
Heiligenpesch
Herdt
Wolfsittard
MG.-Holt
Holter Heide
Ohler
Geneicken
Schwaamer
Schwaam
Bruch
Rickelrath
Bollenberg
Balkhoven
Berg
Busch
Holtmühle
Dorn
Genhodder
Koch
Peel
Gerkerathwinkel
Gerkerath
Dorthausen
Pongs
Schrievers
Morr
Biese
Rheydt
Am Sitterhof
Kotthausen
HBV - Bocholt
Viehstraße
MG.-Rheydt
Broich
Woof
Gatzweiler
Bau
Voosen
Genhülsen
Dohr
Rheindahlen
Genhausen
Ellinghoven
Wegberg
Beeckerheide
Merreter
Hockstein
Geistenbeck
Mülfort
Bell
Günhoven
Kohr
Kamphausener Höhe
Gripekoven
Schriefers
Mennrathschmidt
MG.-Wickrath
Beeck
Sittard
Griesbart
Kipshoven
Hilderath
Wickrath
Odenkirchen
Uevekoven
Moorshoven
Genholland
Schloß Wickrath
Güdderath
Felderhof
Bissen bei Beeck
Holtum
Schönhausen
Wickrathhahn
Sasserath
MG.-Güdderath/ Wickrathberg
Rath-Anhoven
Buchholz
Wickrathberg
Mongshof
Kehrbusch
Grambuscher Str.
Buchh. Str.
Rather Str.
In Kehrbusch
Flassenberg
Isengraben
Herrath
Beckrath
Finkenberg
Dorfstr.
Rheydter Str.
Kölner Str.
Neu-Otzenrath-Spenrath
Hackhausen
Neu-Holz
R 11
R 11/16
R 16

29
25
26
28
30
34
Uedding
Herrenshoff
Herzbroich
Raderbroich
Rhedung
Martinshütte
Eickerend
Wattmannstr.
Vorst
Holzbüttgen
Driesch
Hauptstr.
Hüngert
Holzbüttgen
Siemensstr.
Viersener Str.
Weißenberg
Morgensternsheide
Engbrück
Kleinenbroich
Büttgen
Neuss
Volksgarten Bungtwald
Korschenbroich
Überseite
An d. Wegscheider Hecke
Buscherhöfe
Neersbroich
Triletenbroich
Das Hoppbruch
Pesch
Lanzerath
Dirkes
Neuss-W.
Tackhütte
Taubenhütte
Drölsholz
Grefrath
Kreitz
Biese
Ruckes
Stadt
Steinhausen
Högden
Schlich
Liedberg
Lüttenglehn
Röckrath
Löveling
Glehn
Epsendorf
N.-Holzheim
Holzheim
Trimpelshütte
Schelsen
Horster Schelsen
Dycker Schelsen
Scherfhausen
Giesenkirchen
R 16
R 15
Rubbelrath
Damm
Busch
Minkel
Steinforth
Grevenbroich-Kapellen
Helpenstein
Erft
Speck
Hoppers
Haus Neuenhoven
Aldenhoven
Gruissem
Wey
Dürselen
Wallrath
Neubrück
Münchrath
Wehl
Vierwinden
Bilderstöckchen
Neuenhoven
Gilverath
Kapellen
Rath
Mühlrath
Kamphausen
Mürmeln
Hemmerden
Tüschenbroich
Hülchrath
Stessen
Neukirchen
Kelzenberg
Bedburdyck
Gierather Str.
Schaan
Garzweiler
Langwaden
Gierath
Grevenbroich
Herberath
Gubberath
Jüchen
Noithausen
Wevelinghoven
Im Kamp
Odenkirchener Str.
© HBV
DB
230
46
57
1

30
26
29
35
Neuss
Neuss-Hafen
Hamm
Bilk
Südpark
Lierenfeld
Eller
Flehe
Volmerswerth
Wersten
Hassels
Novaesium
Rhein
Pomona
Gnadental
Grimlinghausen
Auf den Kämpen
Holthausen
Himmelgeist
Reisholz
Reuschenberg
Erfttal
Derikum
Himmelsberg
Uedesheim
Schloß Mickeln
Itter
Benrath
Schloß
Erprather Mühle
Weckhoven
Norf
Stüttgen
Weidfeld
Grind
Urdenbach
Wertacker
Bettikum
Elvekum
© HBV - Bocholt
Stüttgerhof
Stürzelberg
Schlicherum
Allerheiligen
Speck
Hoisten
Rosellen
Gier
Kuckhof
Delrath
Sankt Peter
Kuhweide
Am Ausleger
Zonser
Wahlerberg
Hahnepützheide
Feste Zons
Baumberg
Schloß Friedestrom
Neuenbaum
Roseller-heide
Neukirchen
Staatsforst Benrath
Mühlenbusch
Nievenheim
Nachtigall
Neukirchener Heide
Gubisrath
Heide
Rheinfeld
Ückerath
Gohr
In der langen Kuhle
Horrem
Dormagen
Ramrath
Straberg
D.-Wersten
D.-Bilk
D.-Holthsn.
D.-Eller
AB.-Kr. D.-Süd
D.-Benrath
Dr. Neuss
N.-Reuschenberg
N.-Norf
N.-Uedesheim
N.-Süd
Südbrücke
DB

31
Posterholt
Hotel Wilms
27
Steinkirchen
Ophoven
Entenpfuhl
Birgelen
Wassenberg
Annendaal
Voorsterveld
Hickeswinkel
Voorst
Nieuw Annendaals-bosch
Karken
Karkermühle
Ophovener See
Burgstr.
Stiftsstr.
221
Erke-Gladbacher Str.
Am Stern
Jenzer
Wassenberger
Wald
Driesch
Haaser-driesch
Haag
Kempen
Hochbrück
Orsbeck
Neu-haaren
Mühlenbruch
Haaren
Haas
Gramberg
Wurm
Rur
Heinsberger Str.
Gräberfeld
Altmyhl
Theberath
Rolland
Luchtenberg
Haag
Girmen
Wassenberger Str.
Rur
Garsbeck
Brüggelchen
Obspringen
Kirch-hoven
Rohmen
Fell
Vogelsang
Heerstr.
Gendorf
Myhler Str.
Talstr.
Unterbruch
Alte Schmiede
Krickelberg
Lieck
Genoth
Küpper
Ratheim
32
Schöndorf
HEINSBERG
Bocholt
Oberbruch
Löcken
Waldfeucht
Haus Hall
Adolfo-see
Hagbr.-Str.
46
Anton-Lennartz-Straße
R 18
Braunsrath
Sittarder Str.
A. d. Schanz
Oberbr. Str.
Bocket
Hontem
Landstraße
Schaf-hausen
Kranzes
221
Bleckden
Selsten
Aphoven
Hülhovener Str.
Grebben
Jenzer Str.
Dremmen
Porselener Mühle
An der Villa
Esch-weiler
Hülhoven
Sebastianusstr.
5
36
Blankenberg
Laffeld
Maarsstr.
Schleiden
Dremmen
Lamb. Str.
Nachbarheid
Lütticher Str.
Porselen
Boverath
Scheifendahl
Breberen
Waldfeuchter Str.
Herb
Jülicher Str.
Horst
Erpen
Altenburgstraße
Bu-scher-heide
Harzelt
46
Wurm
Schier-walden-rath
Pütt
Brüxgen
Heinsberg
Nygen
Uetterath
5
Schümm
Lang-broich
Berg
Sandberg
Walden-rath
221
Randerath
Eisenbahn-museum
Selfkantbahn
Straeten
Baumen
Birgdener Str.
Vinteln
Birgden
37
87
88
79
80
84
85

32
27
28
31
33
37
38
Wassenberg
Erkelenz
HÜCKELHOVEN
Birgelen
Entenpfuhl
Vossem
Tüschenbroich
Geneiken
Genfeld
Grambusch
Kehrbusch
Flassenberg
Isengraben
Fronderath
Gerderath
Gerderhahn
Schwanenberg
Genhof
Lentholt
Oerath
Myhl
Orsbeck
Hochbrück
Haus Hastern
Gräberfeld
Altmyhl
Golkrath
Terreicken
Hoven
Matzerath
Brück
Luchtenberg
Rolland
Girmen
Rur
Garsbeck
Rohmen
Fell
Vogelsang
Gendorf
Faulendriesch
Kleingladbach
Houverath
Unterbruch
Alte Schmiede
Krickelberg
Genoth
Küpper
Ratheim
Busch
Oberbruch
Horst
Schaufenberg
Haus Hohenbusch
Hückelh.-Ost
Erkelenz-Süd
Hückelh.-West
Haus Hall
Adolfosee
Hetzerath
Schafhausen
Millich
Bleckden
Dremmen
Porselener Mühle
Grebben
Eschweiler
Hülhoven
Doveren
Doverhahn
Granterath
Tenholt
Rurbrücke
Doverheide
Rittergut Grittern
Hs. Kleinkünkel
Hs. Großkünkel
Hilfarth
Porselen
Boverath
Herb
Horst
Baal
Lövenich
Uetterath
Nygen
Himmerich
Kapbusch
Berg
Baumen
Randerath
Tenholt
Rurich
Hoven
Nirm
Wurm
B 18
46
57
221
© HBV

33
28
32
34
Erkelenz
Rath-
-Anhoven
Buchholz
Kehrbusch
Flassenberg
Isengraben
Herrath
Beckrath
Wickrathberg
Mongshof
Kelzenberg
Garzweiler
Jüchen
Neu-Otzenrath-
Spenrath
Hackhausen
Neu-
Holz
Hochneukirch
Finken-
berg
Wanlo
Kr. Wanlo
AD Holz
Holz
Mennekrath
Venrath
Neuhaus
Kaulhausen
Kuckum
Terheeg
Erkelenz-
Ost
Unter-
westrich
Ober-
westrich
Keyenberg
Borschemich
Wockerath
Berverath
Otzenrath
im Abbruch
Spenrath
im Abbruch
Braunkohle-
tagebau
Garzweiler
Belling-
hoven
Kückhoven
© HBV - Bocholt
Lützerath
Tenholt
Holzweiler
Immerath
Pesch
Jackerath
AD Jackerath
Lövenich
Katzem
Opherten
Gevelsdorf
Ralshoven
Titz
Kirchherten
R 13
R 18
DB
Landstr.
Niederstr.
Titzer Str.
Kofferer Str.
Zum Wahnenbusch
In Lövenich
Karster Str.
Rheydter Str.
Odenkirchener
Hochneukirchener Str.
Am Wasserturm
Jahnstr.
Düsseldorfer Str.
Gottesacker
Heerbahn
Plattenstr.
Heckstr.
Dorfstr.

34
Kelzenberg
Bedburdyck
Garzweiler
Herberath
Gierath
Gubberath
Jüchen
Grevenbroich
Noithausen
Wevelinghoven
Langwaden
Neukirchener Heide
Villau
Ramrath
Hoeningen
Widdeshoven
Orken
Elsen
Grevenbroich
Südstadt
Barrenstein
Ueckinghoven
Evinghoven
Deelen
Oekoven
Im Mühlental
Gustorf
Neuenhausen
Allrath
Vollrather Höhe
© HBV - Bocholt
Gindorf
Grevenbr.-Gustorf
Grevenbr.-Süd
G.-Frimmersdf.
Braunkohletagebau Garzweiler
Gustorfer Höhe
Königshovener Höhe
Kraftwerk Frimmersdorf
Frimmersdorf
Neurather See
Neurath
Kraftwerk Neurath
Kraftwerksbaugelände
Sinsteden
Rommerskirchen
Dötzdorf
Vanikum
Hühnerberg
Neurather Höhe
Braunkohletagebau Garzweiler
Kasterer Höhe
Kasterer See
Weiler Hohenholz
Königshoven
Kaster
Neu-Garsdorf
Rath
Hüchelhoven
Rheidt
Neusser Str.
Grubenrandstr.
Gierather Str.
Bedburdycker Str.
Jüchener Str.
Hemmerdener Str.
Zehntstr.
Aluminiumstr.
Kölner Landstr.
Grevenbroicher Str.
Venloer Str.
Energiestr.
Provinzialstr.
Zur Wassermühle
Erft
R 15
R 18
R 13
29
33
35
59
46
540
61
477
65
1
2
3
4
12
13

35
30
34
Neukircher Heide
Gubisrath
Staatsforst Benrath
Mühlenbusch
Nievenheim
Ückerath
Im Uckerath
Hindenburg-Str.
Karl-Küffler-Str.
Bergheimer Str.
Gohr
Straberger Str.
In der langen Kuhle
Nachtigall
Krefelder Str.
Heide
Rheinfeld
Horrem
Haberlandstr.
Dormagen
Bahnhofstr.
Florastr.
Rhein
Ramrath
Hoeningen
Broich
Norbertstr.
Straberg
Widdeshoven
Knechtsteder
Klosterhof
Kloster Knechtsteden
Busch
Uecking-hoven
Evinghoven
Gärtner-siedlung Blechhof
Delhoven
Zauns-
winke
Worringen
Anstel
Im Mühental
Hacken-broich
© HBV - Bocholt
Frixheim
Hack-hausen
Chor-
busch
Roggen-dorf
NSG
Eispohl
Netteshelm
Butz-heimer-busch
Butzheim
Stommelerbusch
Worringer Bruch
Thenhoven
K.-Worringen
Am Mörter
Blumenberg
Eckum
Venloer Str.
Bruchhaus
Rommerskirchen
R 18
Stommeln
Sinners-dorf
Volkhoven-Weiler
Im Kirchtal
JUNKERHAU
Hüchel-hoven
Fußberg
Esch-Auweiler
K.-Chorweiler
PULHEIM
Rheidt
Ingendorf
477
57
9
25
26
27
59
59n
DB

# 36

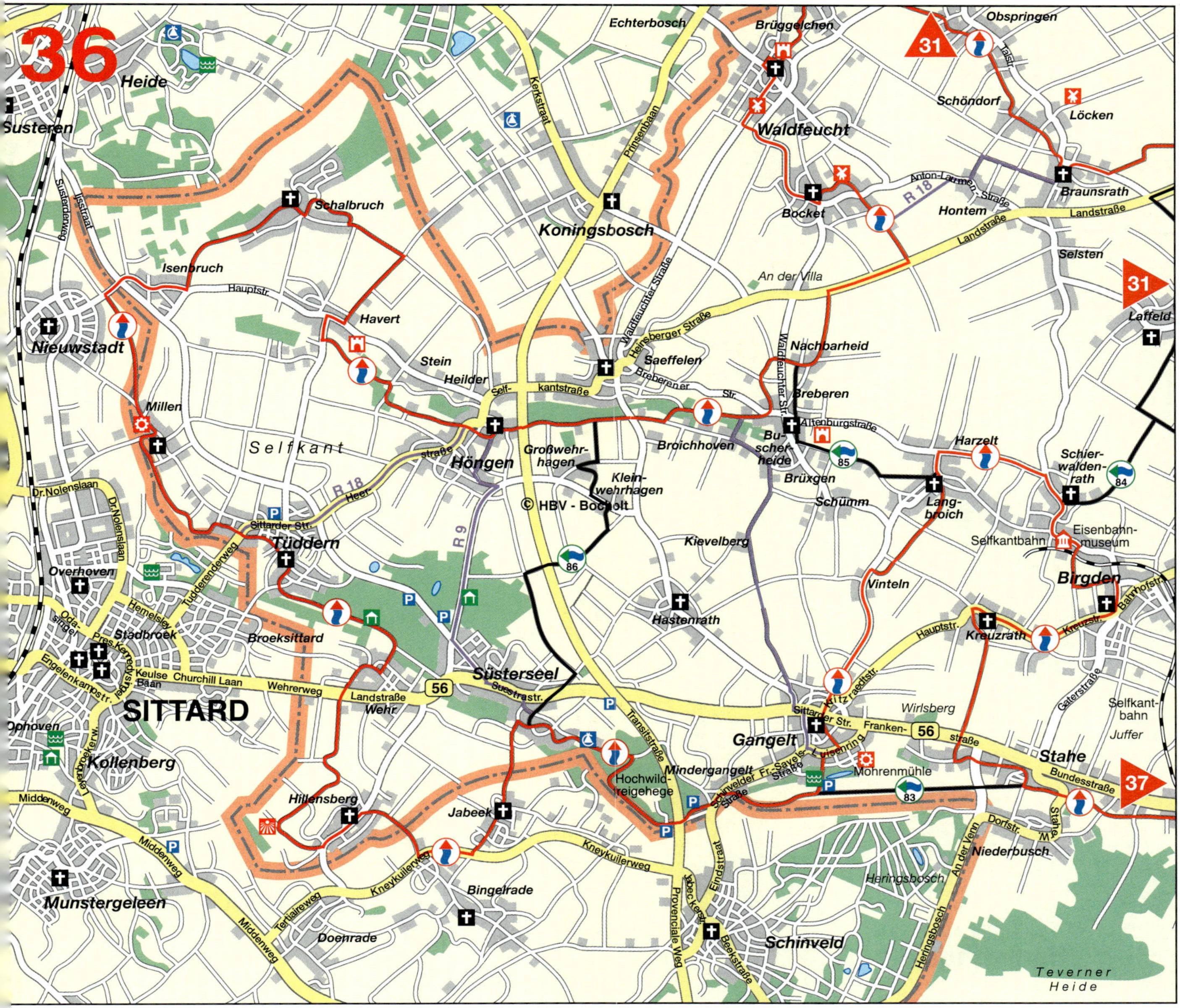

Heide
Susteren
Echterbosch
Brüggelchen
31
Obspringen
Schöndorf
Löcken
Waldfeucht
Kerkstraat
Prinsenbaan
Schalbruch
Bocket
Anton-Lurmen-Straße
R 18
Braunsrath
Hontem
Landstraße
Koningsbosch
Isenbruch
Hauptstr.
An der Villa
Selsten
Havert
Waldfeuchter Straße
Heinsberger Straße
Nachbarheid
Laffeld
Nieuwstadt
Stein
Saeffelen
Heilder
Selfkantstraße
Breberener Str.
Breberen
Millen
Altenburgstraße
Selfkant
Höngen
Großwehrhagen
Broichhoven
Buscherheide
Harzelt
Schierwaldenrath
85
84
Kleinwehrhagen
Brüxgen
Dr.Nolenslaan
R 18
Heerstraße
© HBV - Bocholt
Schümm
Langbroich
Sittarder Str.
Tüddern
R 9
Kievelberg
Eisenbahnmuseum
Selfkantbahn
Overhoven
86
Vinteln
Birgden
Tüdderenderweg
Bahnhofstr.
Hemelsley
Ordasingel
Stadbroek
Hastenrath
Hauptstr.
Kreuzrath
Kreuzstr.
Broeksittard
Pres.Kennedysingel
Keulse Baan
Churchill Laan
Süsterseel
Engelenkampstr.
Wehrerweg
56
Suestrastr.
Gaterstraße
Landstraße Wehr
Selfkantbahn
SITTARD
Transitstraße
Sittarder Str.
Wirlsberg
Ophoven
Frankenstraße
Gangelt
Juffer
Kollenberg
Mindergangelt
Luisenring
Stahe
Hochwildfreigehege
Mohrenmühle
Bundesstraße
37
Hillensberg
Schinvelder Straße
83
Middenweg
Jabeek
Dorfstr.
Stahe Weg
Niederbusch
Knevkuilerweg
Heringsbosch
An der Venn
Bingelrade
Eindstraat
Munstergeleen
Tertiaireweg
Provenciale Weg
Heringsbosch
Middenweg
Doenrade
Beekstraße
Schinveld
Teverner Heide

37
31
36
38
Vinteln
Birgden
Walden-rath
Straeten
Kreuzrath
Kreuzstr.
Bahnhofstr.
Geilenkirchener Straße
Selfkant-bahn
Juffer
Wirlsberg
Franken-straße
56
Stahe
Bundesstraße
Mohrenmühle
83
Hahn-busch
221
Gillrath
Dorfstr.
Niederbusch
Heringsbosch
An der Venn
Selfkantbahn
Hoven
Nirm
Nirmer
Kraudorf
Honsdorf
76
Leiffarth
Tripsrath
Leerodter Wald
Würm
Wurm
Müllendorf
Hochheide
Niederheid
GEILEN-KIRCHEN
Bauchem
Beeck
Schlacken-berg
82
Süggerath
Himberg
Schloß Trips
Prummern
81
Nierstraß
Bocket
Teverner Heide
Münshoven
ehemaliges Missionshaus
Neuteveren
Teveren
© HBV - Bonn
Immendorf
Apweiler
Natur-schutz-gebiet
Schloß Breil
Waurichen
Grotenrath
Frelenberg
Stegh
Windhausen
Floverich
ÜBACH-PALENBERG
Scherpenseel
Abdissenbosch
Marienberg
Loverich
Setterich
Beggendorf
Holthausen
Rimburg
Ubach over Worms
Schloß Rimburg
Übach
57
Waubach
Boscheln
BAESWEILER
B 20
Nieuwhagen
Eygelshoven

38
31
32
37
Hoven
Nirm
Kraudorf
Honsdorf
Leiffarth
Tripsrath
Leerordter Wald
Würm
Müllendorf
Alter Steinweg
Brachelen
Oeldriesch
Körrenzig
Lindern
Glimbach
Hochheide
GEILEN-KIRCHEN
Niederheid
Kuhberg
Beeck
Schlacken-berg
Auf dem Kusch
LINNICH
auchem
Süggerath
Himberg
Schloß Trips
Prummern
Fahlenberg
Rurdorf
Hünshoven
ehemaliges Missionshaus
Gereonsweiler
Welz
Floßdorf
Immendorf
Pickartz-mühle
Apweiler
© HBV · Bocholt
Schloß Breil
Waurichen
Ederen
Barmen
Frelenberg
Floverich
Puffendorf
Auf dem Mörder
Stegh
ÜBACH-PALENBERG
Merzen-hausen
Loverich
Freialdenhoven
Setterich
Beggendorf
Holthausen
Übach
Engelsdorf
Boscheln
BAESWEILER
R 20
erbach
Dürboslar
Siersdorf
Oidtweiler
Aldenhoven
Aldenhoven
DB
56
57
221
44
6

# Übersichtskarte

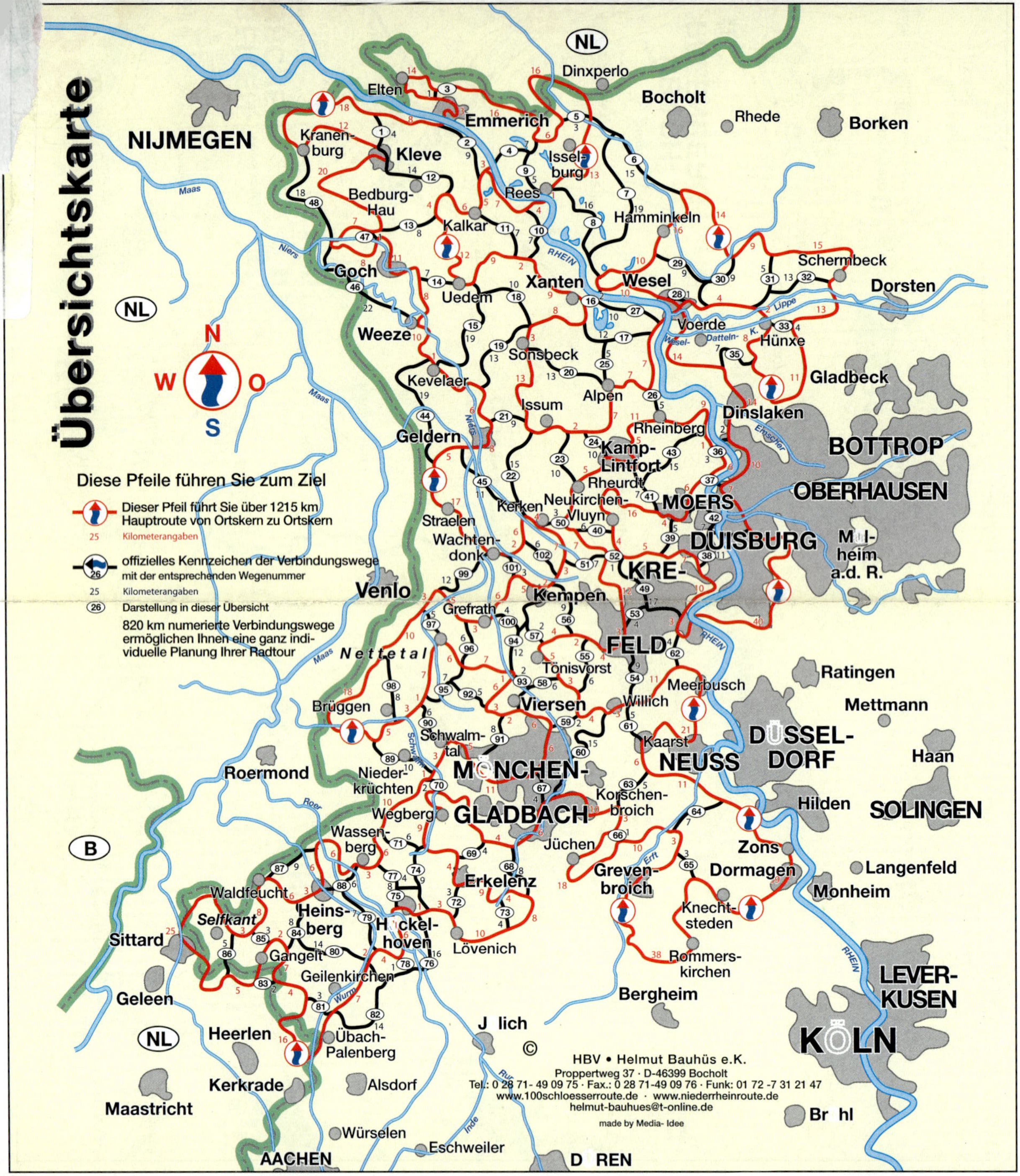



©
HBV • Helmut Bauhüs e.K.
Proppertweg 37 · D-46399 Bocholt
Tel.: 0 28 71- 49 09 75 · Fax.: 0 28 71-49 09 76 · Funk: 01 72 -7 31 21 47
www.100schloesserroute.de · www.niederrheinroute.de
helmut-bauhues@t-online.de
made by Media- Idee